PEINDRE LES SECRETS DE LA NATURE

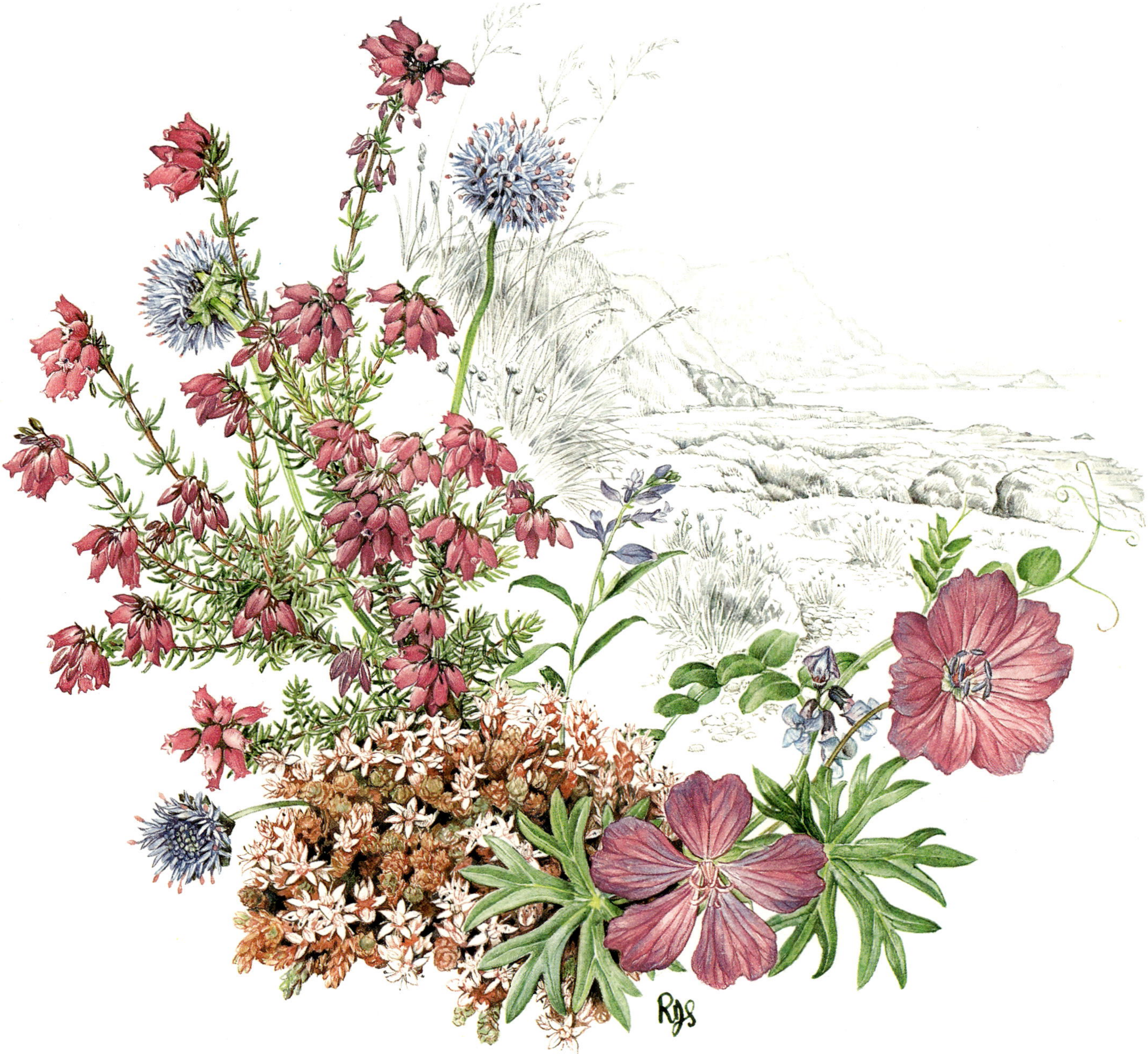

PEINDRE LES SECRETS DE LA NATURE

Sylvia Frattini
James Lester
Benjamin Perkins
Rosanne Sanders

Traduction de Jocelyne Henri

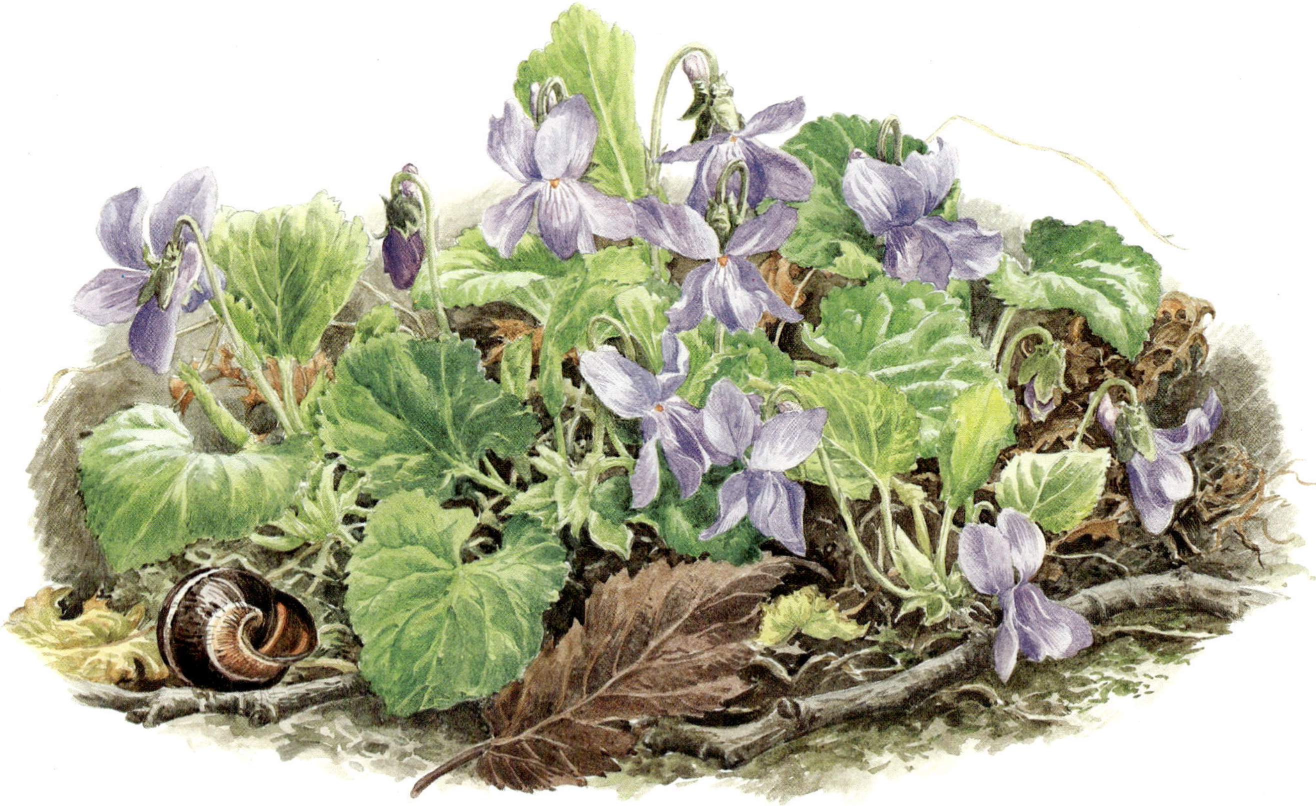

ÉDITIONS BROQUET INC
C. P. 310, LAPRAIRIE, QC CANADA J5R 3Y3 TÉL.: 514-659-4819

Données de catalogage avant publication (Canada)

Vedette principale au titre
Peindre les secrets de la nature

(L'Artiste au travail).
Traduction de: Painting the secret world of nature.

ISBN 2-89000-259-4

1. Aquarelle — Technique. 2. Fleurs dans l'art.
I. Frattini, Sylvia.

ND2420.P2814 1989 751.42'2434 C89-096367-3

Titre original: Painting the Secret World of Nature

Wellwood, North Farm Road
Tunbridge Wells, Kent TN2 3DR, England

Dépôt légal Bibliothèque nationale du Québec
4e trimestre 1989

ISBN 2-89000-259-4

Remerciements — Rosanne Sanders désire remercier personnellement la Société Médici qui l'a autorisée à reproduire ses peintures «Perce-neige» et «Thème saisonnier — L'automne».

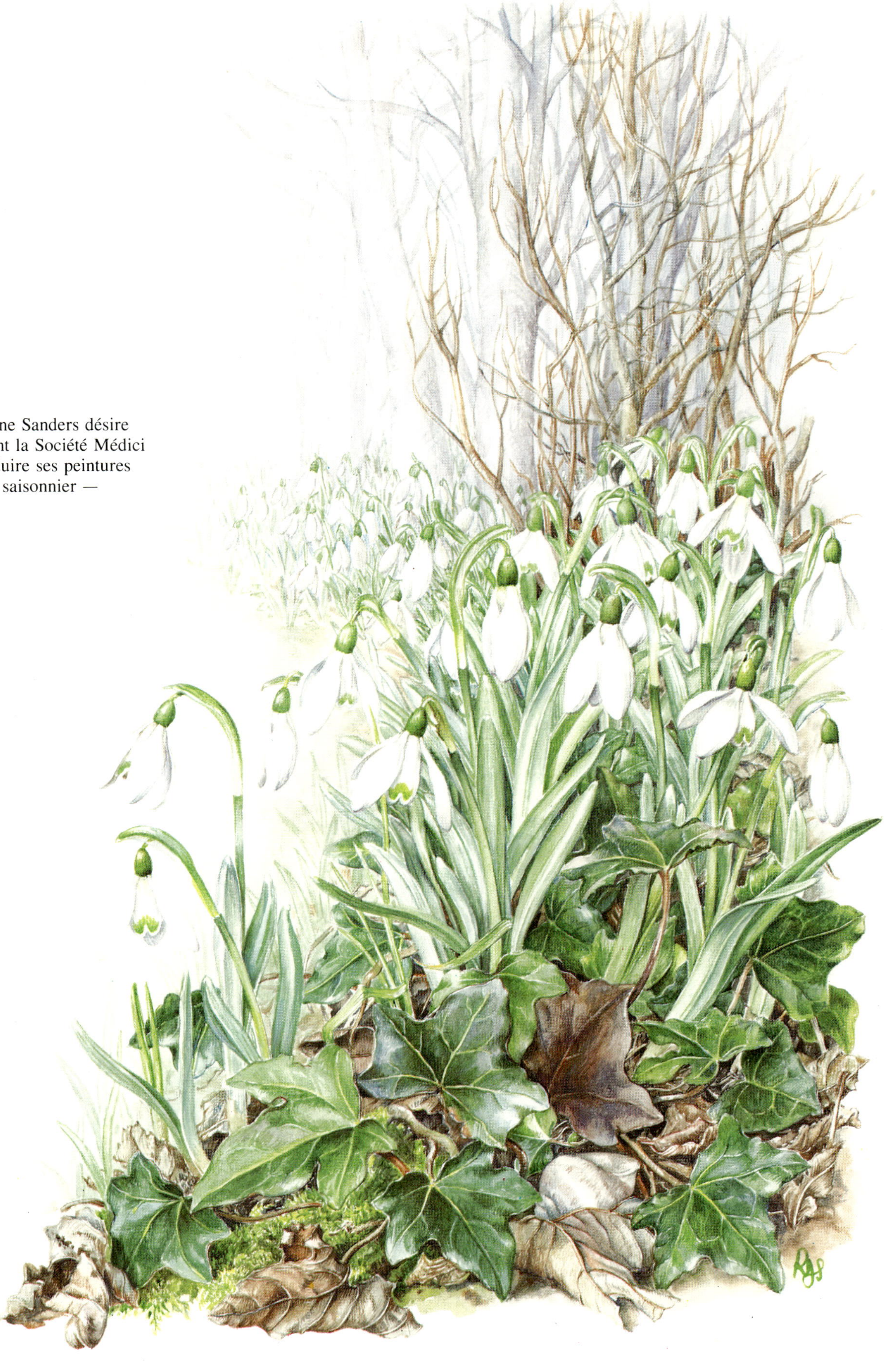

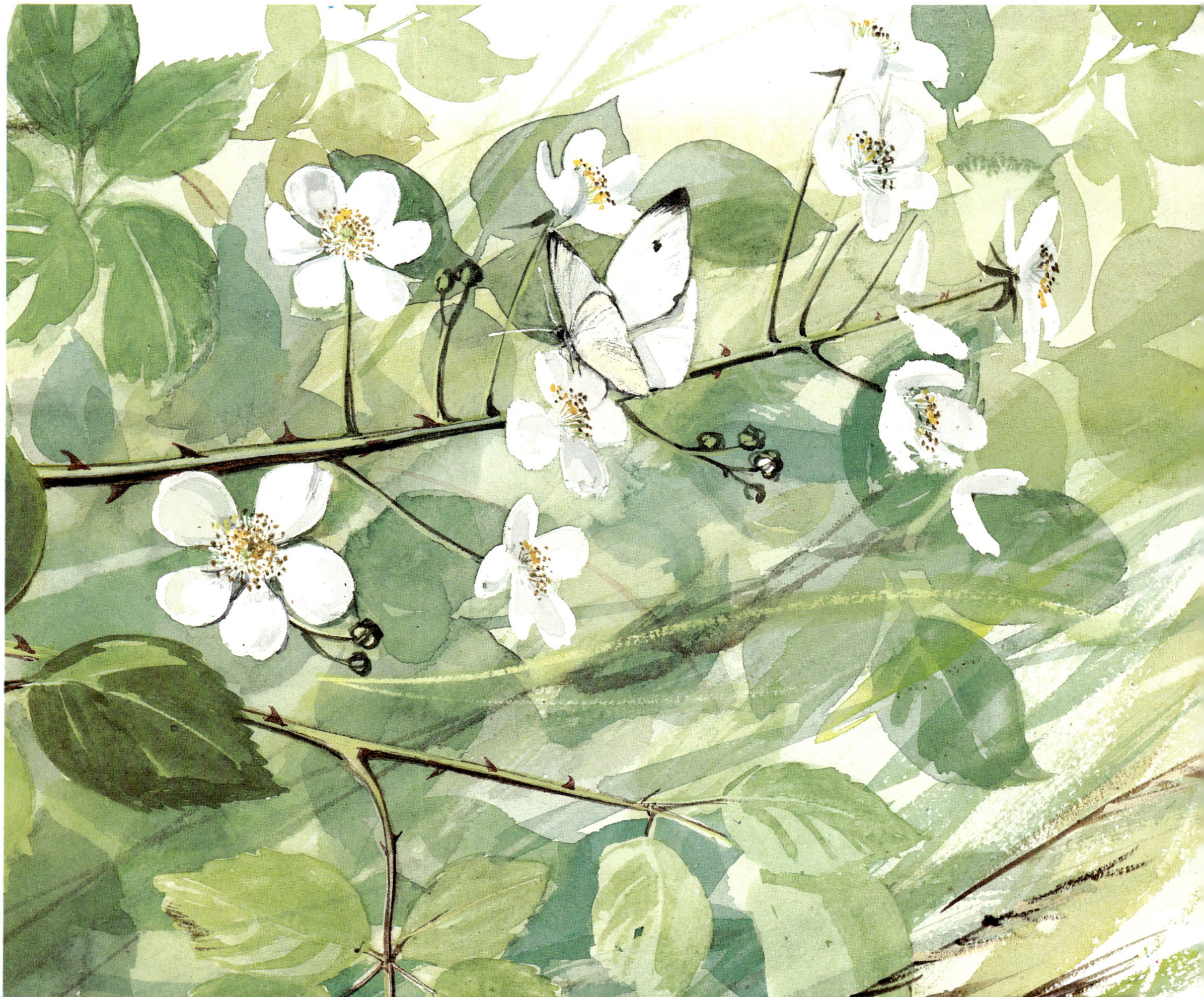

Table des matières

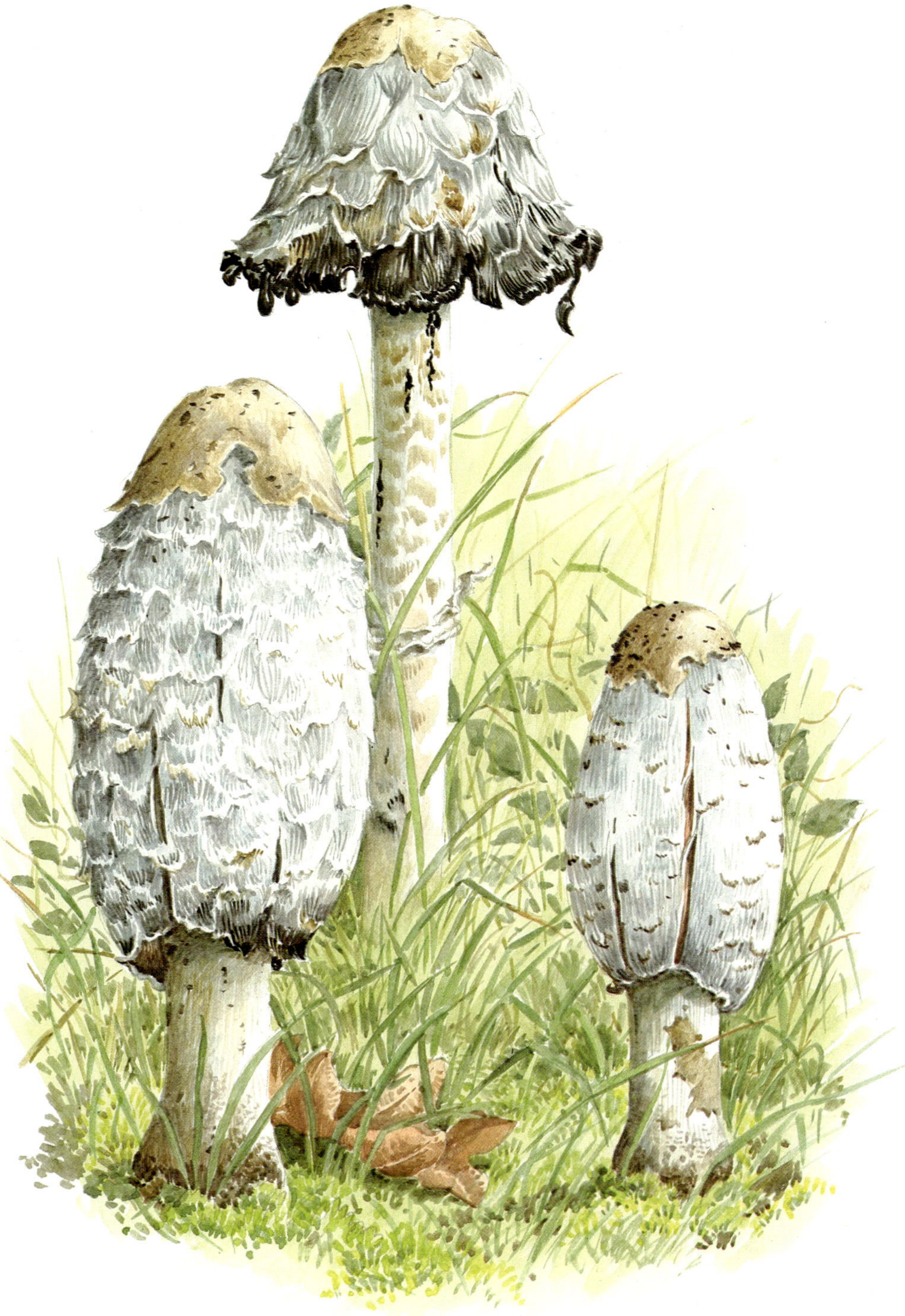

Introduction

Comment peindre un paysage est beaucoup plus qu'une compilation des oeuvres de quatre artistes britanniques réputés. Sylvia Frattini, James Lester, Benjamin Perkins et Rosanne Sanders ont été expressément invités à découvrir, dessiner et peindre les surprises fascinantes de la nature. Leur but était de reproduire le détail minuscule, la feuille morte, la fleur en bouton ou le bulbe. Ils n'ont pas voulu peindre de grands paysages ou la vie animale. Ils ont plutôt voulu représenter le monde secret et enchanté des haies et des plates-bandes, dont le panorama miniature de fleurs, de mauvaises herbes, de champignons et d'insectes échappe si souvent à l'oeil humain.

Malgré le fait que chaque artiste ait reçu les mêmes directives, les résultats sont tout à fait différents. Il est très intéressant de noter les différences de traitement d'un même sujet, par exemple, les coquelicots ou les perce-neige, d'un artiste à l'autre. Comme l'affirme James Lester, il est important d'exprimer ses propres émotions. Dans cet ouvrage, les styles individuels et les différentes techniques artistiques devraient vous encourager à faire vos propres expériences.

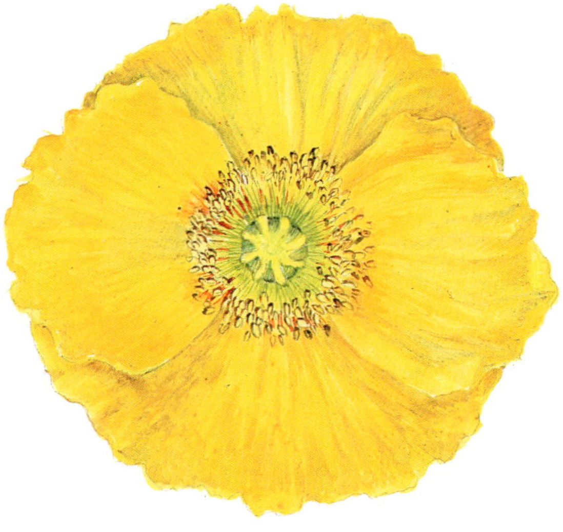

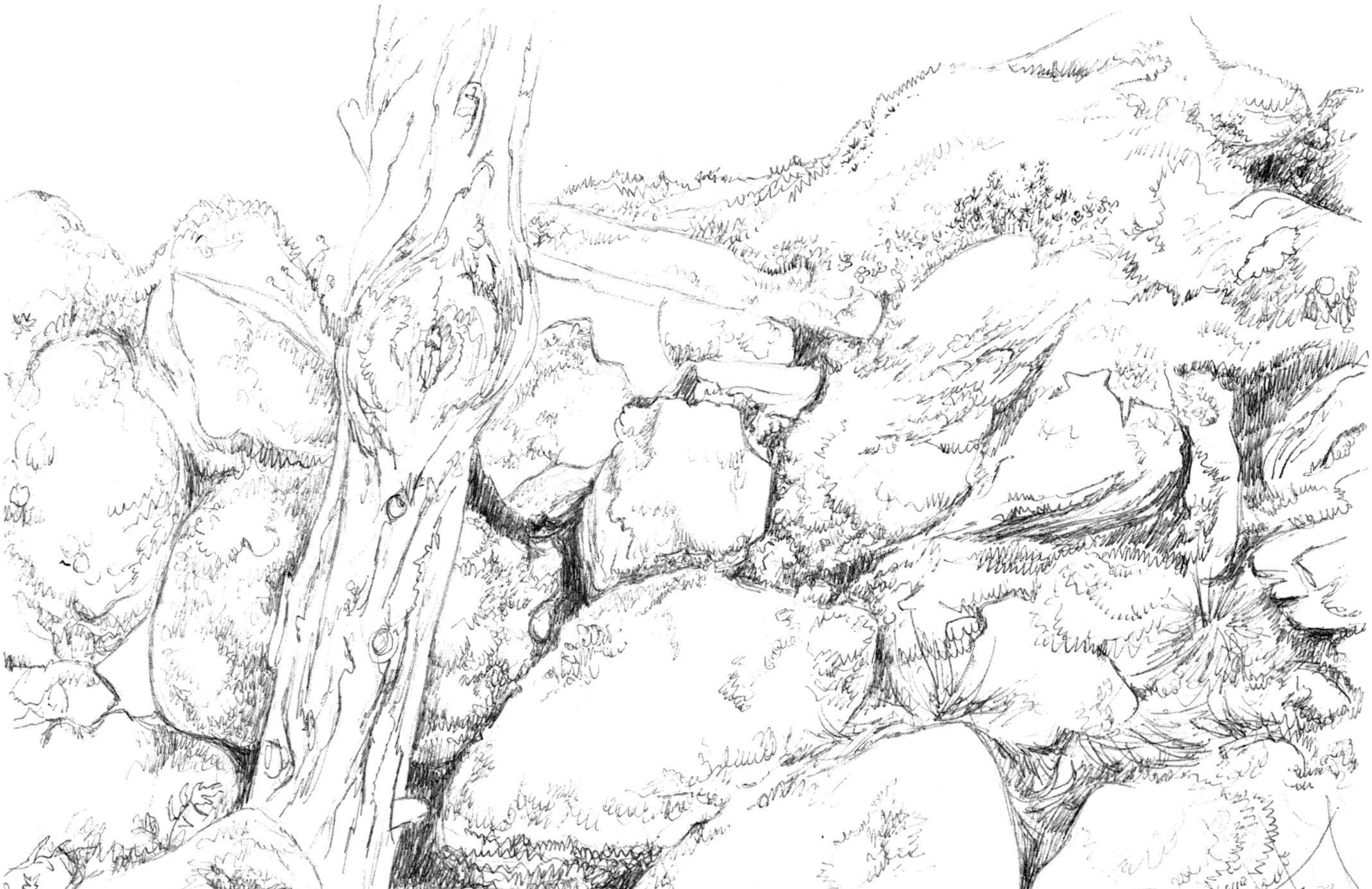

Sylvia Frattini

À la découverte de la nature

Depuis mon plus jeune âge, je fais des croquis et je peins selon diverses techniques. Depuis cinq ans, toutefois, je ne peins qu'à l'aquarelle. Au début, je travaillais une heure par jour; j'ai augmenté graduellement à cinq heures, incluant les soirées et les fins de semaine. Je consacre plusieurs heures à chaque tableau, car je suis une fanatique du détail. En une année, par conséquent, je ne peins que quelques tableaux, très petits pour la plupart.

J'ai été élevée à la campagne, près des Monts Cambriens, au nord-ouest de l'Angleterre. Les paysages et le thème des moutons de mes tableaux reflètent mes souvenirs. Je m'intéresse à tous les aspects de la nature, aux fleurs sauvages et aux oiseaux en particulier.

J'ai si peu de temps pour recueillir les informations nécessaires à mon travail que mon appareil photographique ne me quitte jamais. Toutefois, lorsque c'est possible, j'ajoute aux photographies des esquisses et des notes sur les couleurs. Je collectionne aussi des objets intéressants et insolites qui entrent parfois dans la composition de mes tableaux.

Pour les tableaux de cet ouvrage, j'ai fait plusieurs plans et esquisses préliminaires; je n'ai donc eu à faire que quelques retouches. Vous pouvez juger que mes modèles de démonstration sont détaillés pour une avant-dernière étape. Je suis si fanatique du détail qu'il m'arrive d'en rajouter à l'étape finale.

La technique et les matériaux

Pour peindre les détails d'un paysage, il faut savoir maîtriser les matériaux. Pour ma part, lorsque je veux que la forme soit exacte, j'utilise des peintures à l'eau plus opaques. J'épaissis les teintes transparentes avec du blanc de zinc, selon la densité désirée. Je crée mes lavis par couches successives. Cette méthode est sans risque, mais il est important de garder vos mélanges purs. Je suggère l'utilisation d'une palette à compartiments et de bols séparés pour les grandes surfaces d'une même couleur.

J'utilise des pinceaux en poils de martre dont les tailles varient du numéro 00 aux numéros 5 ou 6, et un pinceau plat d'un pouce en poils de martre pour les grandes superficies. Je ne me sers jamais de pinceaux à fibres synthétiques, sauf pour mélanger les couleurs. Prenez grand soin de vos pinceaux; ils perdront leur forme et leur souplesse si vous les laissez dans un pot d'eau jusqu'au lendemain.

Contrairement à la plupart des aquarellistes, j'utilise plusieurs couleurs et plusieurs palettes différentes. À cause de mon attrait pour la campagne, le vert prédomine dans mes tableaux. Les couleurs utilisées dans mes modèles de démonstration sont: blanc, noir, sépia, terre d'ombre brûlée, bleu de cobalt, violet de cobalt, bleu de Prusse, turquoise, jaune citron, jaune cadmium, ocre jaune, rouge clair, rouge vénitien, orange, vert feuille, vert de Hooker et terre de Sienne naturelle. À partir du mélange de ces couleurs, j'ai obtenu différentes teintes, comme le gris ou le bordeaux, qui sont mentionnées dans le texte.

Je préfère utiliser du papier crème Ingres, car les papiers blancs m'éblouissent. Je tends le papier sur un carton avant de le peindre. Je n'utilise jamais de crayon pour faire mes esquisses; je me sers plutôt d'une plume à pointe très fine qui m'assure un meilleur contrôle.

J'utilise différentes techniques de peinture. De toute évidence, on doit d'abord peindre les surfaces du clair au foncé. Il est impossible d'effacer la peinture à l'eau sans frotter (à moins d'enlever le lavis immédiatement); on doit donc étendre les teintes de base légèrement, puis les foncer où c'est nécessaire, lorsque le premier lavis est sec.

Peindre sur un fond humide me permet de mêler les teintes subtilement (en particulier le ciel, l'eau et les plans éloignés) et d'adoucir les bords. En contraste, peindre sur un fond sec, avec peu ou pas d'eau mêlée à la peinture, crée une texture rugueuse et granuleuse adéquate pour l'écorce d'un arbre ou pour un mur de maçonnerie. Cependant, je préfère utiliser cette technique à l'étape finale.

J'utilise parfois la technique du pointillisme; j'applique des petites touches de peinture avec la pointe du pinceau pour créer des effets intéressants. Cette technique était la préférée des aquarellistes victoriens, de Seurat et des pointillistes français.

La base de toutes ces techniques est le dessin. Lorsque c'est possible, faites une esquisse d'après nature, que ce soit une plante unique ou une composition d'ensemble. Analysez la structure ou la forme, c'est-à-dire la structure squelettique des fleurs et des feuilles ou les formations du sol ou des rochers. Ne tatillonnez pas; essayez plutôt de développer un trait vigoureux et rythmique en travaillant du poignet. Vous capturerez ainsi la grâce de la nature qui se révèle dans toute vie organique. Ne jetez surtout pas une esquisse décente; on ne sait jamais quand elle pourra servir!

Nénuphars en fleurs

Format: 8¾ x 8¾ pouces (220 x 220 mm)
Papier: Ingres Fabriano, 90 livres (160 g/m^2)
Pinceaux: poils de martre n°s 00, 0, 1, 5

J'ai été séduite par cet étang de nénuphars lors d'une visite chez des amis. Ce qui m'a le plus frappée, ce sont les motifs circulaires et le mouvement créé par les larges feuilles multicolores. Les magnifiques nénuphars sortant de leur cachette sous les feuilles étaient un élément d'intérêt additionnel.

Lors de cette visite, je n'ai pas fait d'esquisse préliminaire; j'ai seulement photographié l'étang sous différents angles. Un peu plus tard, quand j'ai voulu utiliser ce thème dans une peinture, je suis retournée à l'étang pour faire des esquisses. Malheureusement, il n'existait plus. J'ai donc dû me fier uniquement à mes photographies. Au départ, je voulais ajouter les grenouilles qui vivaient dans l'étang, puis je me suis ravisée.

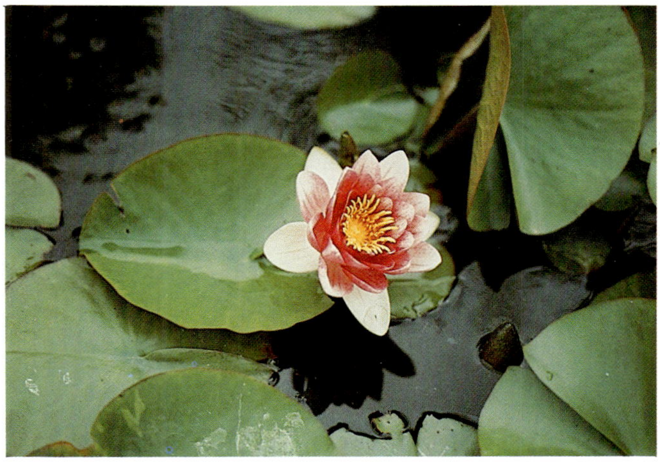

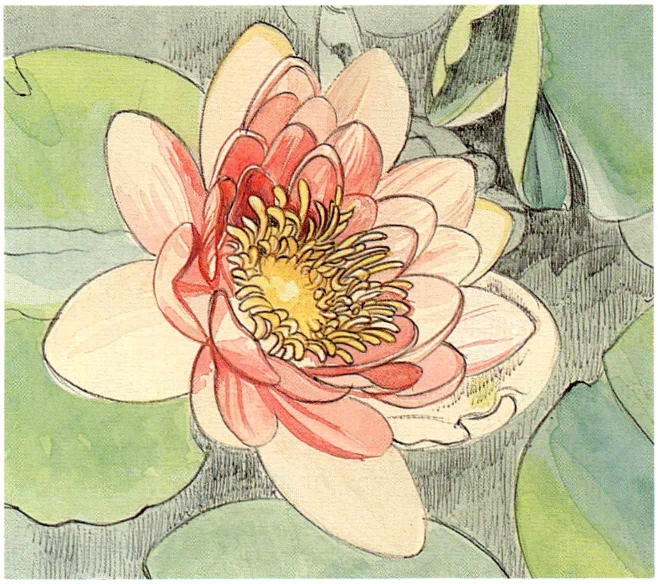

Étude d'un nénuphar rose, à partir de la photographie du haut

Travail préliminaire

Avant d'appliquer la peinture, il est nécessaire de bien planifier cette composition complexe. Il faut aussi établir les proportions exactes des feuilles et des fleurs. J'estime que les surfaces d'eau et les ombres créent un contraste harmonieux avec les plantes.

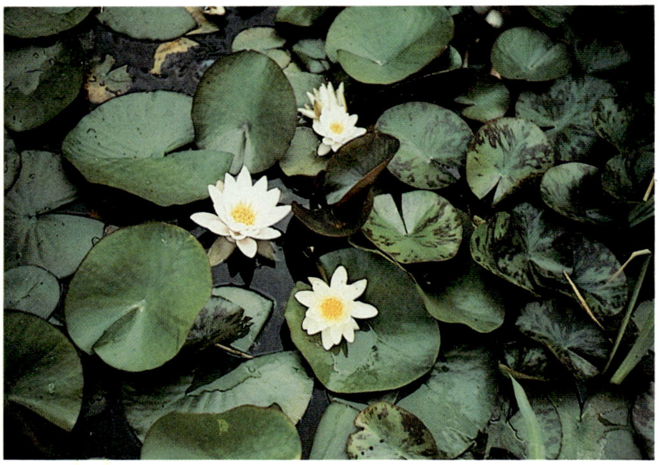

Photographie de nénuphars (en haut) et dessins des contours de nénuphars et des feuilles (à droite et en bas) qui, déjà, annoncent les variations de tons de l'eau et de l'ombre.

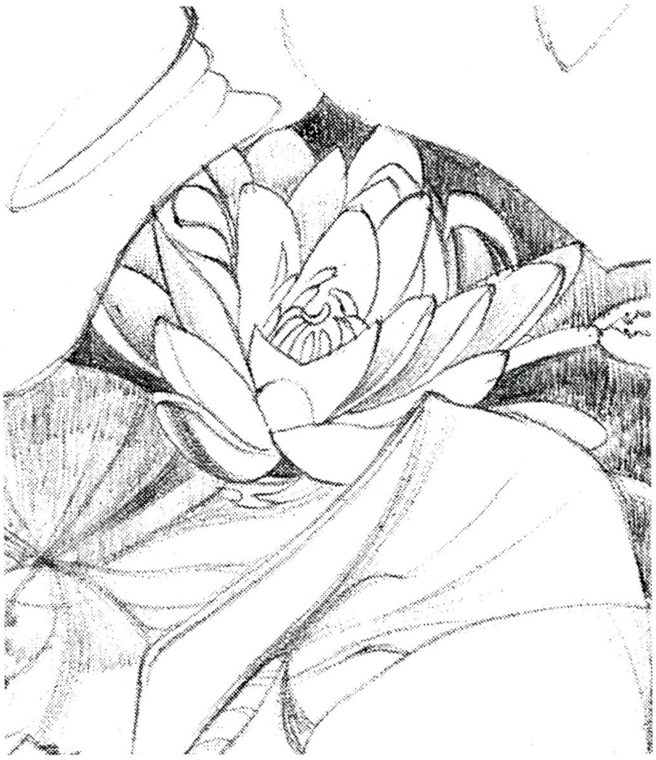

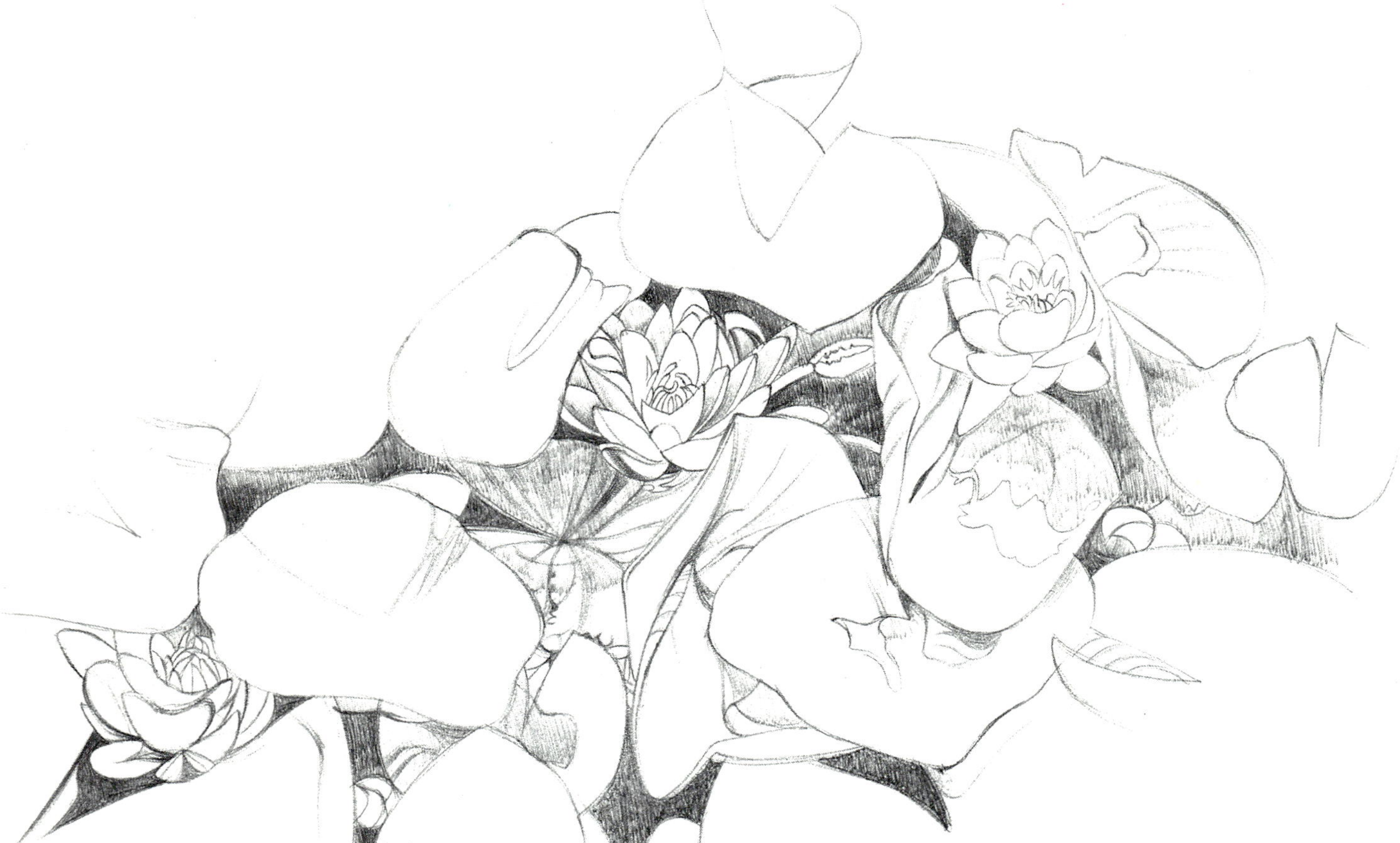

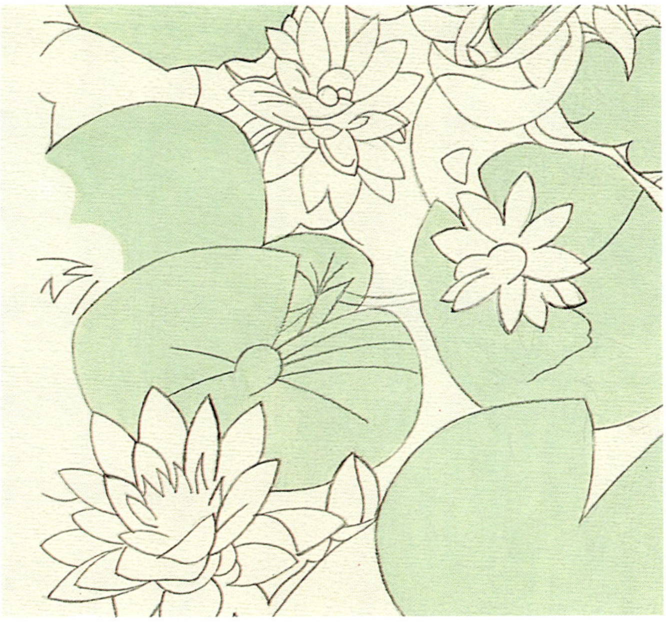

Étape 1 (détail)

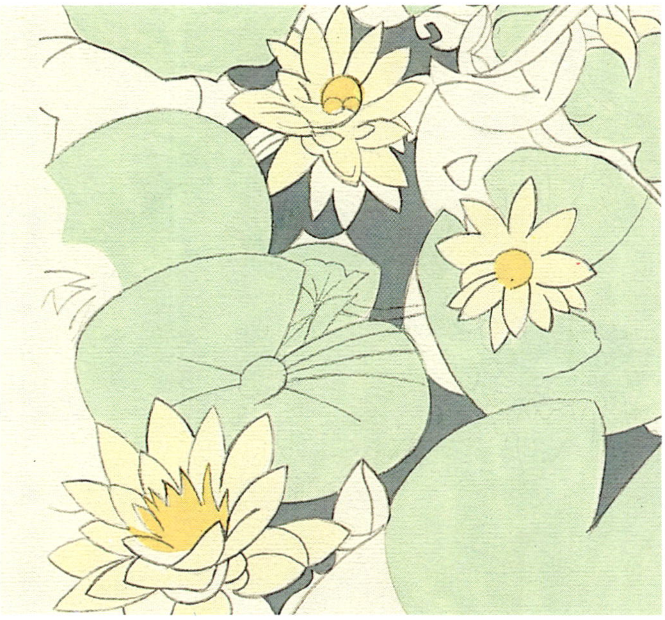

Étape 2 (détail)

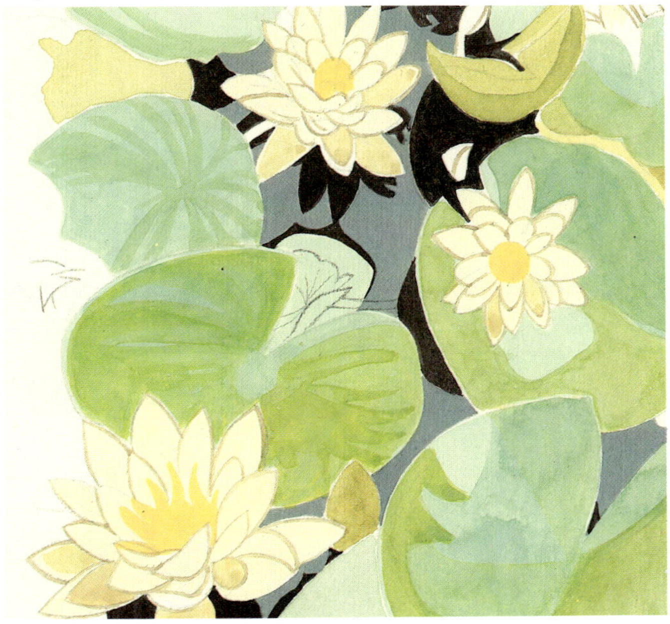

Étape 3 (détail)

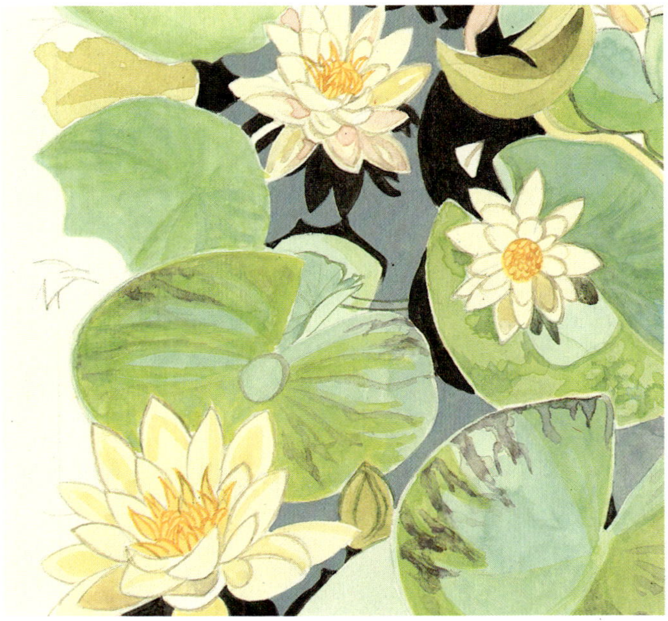

Étape 4 (détail)

Étape 1

Après avoir tracé au crayon le contour des fleurs et des feuilles, j'amorce le travail en appliquant sur les feuilles un lavis, mélange de vert de Hooker et de blanc, au pinceau n° 5.

Étape 2

À l'aide d'un pinceau n° 1, j'applique dans les pétales des fleurs un lavis léger, mélange très pâle de blanc et de jaune. Toujours avec le même pinceau, j'applique au centre des fleurs un mélange léger de jaune. Je peins ensuite les surfaces d'eau avec un pinceau n° 0 et un mélange de bleu de Prusse, de noir et de blanc.

Étape 3

Je crée les ombres dans l'eau avec une nuance plus foncée que la couleur de l'eau, appliquée avec un pinceau n° 0. Je travaille ensuite les pétales et les feuilles. En commençant par les nuances pâles jusqu'aux plus foncées, je peins les ombres sur les pétales recouverts d'eau.

Étape 4

Je poursuis mon travail sur les feuilles et les pétales avec un pinceau fin, pour renforcer graduellement toutes les couleurs. J'obtiens les détails sur quelques-unes des feuilles par un mélange de violet et de bleu de cobalt.

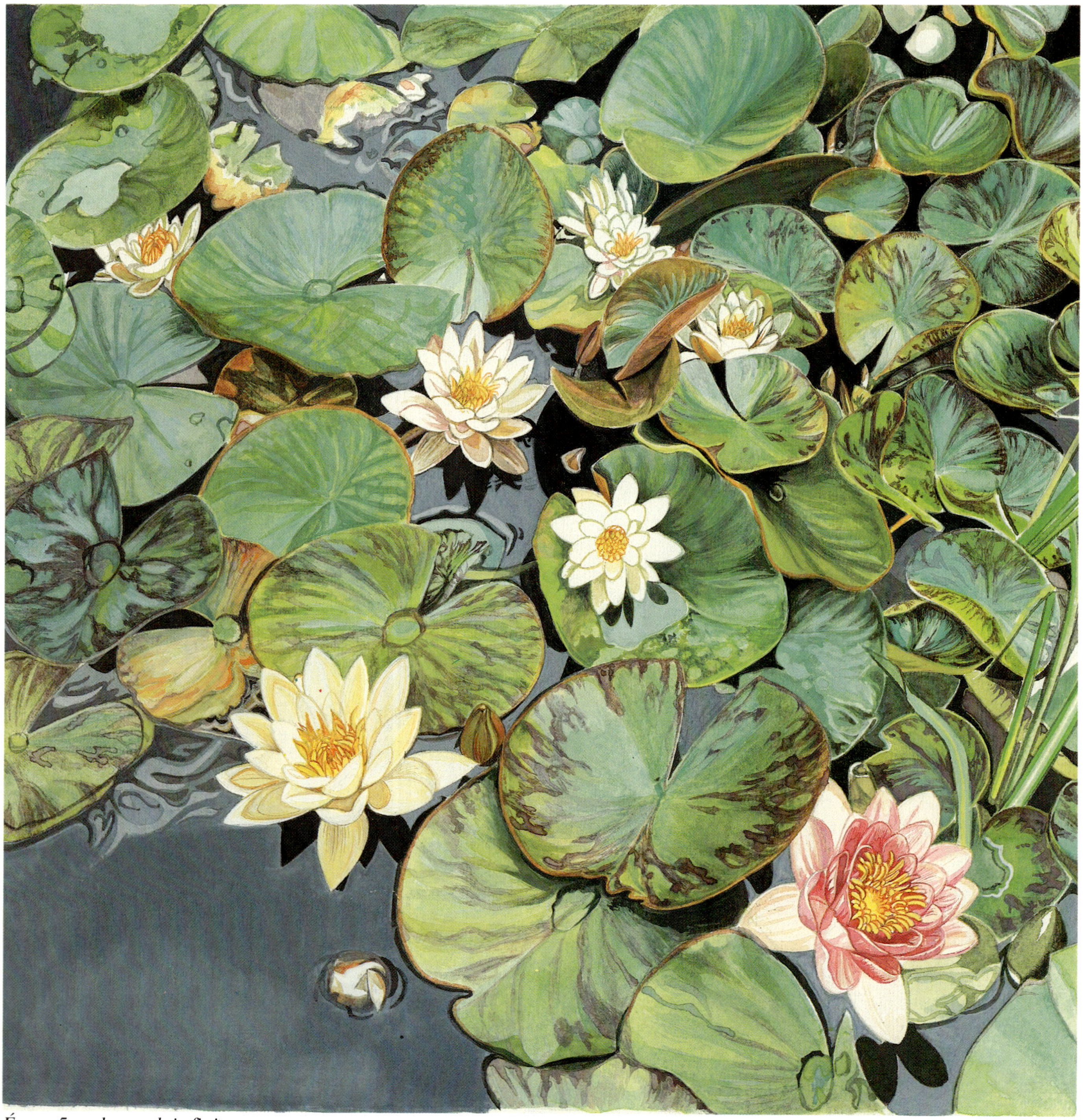

Étape 5 — le produit fini

Étape 5 — le produit fini

Avec la pointe d'un pinceau n° 00, je travaille les feuilles avec minutie. L'application de lignes très fines sur les fleurs les rend plus près de la réalité. J'en arrive à la partie la plus difficile: peindre l'eau qui s'est amassée à l'intérieur de certaines feuilles. Par l'utilisation du blanc de Chine en semi-transparence, je réussis à suggérer les gouttelettes sur la surface des feuilles.

Promesse de printemps

Format: 14 x 17 pouces (350 x 450 mm)
Papier: Ingres Fabriano, 90 livres (160 g/m²)
Pinceaux: poils de martre nᵒˢ 0, 1, 3, 5, large et plat

C'est dans mon jardin que j'ai puisé l'inspiration pour ce tableau, une des plus grandes aquarelles que j'ai jamais réalisées. J'ai mis plus de 300 heures à l'exécuter. Je savais dès le départ dans quelle entreprise je m'embarquais. Je l'ai donc planifié sur une période de deux ans, consacrant une longue période à la réflexion avant d'entamer mon projet. J'ai fait également plusieurs esquisses et pris plusieurs rouleaux de pellicule photographique.

Malgré que cette peinture ait été réalisée entièrement dans mon atelier, j'ai travaillé autant que possible d'après nature. J'ai planté quelques mauvaises herbes et j'ai peint les capitules au printemps. Heureusement, j'avais accès aux orties rouges et aux graterons tout le long de l'hiver.

Étude de jonquilles et de narcisses

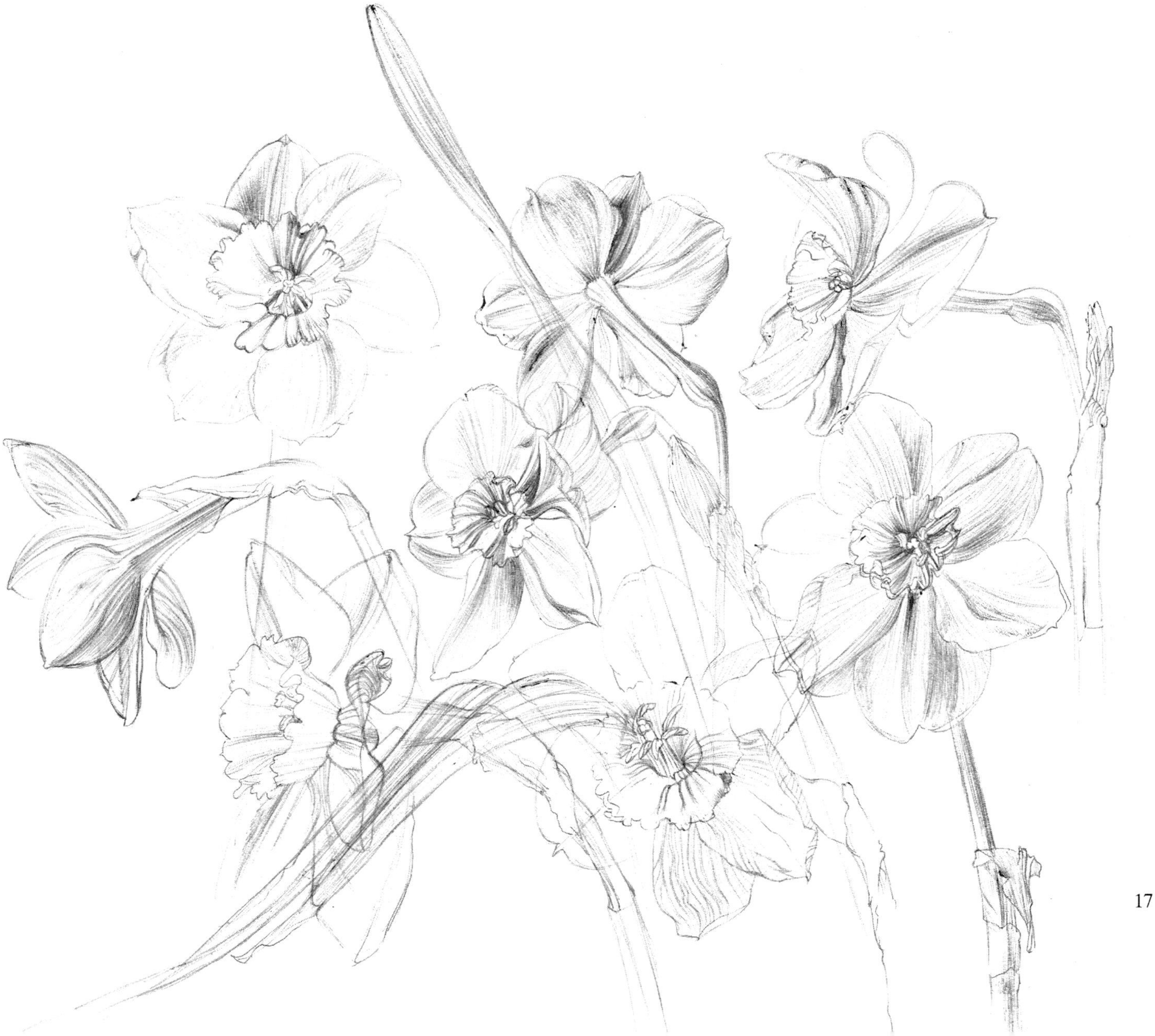

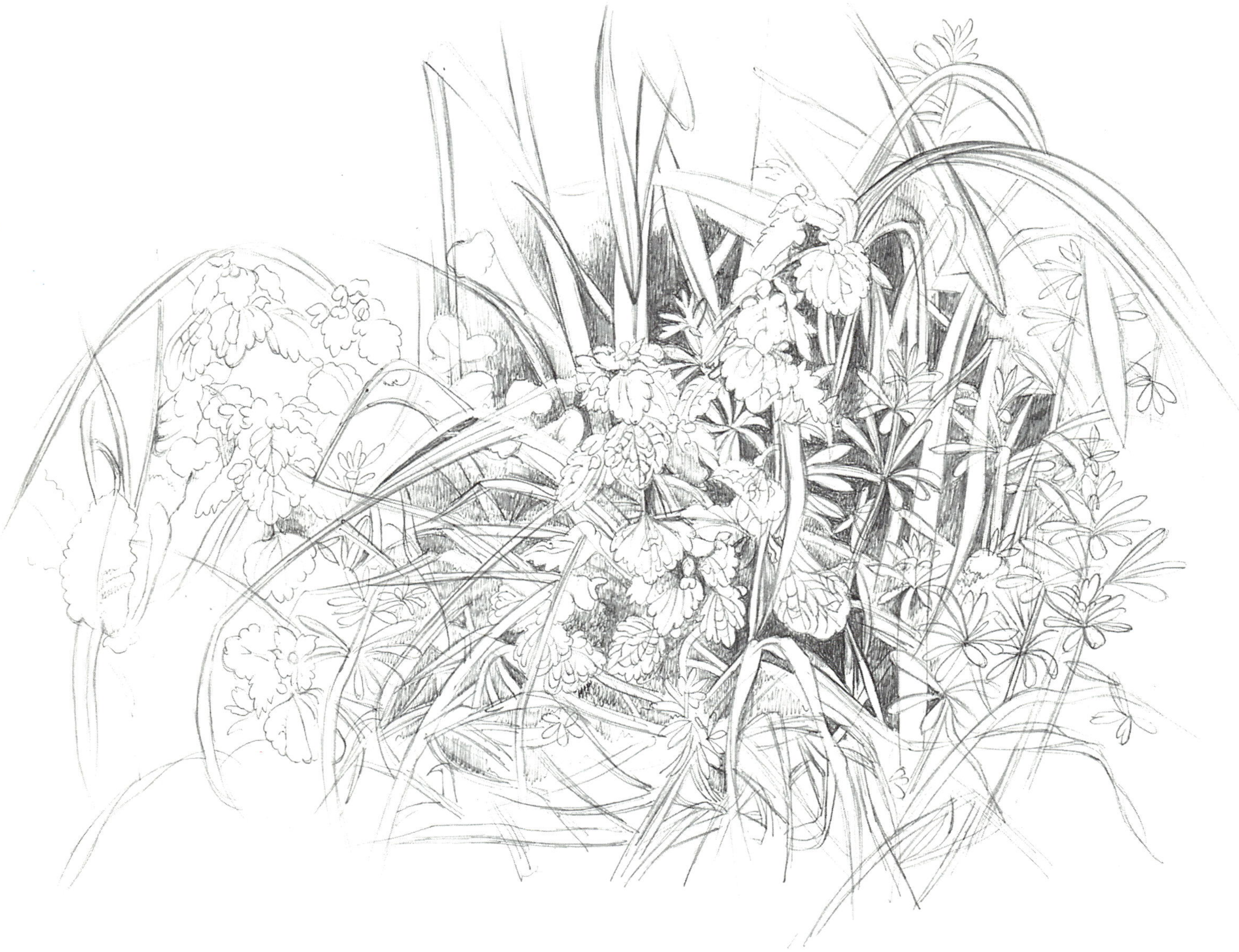

Esquisse du plan de base à partir de la photographie plus bas

Travail préliminaire

Je commence par une esquisse de base de feuilles de jonquilles, d'orties rouges et de graterons. Je dessine ensuite les jonquilles et les narcisses que j'incorpore à l'esquisse de base. C'est ce qui représente la plus grande difficulté. Pour m'aider à visualiser l'arrangement, je coupe des pièces de papier qui représentent les corolles des fleurs et je les dispose de différentes manières sur l'esquisse.

Une fois cette étape terminée, je rassemble des informations sur le reste du sujet; je fais des esquisses des feuilles de primevères, de mourons blancs et d'autres plantes. Les arbres habillés de lierre constituent un arrière-plan intéressant.

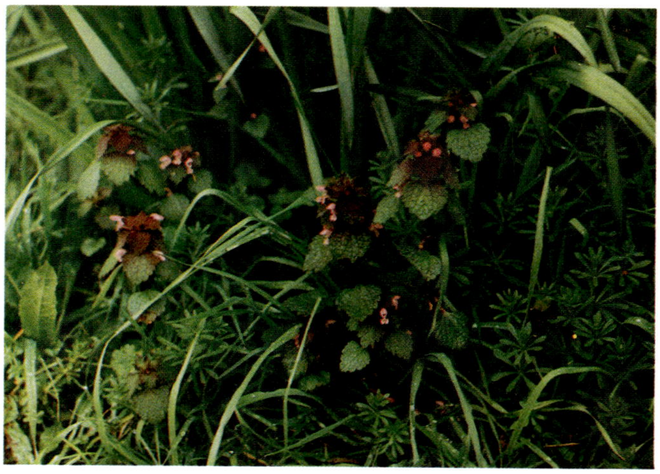

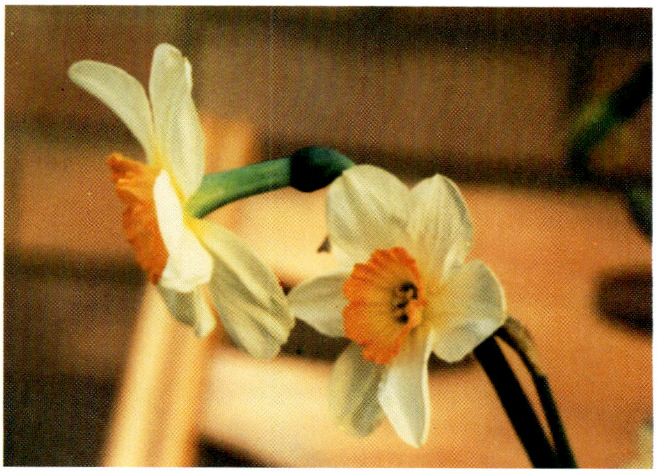

Étape 1

Pour cette étape, je n'aborderai qu'une section du tableau (reproduit aux pages 22 et 23). Une fois que j'ai tracé au crayon les formes des feuilles et des fleurs, j'applique un léger lavis jaune citron sur les corolles des jonquilles et des narcisses. Je laisse la première couche pénétrer le papier avant d'appliquer la couche suivante. Je procède ainsi par couches successives appliquées au pinceau n° 3, jusqu'à ce que j'atteigne la nuance désirée. Cette étape est très délicate; je veille donc à ne pas étendre trop de peinture à chaque couche.

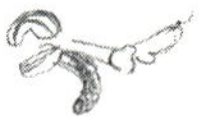

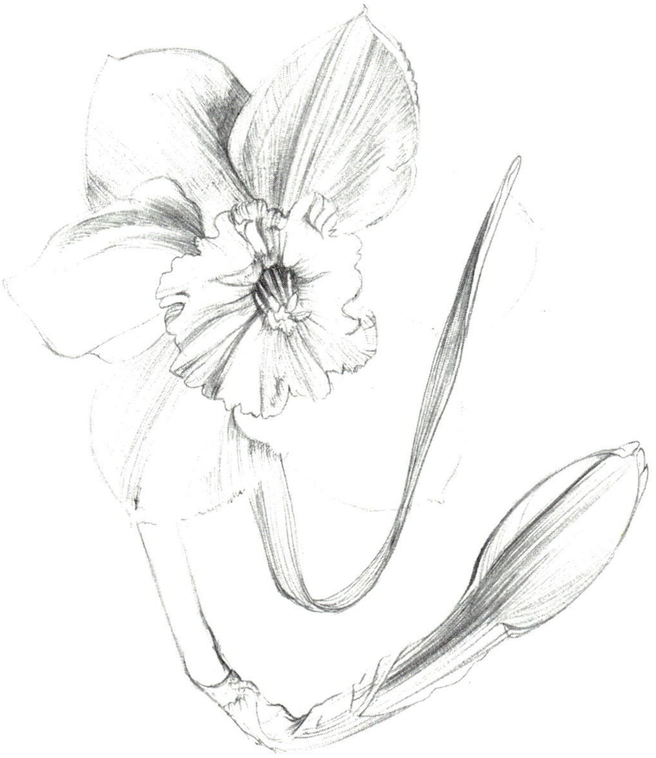

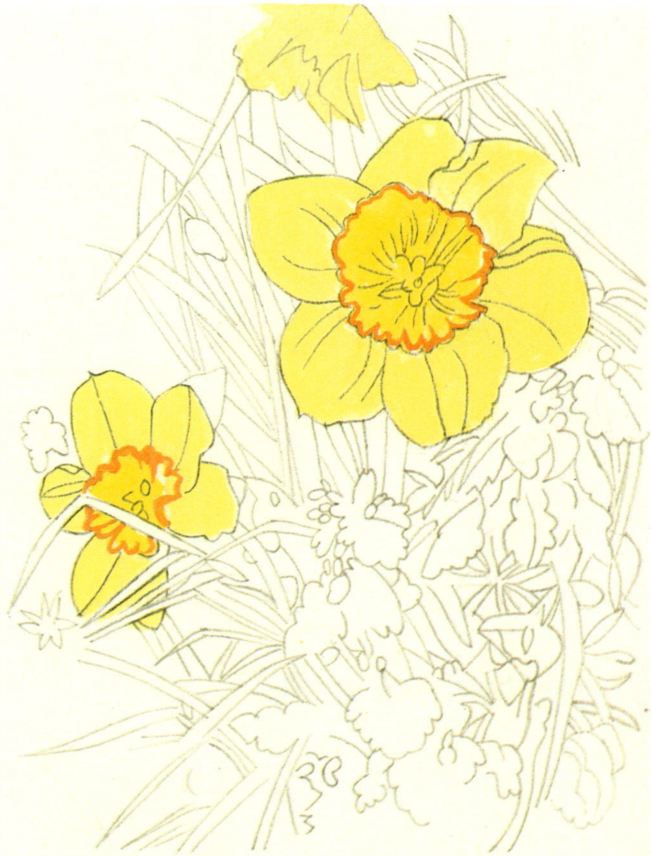

Étape 1 (détail)

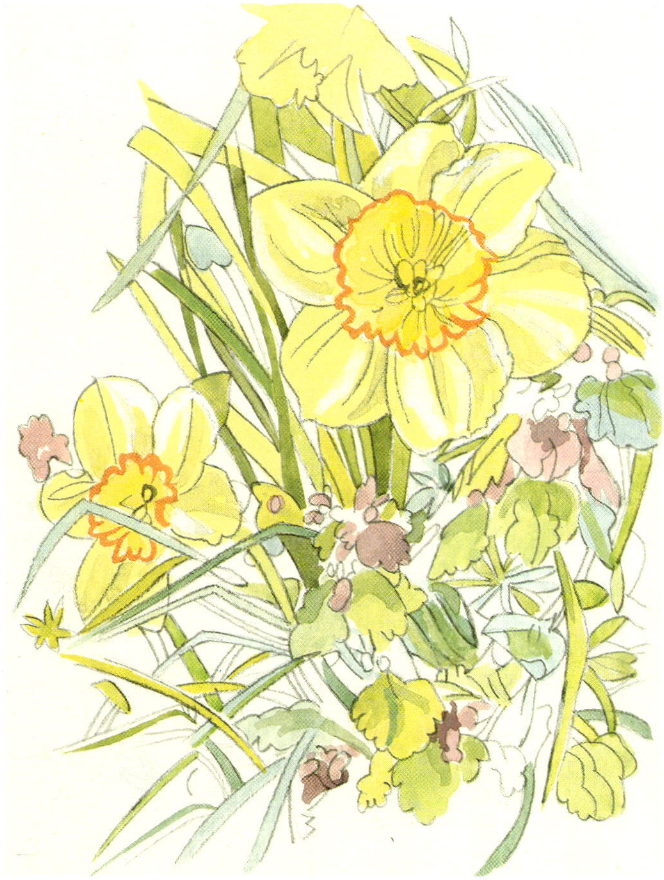

Étape 2 (détail)

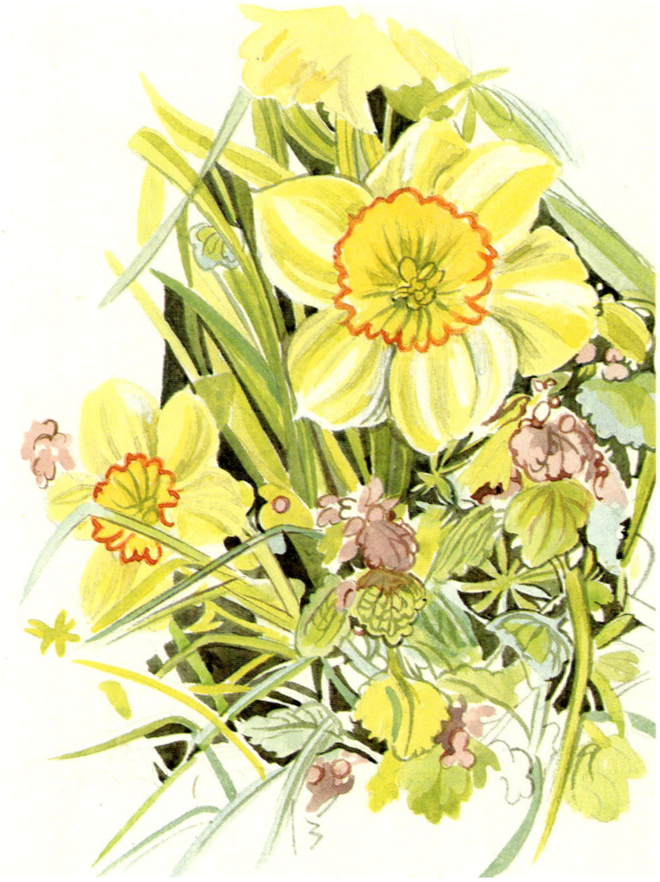

Étape 3 (détail)

Étape 2

Avec un pinceau n° 1 et différentes combinaisons de jaune citron et de jaune cadmium, je poursuis mon travail sur les corolles des fleurs, de manière que les nuances subtiles de jaune se fondent les unes dans les autres. Je peins ensuite les stigmates et les étamines en vert pâle, avec un pinceau plus fin. Je peins la zone autour des stigmates en brun clair.

Étape 3

Maintenant, je travaille les feuilles et les orties rouges. À l'instar des corolles de fleurs, je développe la couleur graduellement. Pour les feuilles, je me sers de mélanges de vert de Hooker, de vert feuille et de viridian. J'ajoute des touches de turquoise sur plusieurs feuilles. Ce n'est pas plus difficile que de peindre les corolles de fleurs.

À cette étape, je définis les espaces entre les plantes avec un mélange vert foncé, fait de viridian et de noir. Je renforce ensuite graduellement les couleurs avec un pinceau fin.

Étape 4 — le produit fini

Pour les touches finales, je me sers d'un pinceau fin et de peinture plus épaisse. Je renforce les couleurs entre les plantes et les feuilles, puis je me concentre sur les détails compliqués. Il est parfois utile de faire des esquisses préliminaires, comme dans le cas de l'ortie rouge, dont la structure veinée est complexe.

Étape 4 — le détail du premier plan que j'ai repeint à partir de l'original en ajoutant des détails et une bordure. Voir le produit fini aux pages suivantes.

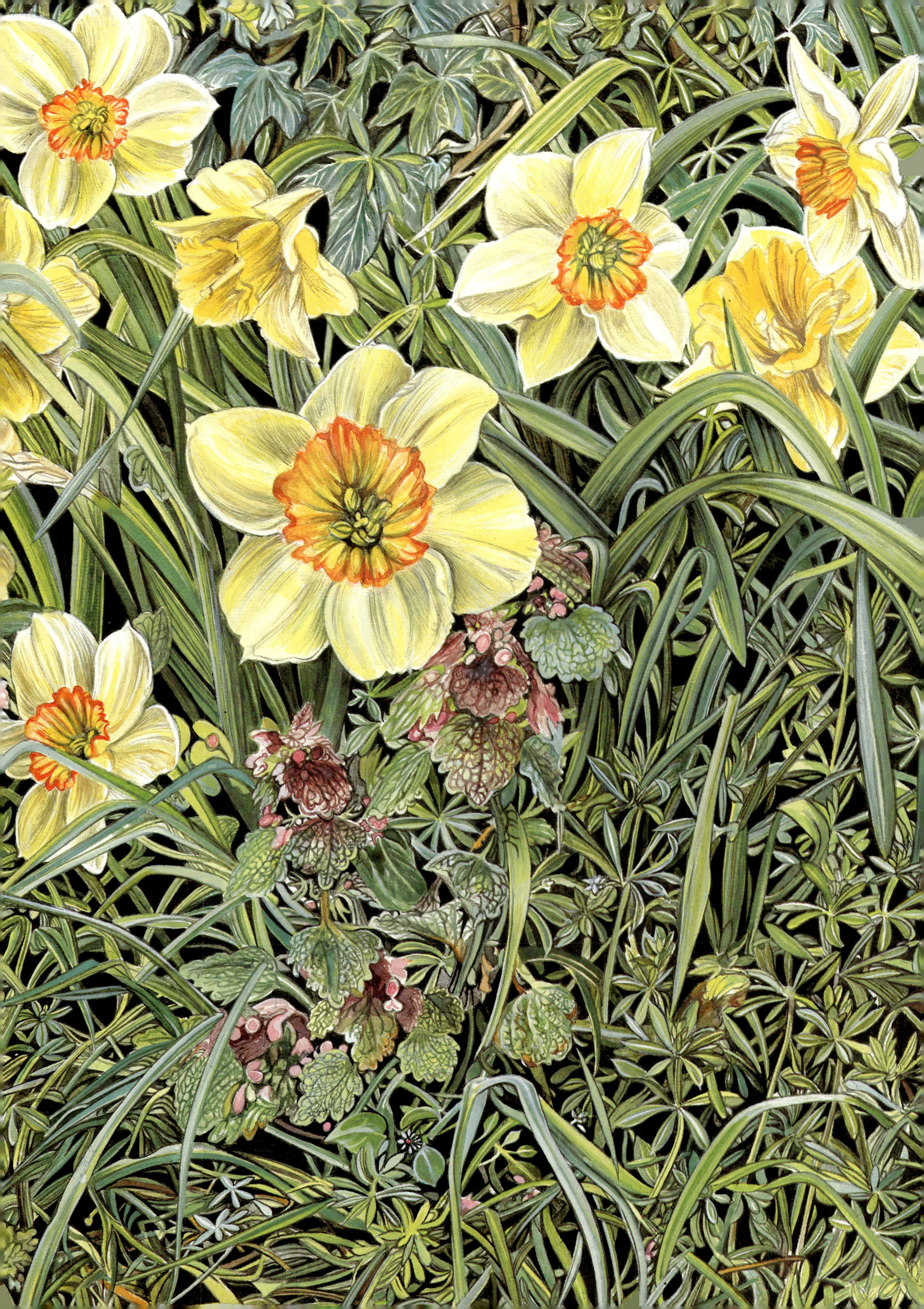

«Promesse de printemps»: le produit fini

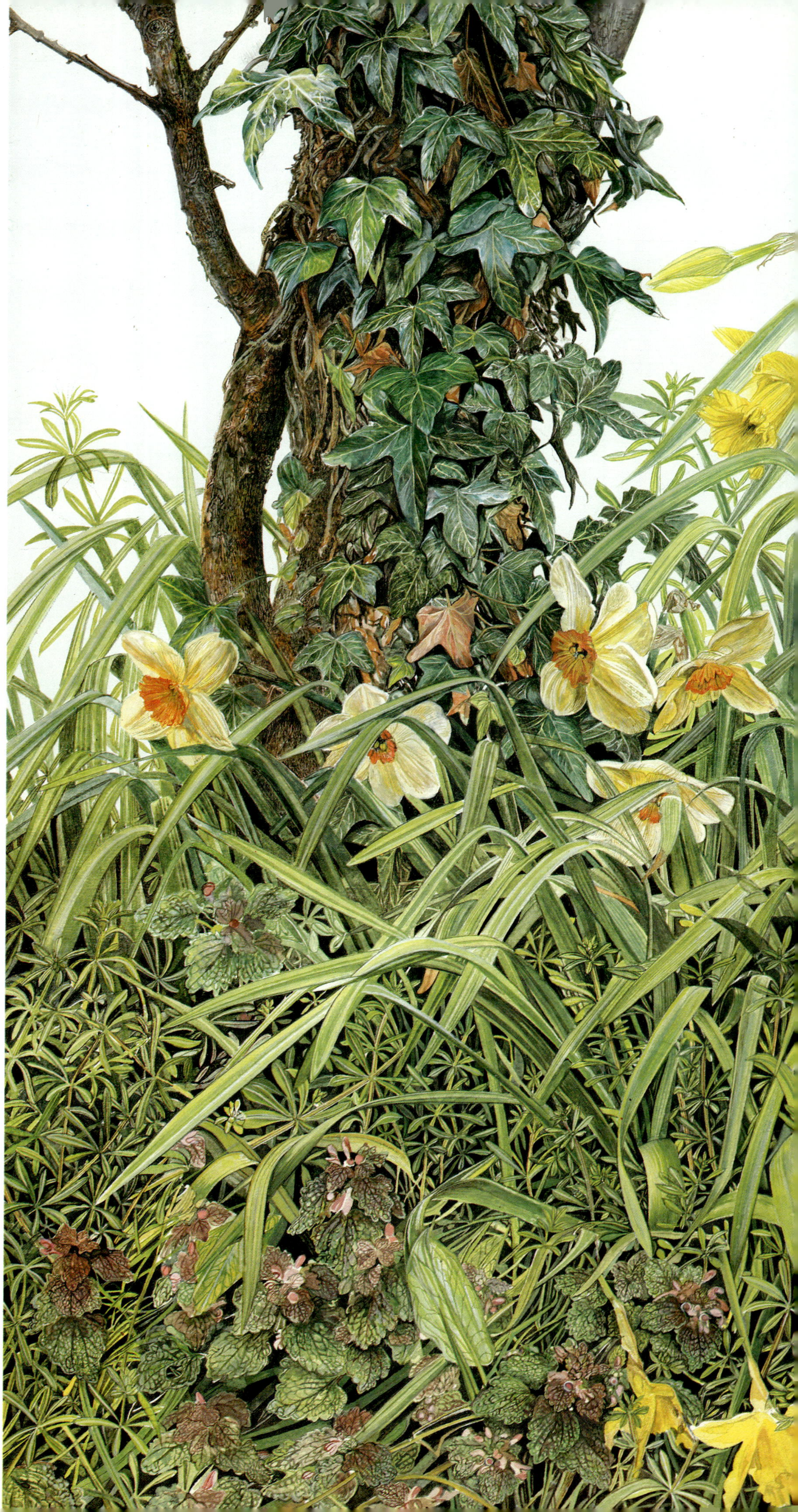

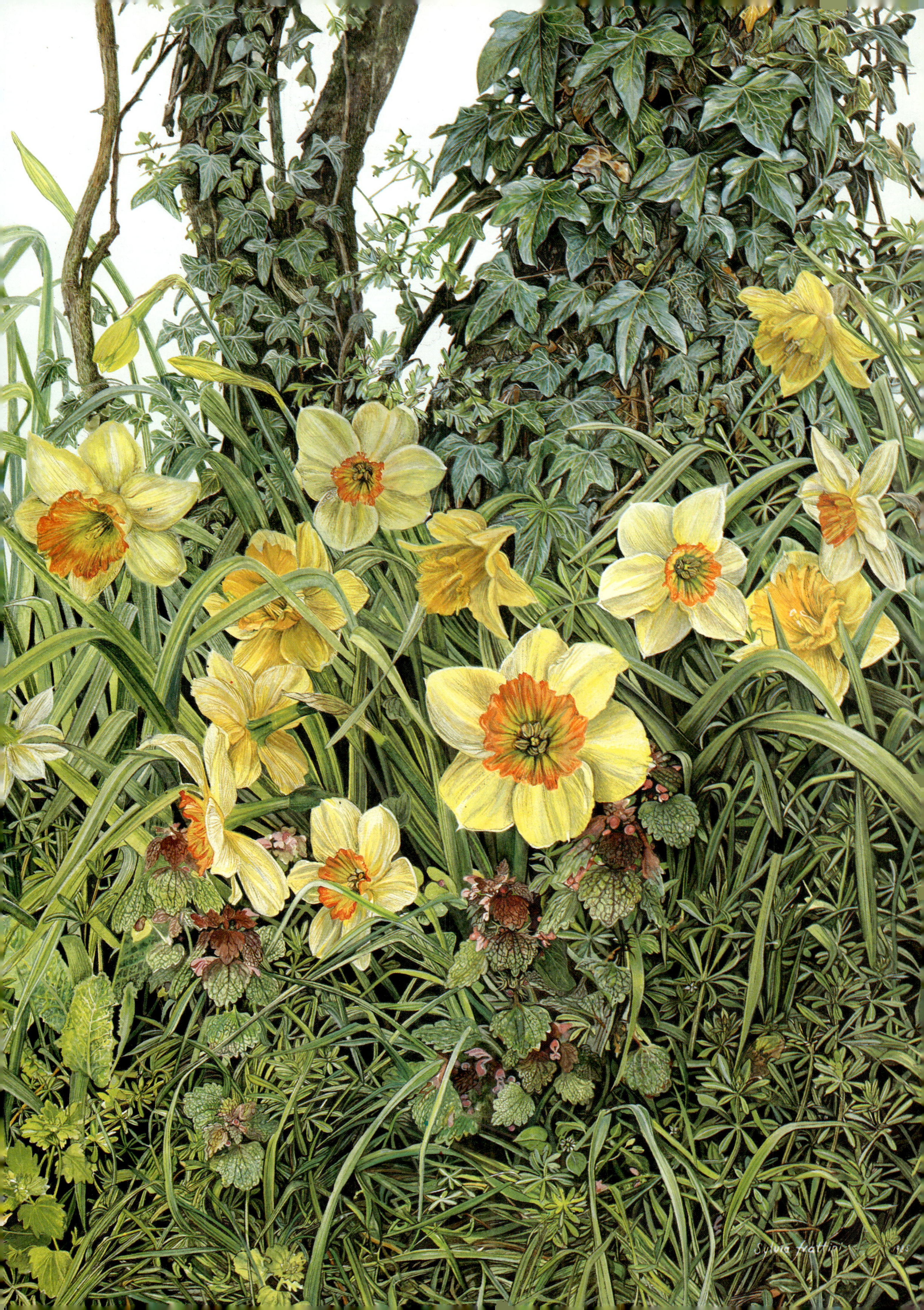
Sylvia Frattini

Passé et présent

Format: 6 ¼ x 8 ¾ pouces (160 x 220 mm)
Papier: Ingres Fabriano, 90 livres (160 g/m^2)
Pinceaux: poils de martre n°s 1, 3

C'est par une journée froide de janvier que j'ai découvert ces fougères desséchées dans les bois. Je pensais qu'elles seraient un sujet intéressant, surtout à cause du contraste créé par la masse de neige.

Même si je n'ai pas fait d'esquisses, j'étais consciente que j'avais trouvé le sujet hivernal rêvé. J'ai donc pris plusieurs photographies, en utilisant diverses vitesses d'obturation et divers réglages. J'ai évité à dessein de me servir de filtres, car je voulais conserver les bleus et les gris, compléments aux tons automnaux des fougères.

Il est rare de trouver un sujet aussi complet en soi pour faire une peinture intéressante. C'est la première fois que je réussis à partir d'une seule photographie; je n'ai eu qu'à redessiner très légèrement les éléments.

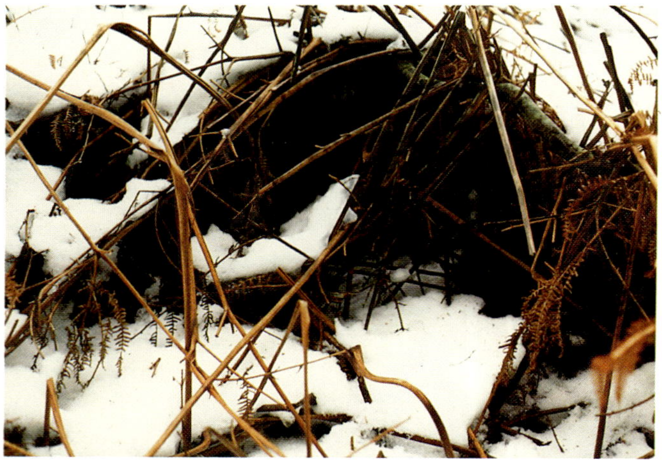

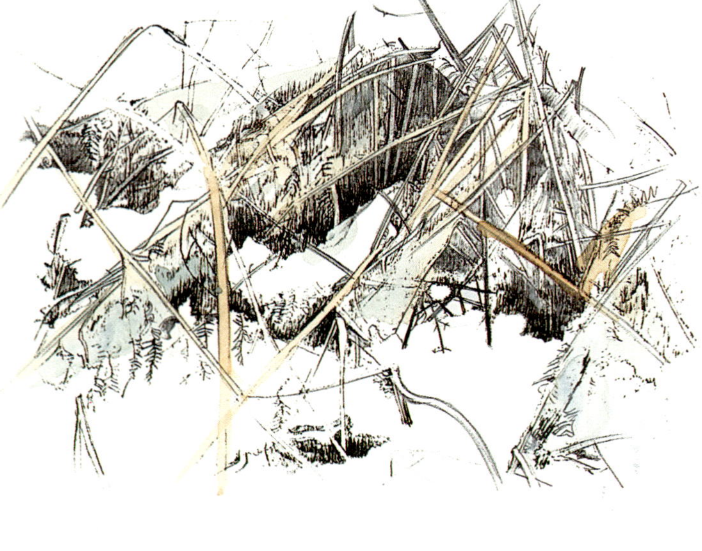

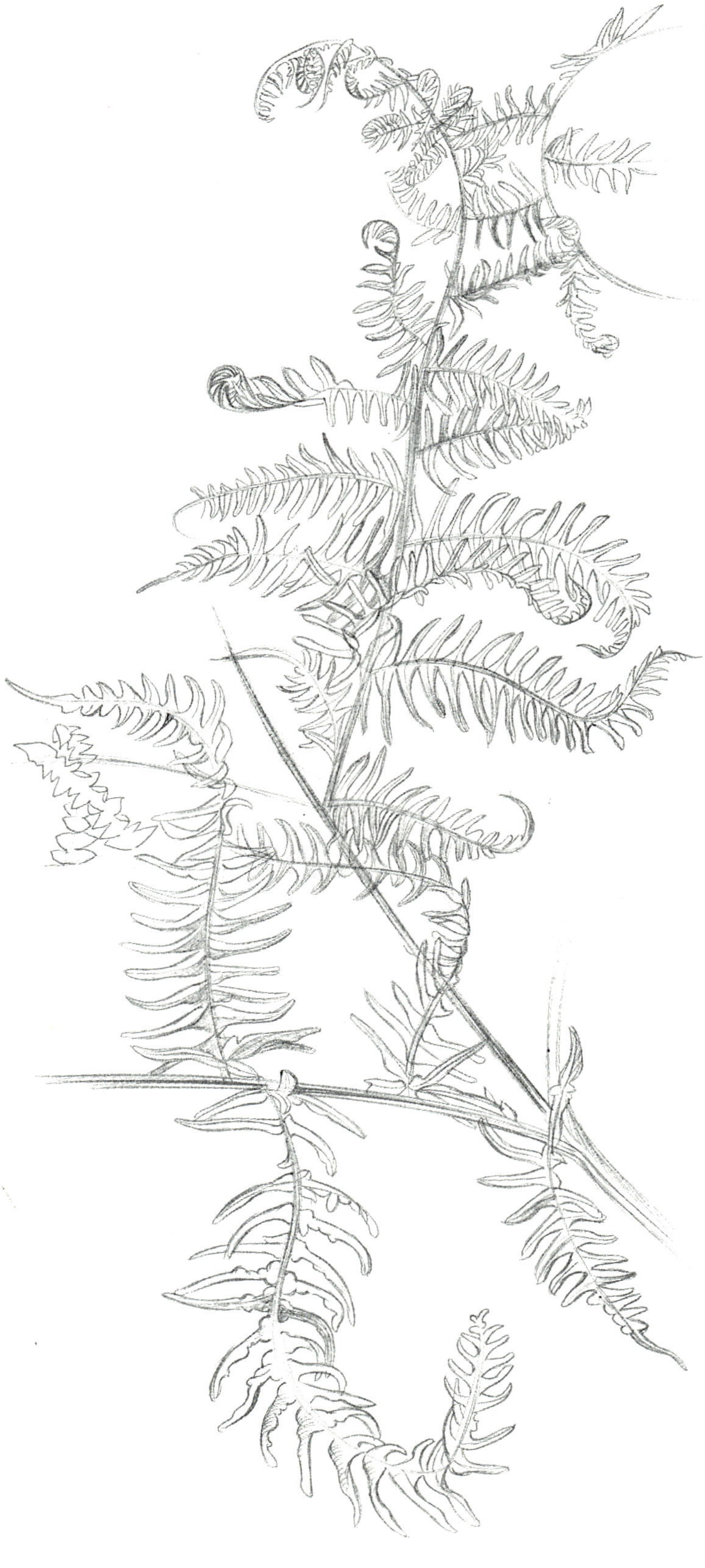

Étape 1

Je commence en appliquant la couleur sur les surfaces principales du papier. Sur une surface humide, j'étends ensuite des lavis, du pâle au foncé, avec un pinceau n° 3 et un mélange de blanc et de bleu de Prusse.

Parce qu'il sera difficile plus tard de faire des modifications sur les surfaces recouvertes de neige, je complète le sol avant de m'attaquer aux fougères. Je trace ensuite les tiges de la fougère principale avec un crayon 2H.

Étape 2

Toujours avec le même crayon, je dessine très légèrement le motif complexe des fougères sur la neige. Après un examen minutieux, j'apporte les changements nécessaires avant d'appliquer la peinture. Je ne passe pas à l'étape suivante avant d'être satisfaite.

Étape 3

À l'aide d'un pinceau n° 1 et de peinture plus épaisse, je commence à peindre les fougères délicates, par couches successives, avec des mélanges de terre de Sienne naturelle, de rouge vénitien et d'orange.

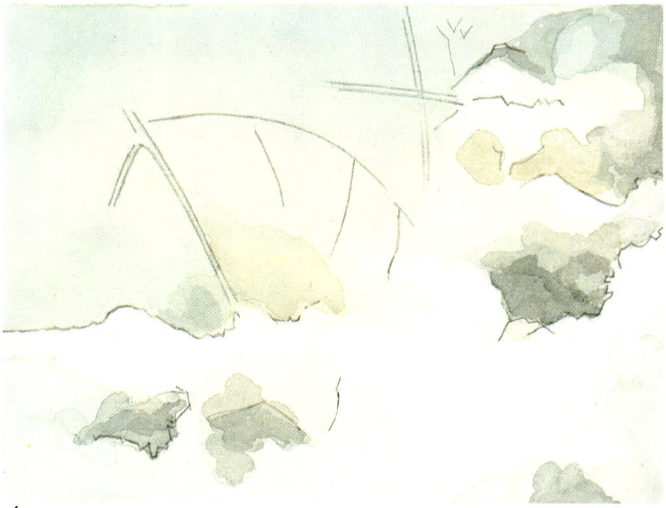

Étape 1

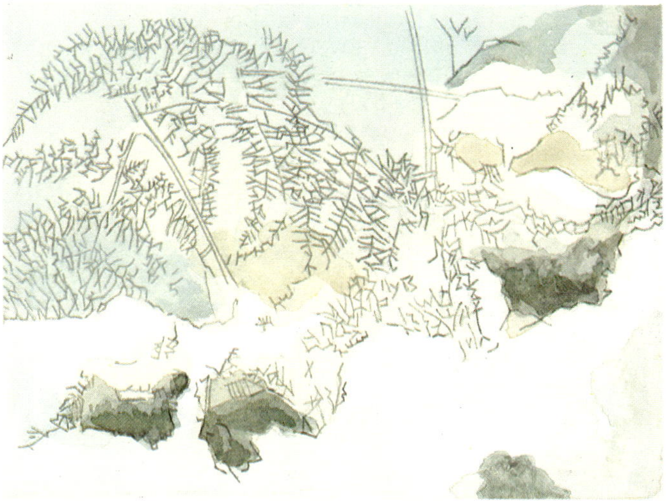

Étape 2

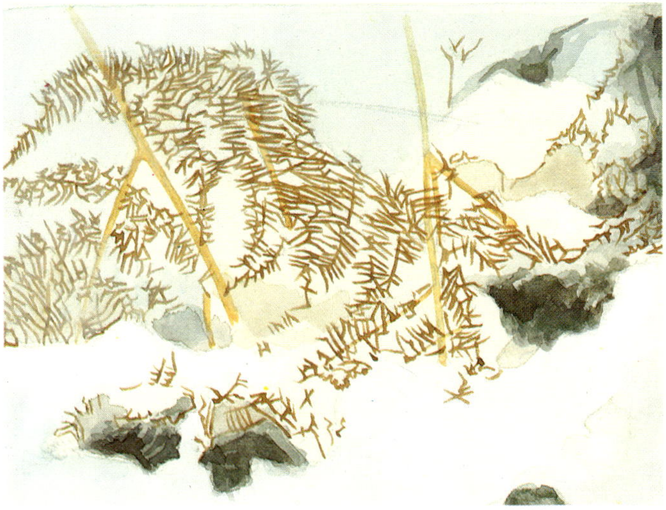

Étape 3

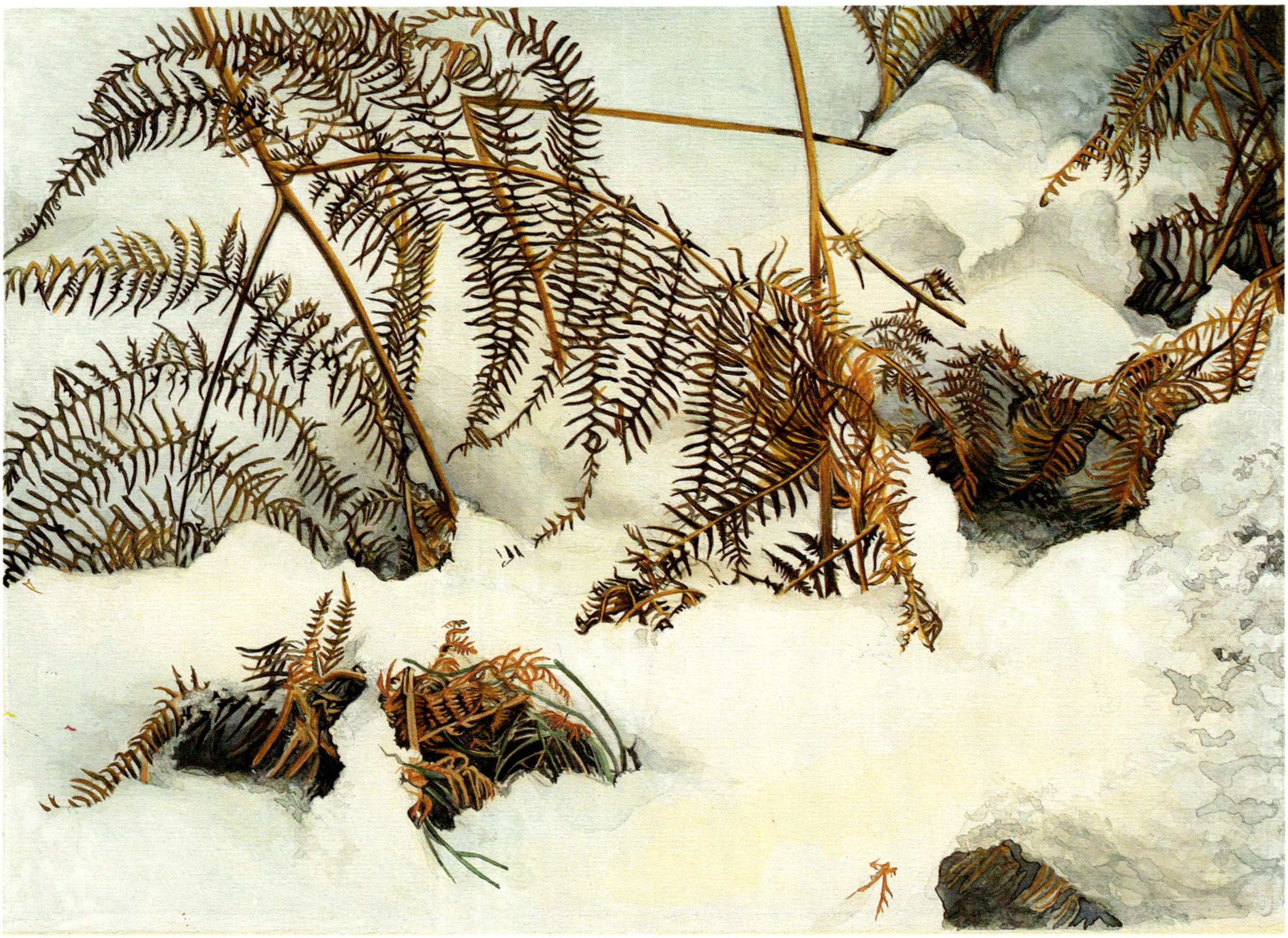

Étape 4 — le produit fini

Avec un pinceau fin, je renforce la couleur des fougères jusqu'à ce que j'obtienne le résultat désiré. Pour les détails plus complexes, je me sers d'un pinceau n° 1 usé; les quelques poils qui restent me permettent de réussir des lignes très fines. Remarquez les différentes couleurs et les effets texturés que j'ai ajoutés à la neige.

Coquelicots d'automne

Format: 6¼ x 9 pouces (160 x 230 mm)
Papier: Ingres Fabriano, 90 livres (160 g/m²)
Pinceaux: poils de martre nos 0, 1, 2

C'est toujours un plaisir pour moi de peindre des fleurs, en particulier des fleurs sauvages. En 1985, une multitude de coquelicots ornaient les haies et les champs. J'ai eu l'occasion de reproduire avec précision la couleur authentique et éclatante des coquelicots.

Cette peinture a été réalisée à partir de photographies (voir plus bas) que j'ai prises en septembre, sur le bord d'un champ de blé, près de chez moi. Il est difficile de photographier des coquelicots; ils sont si délicats qu'ils oscillent sous l'action de l'air. Là où je vis, j'ai la chance cependant de pouvoir peindre d'après nature jusqu'à la fin d'octobre. Ce qui me plaît le plus, c'est le contraste frappant des pétales des coquelicots sur les fonds riches et sombres.

Lors de la composition, il est très important de bien situer les fleurs. J'ai essayé à plusieurs reprises avant de trouver le regroupement le plus intéressant. Afin d'équilibrer l'ensemble, j'ai ajouté des pâquerettes et quelques longues tiges de blé.

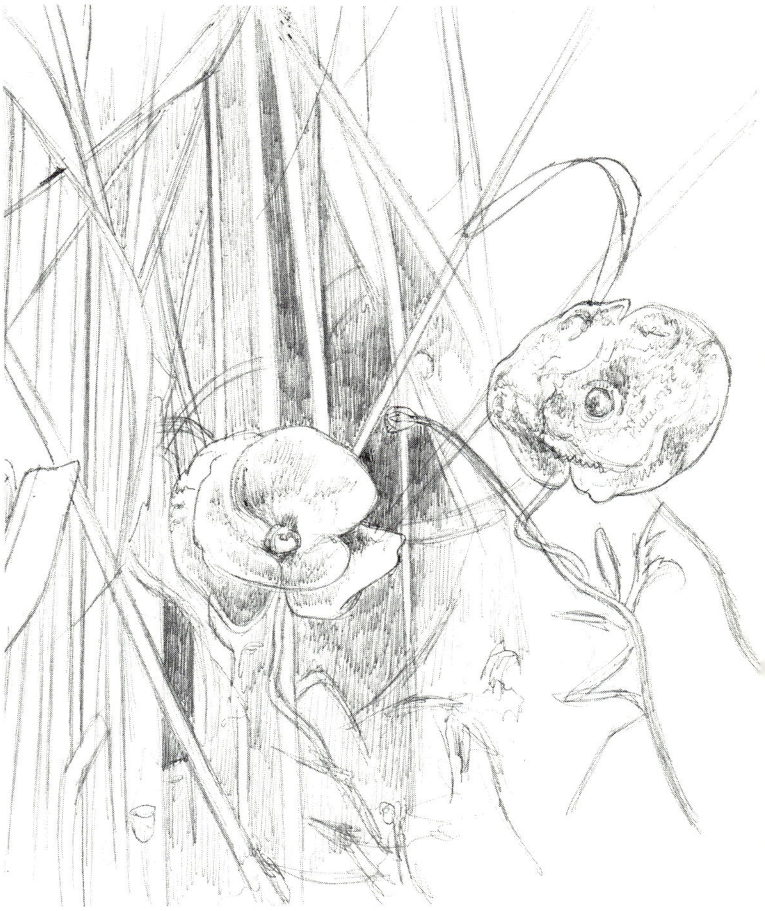

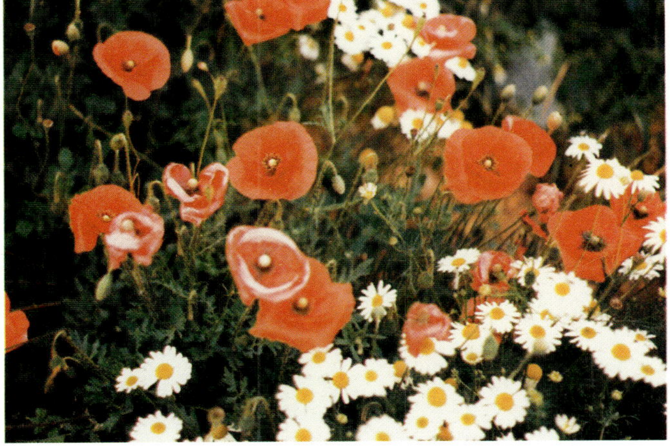

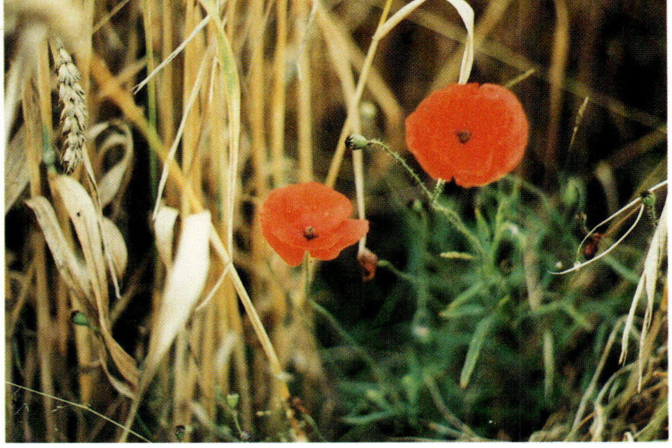

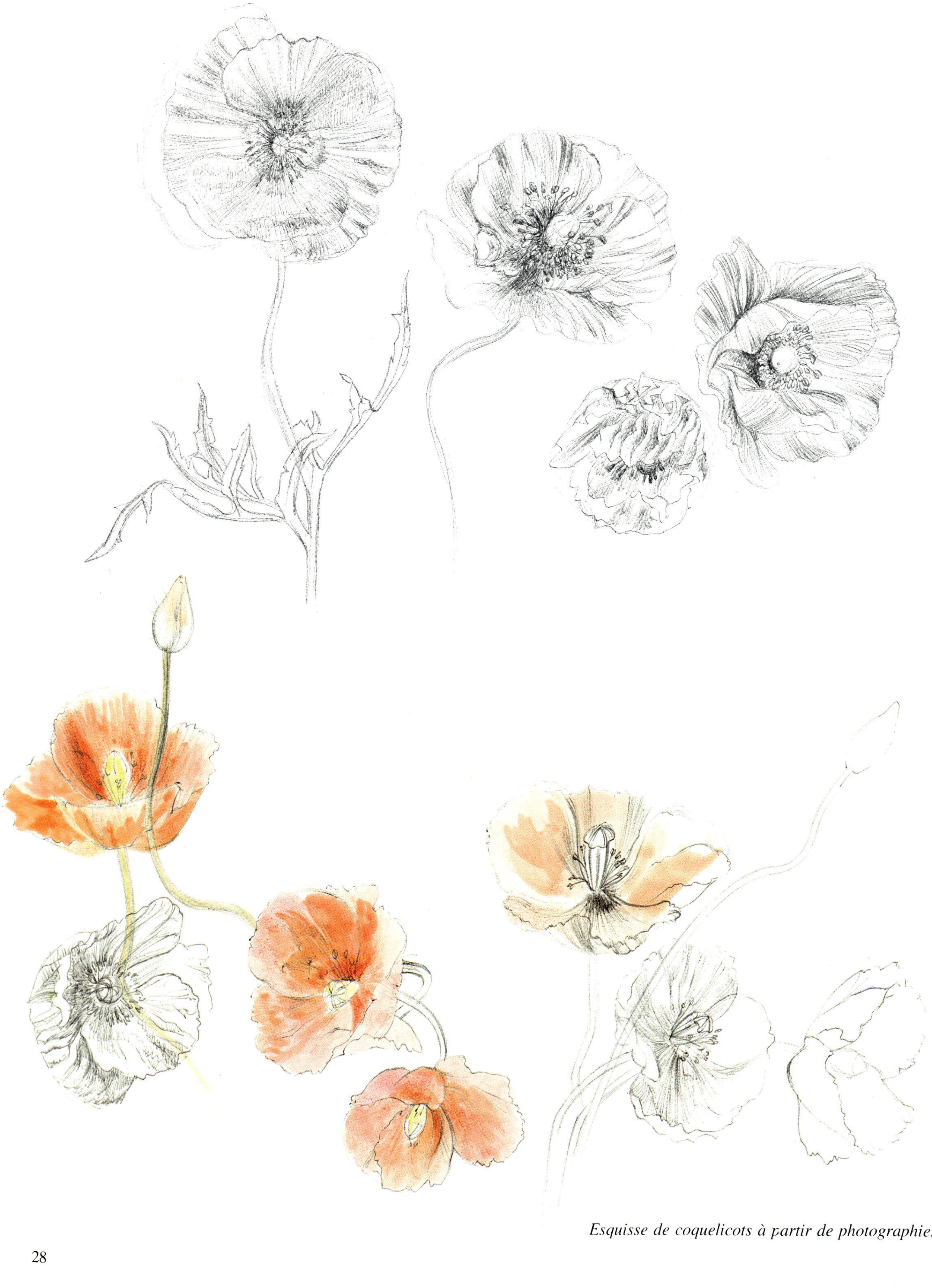

Esquisse de coquelicots à partir de photographies

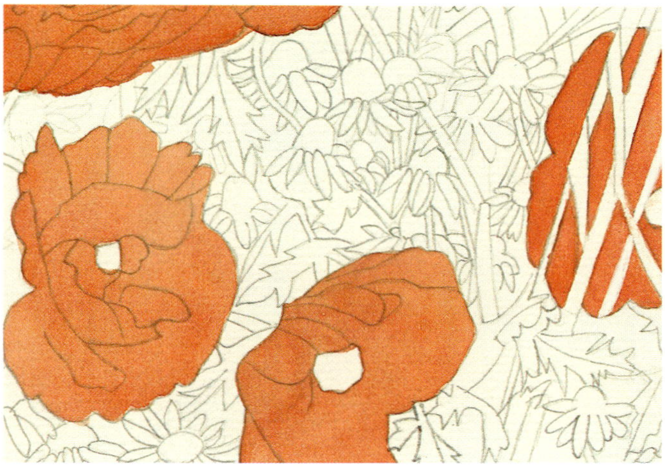

Étape 1 (détail)

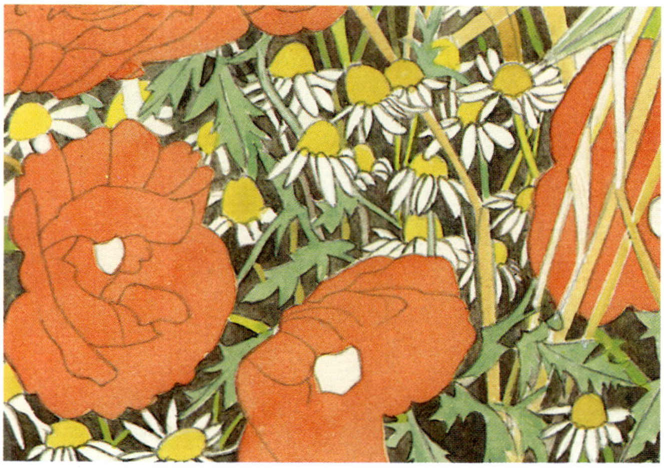

Étape 2 (détail)

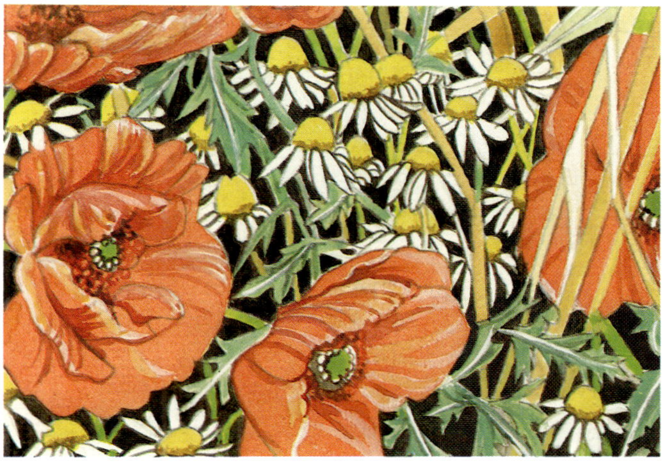

Étape 3 (détail)

Étape 1

Après avoir tracé légèrement au crayon les coquelicots et les autres plantes, j'applique un lavis de base orange sur les corolles de coquelicots, avec un pinceau n° 2.

Étape 2

Avec un pinceau n° 1, je peins l'arrière-plan avec de la terre d'ombre brûlée. Je choisis un lavis jaune pâle pour les corolles de pâquerettes et un blanc opaque pour les pétales. La couleur des pâquerettes forme un contraste saisissant avec celle des coquelicots. Pour les feuilles, j'opte pour un mélange léger de turquoise et de vert de Hooker. J'applique ensuite un lavis ocre jaune très pâle sur les tiges de blé.

Étape 3

À cette étape, le mélange des couleurs est très important. Je tente de reproduire l'apparence satinée des coquelicots, en renforçant graduellement le ton orange, tout en conservant les contours harmonieux. Je mets en lumière quelques pétales en incorporant du blanc entre les couches de lavis de couleur orange. Je détaille les veinures des pétales avec mon pinceau le plus fin. Je m'attaque ensuite au centre des fleurs, où j'applique des touches de violet de cobalt et de noir. Avec la pointe du pinceau, j'accentue quelques étamines. En intensifiant graduellement les lavis, je travaille les feuilles de coquelicots, le blé et les tiges des fleurs et j'accentue l'arrière-plan.

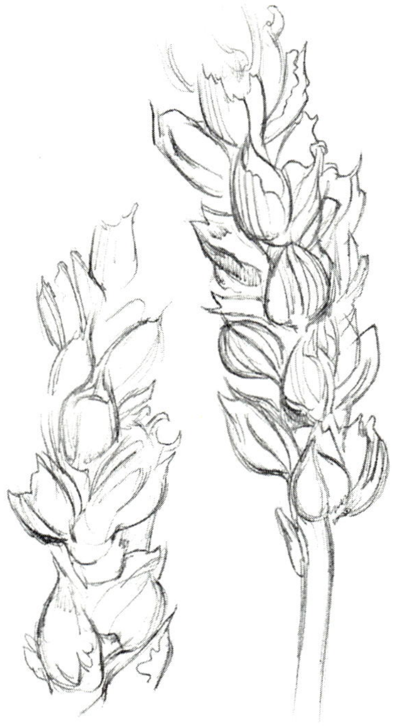

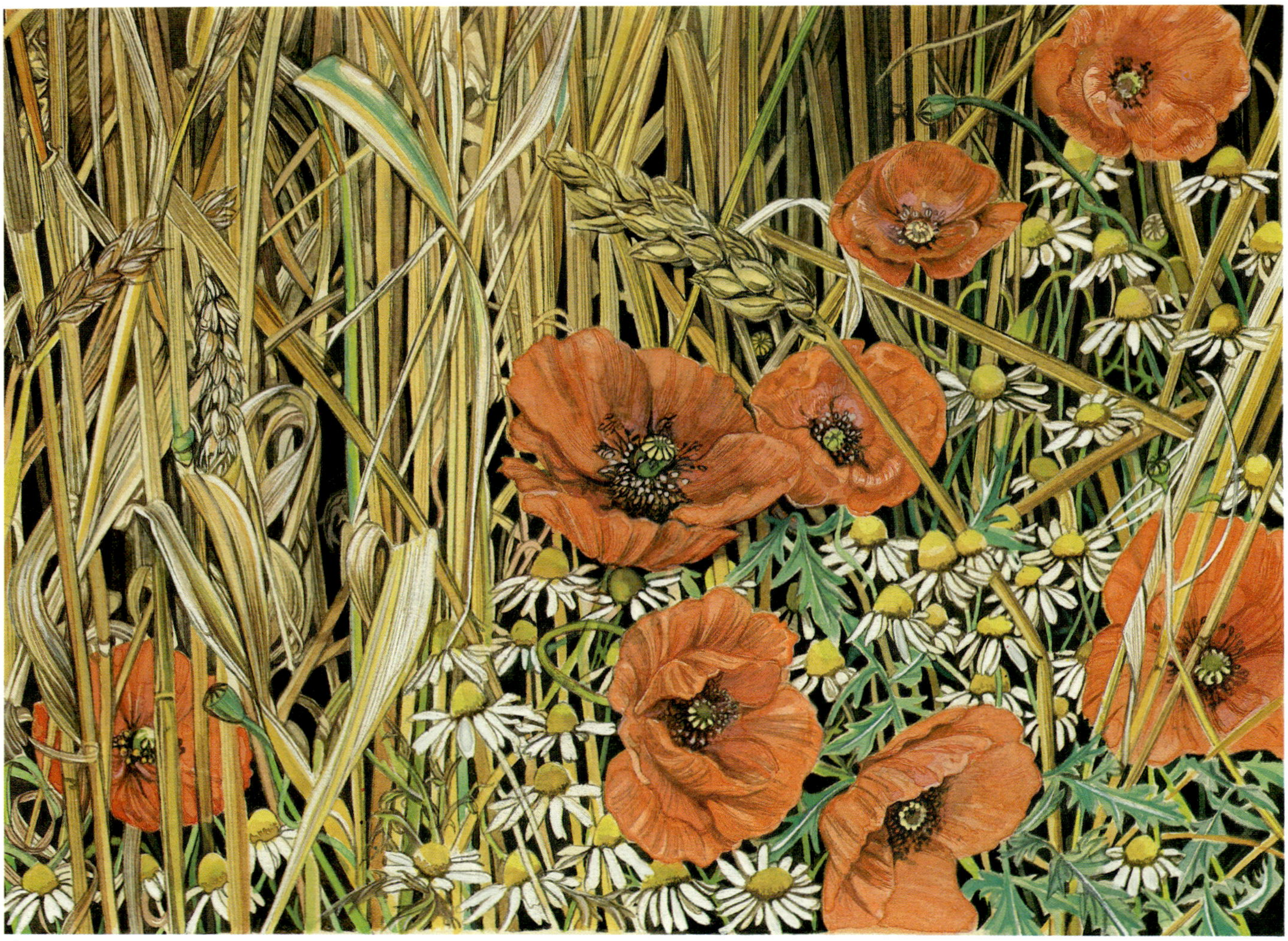

Étape 4 — le produit fini

Étape 4 — le produit fini

Je poursuis mon travail dans les formes des plantes avec la pointe d'un pinceau n° 0. Je peins ensuite de fines lignes sur le blé pour lui donner sa texture. Je mets aussi en lumière quelques-uns des pétales de pâquerettes en appliquant un blanc plus opaque.

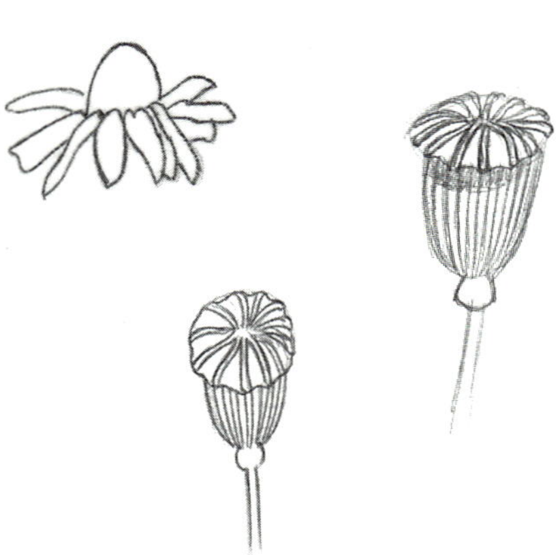

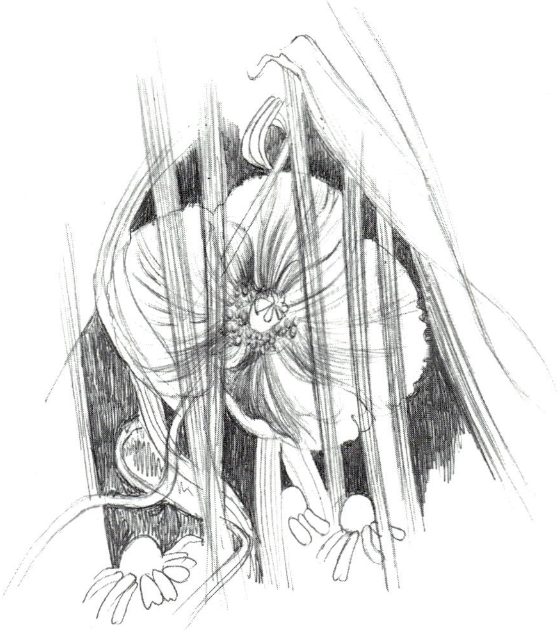

Études de structures de fleurs

Curieux

Format: 8 ¾ x 8 ¾ pouces (222 x 222 mm)
Papier: Ingres Fabriano, 90 livres (160 g/m^2)
Pinceaux: poils de martre n°s 0, 1, 3, 5

Les murs de pierre demeurent un sujet fascinant. J'ai toujours été intriguée par les pierres patinées aux contours irréguliers, à cause de la variété étonnante des textures et des couleurs. C'est une source infinie de curiosité, autant pour moi que pour les vaches de la photographie et les moutons du tableau.

L'idée de cette peinture m'est venue lorsque j'ai découvert ce beau mur de pierres patinées recouvert de lichens florissants et de mousse, par un après-midi pluvieux de printemps. À ce moment, je n'ai pris que quelques notes et j'ai fait quelques esquisses au volant de mon automobile. J'ai aussi pris plusieurs photographies pour capter les riches couleurs rehaussées par la pluie.

Survol

Dans cette composition, il y a quatre sections à examiner: le mur, le plan central, l'arrière-plan et le ciel. Le mur offre le plus grand défi, à cause de ses riches couleurs et de ses textures. C'est l'occasion d'essayer différentes techniques pour arriver à rendre les ombres distinctes et les contours variés.

Au plan central, je décide d'ajouter les moutons qui sont partie intégrante de la campagne dans la région des Monts Cambriens. Leur fourrure emmêlée est un point d'intérêt additionnel.

Pour l'arrière-plan, je choisis une scène paisible et agréable empruntée à la campagne avoisinante. Je conserve au ciel un aspect simple et tranquille, en contraste avec les sections plus détaillées de la peinture.

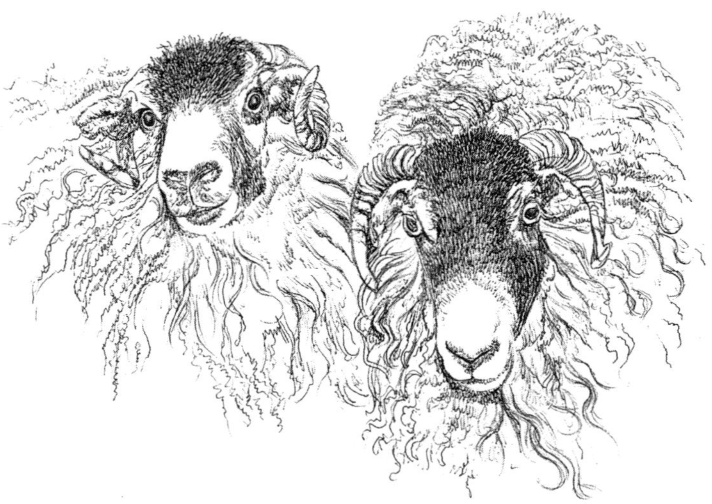

Étude de moutons des Monts Cambriens

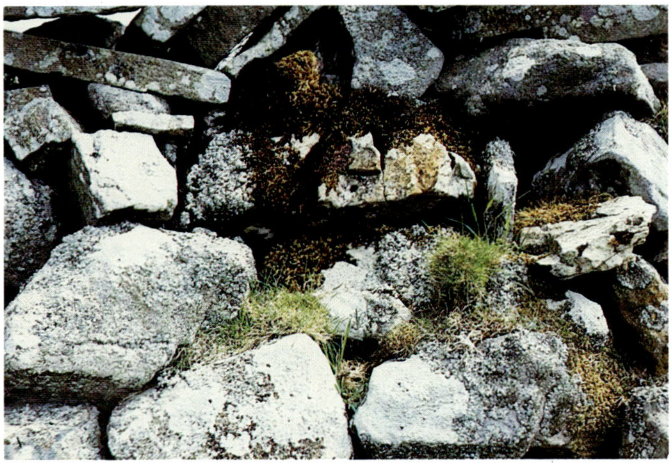

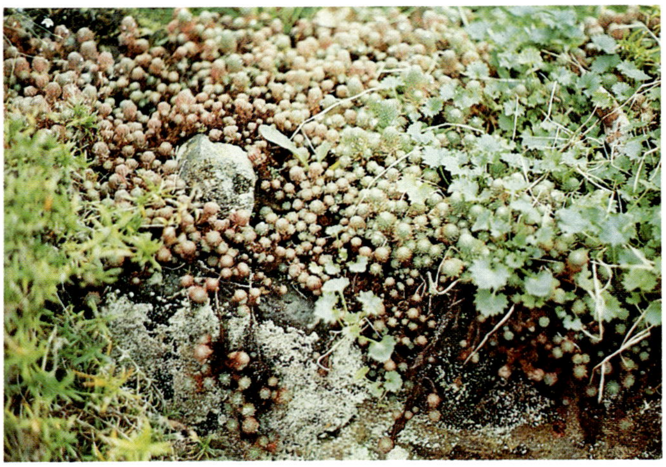

Photographies du beau mur de pierres patinées recouvert de lichens florissants et de mousse

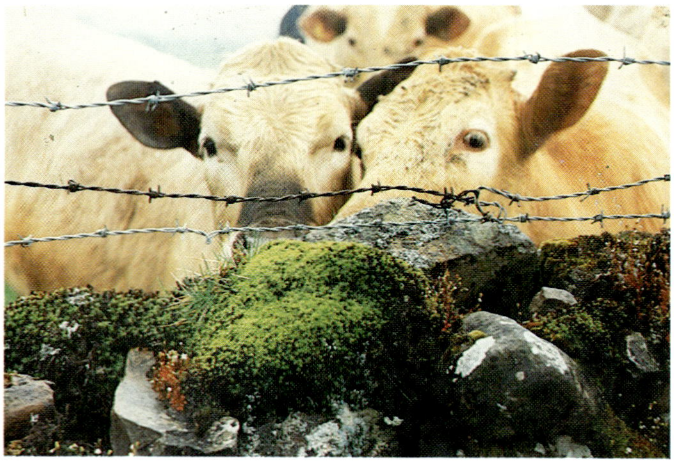

Les vaches curieuses que j'ai photographiées sont remplacées par des moutons

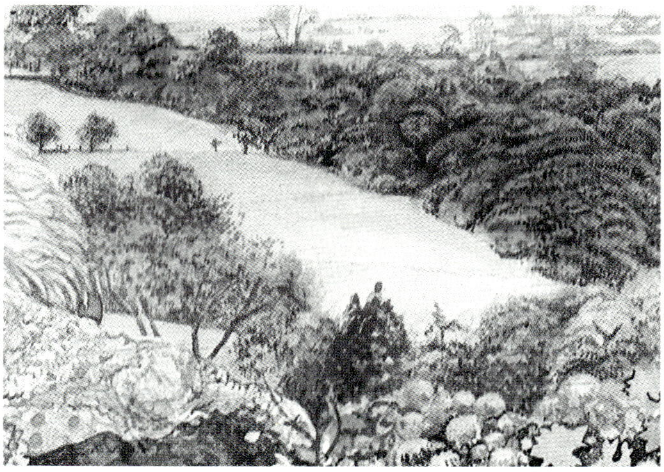

Un détail en noir et blanc de la partie supérieure droite de la photographie pour délimiter nettement le reste de la peinture — un arrière-plan paisible et agréable

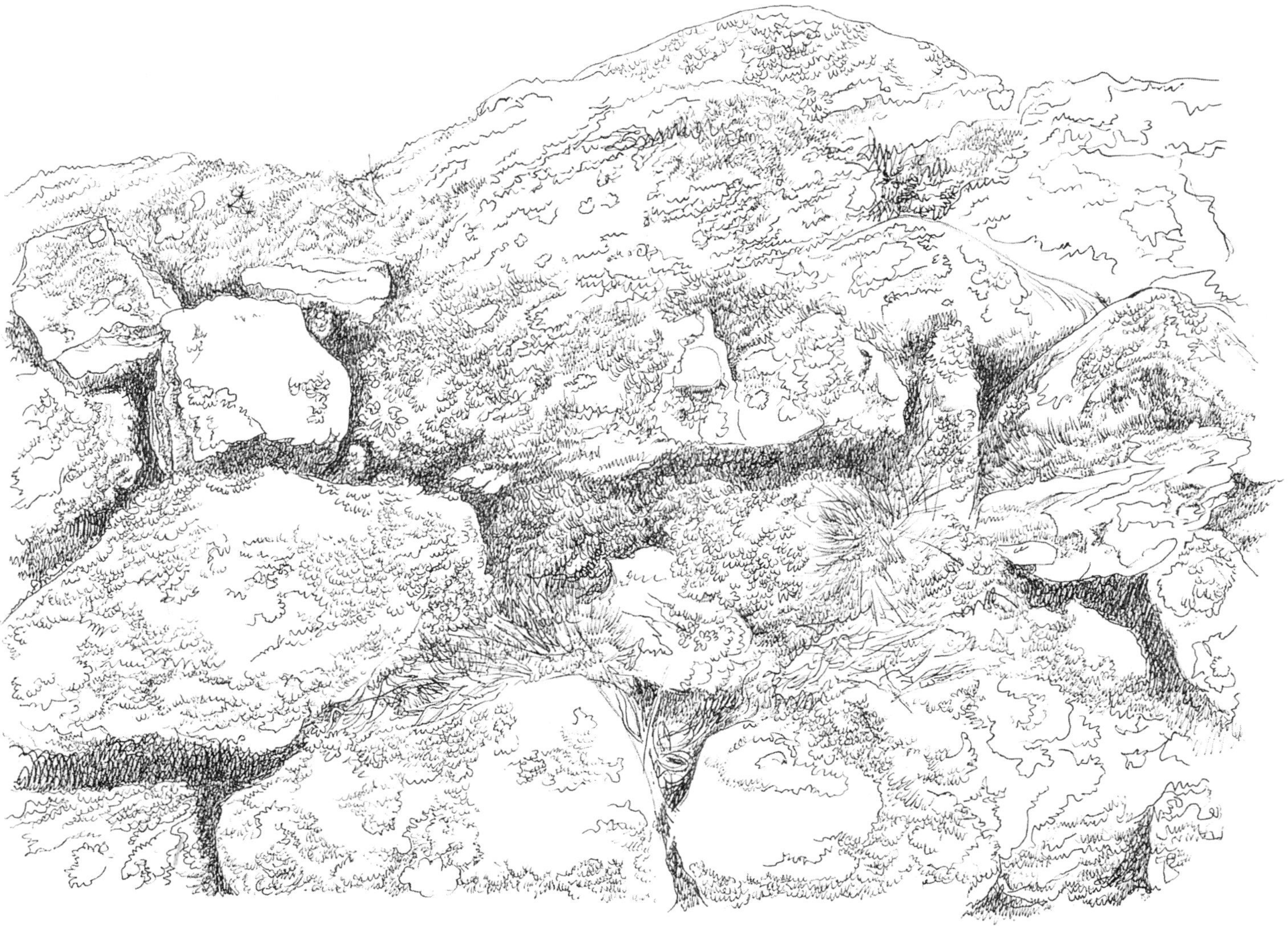

Esquisse linéaire du mur de pierres et d'un motif de lichen

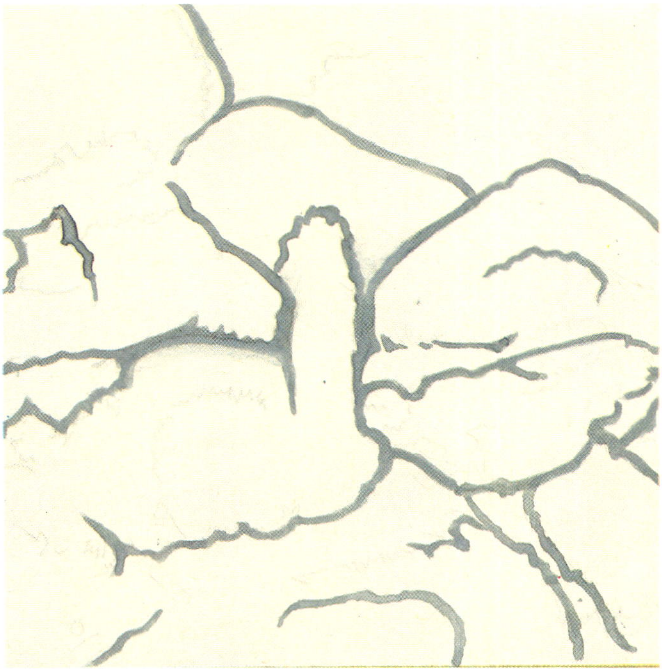

Étape 1 (détail)

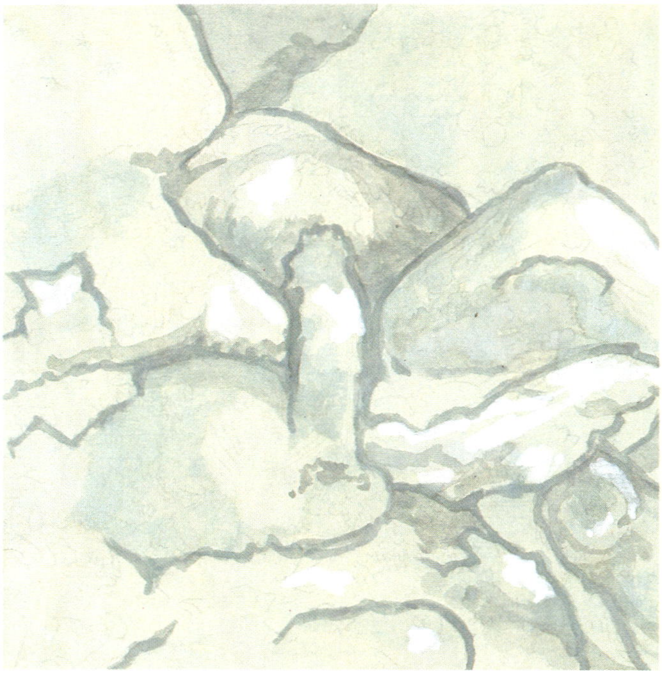

Étape 2 (détail)

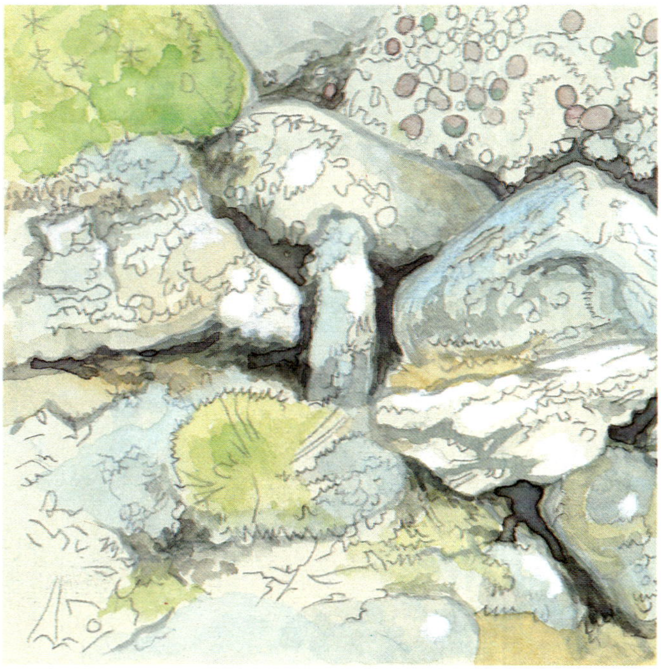

Étape 3 (détail)

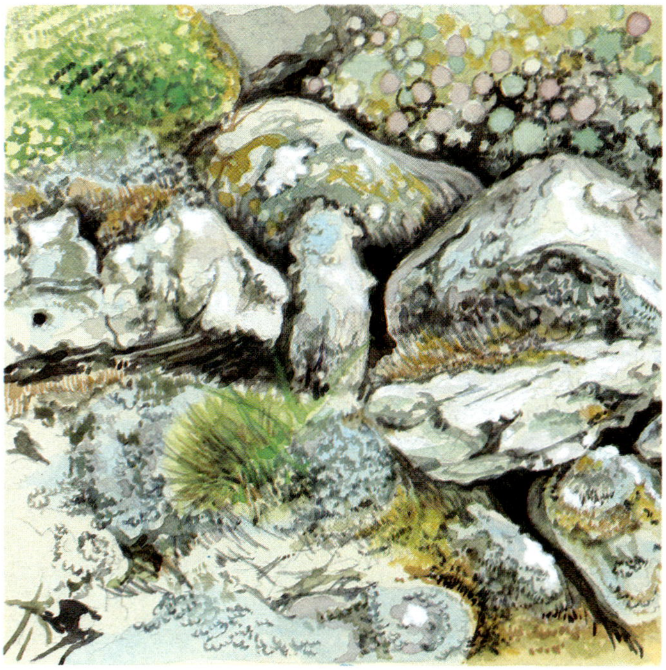

Étape 4 (détail)

Étape 1

Pour commencer, je trace au crayon fin le contour des pierres. Avec un pinceau en poils de martre n° 5, je recouvre ensuite ces traits d'une couleur neutre, un léger mélange de bleu de cobalt et de gris.

Étape 2

Avec de la peinture peu épaisse, je tente de reproduire la forme et la couleur des pierres, en travaillant du plus pâle au plus foncé. Je me sers toujours de mélanges de bleu de cobalt et de gris, mais cette fois avec un pinceau n° 3. En travaillant sur un fond humide, cela me permet de créer des contours plus doux et de modeler les pierres plus facilement. La peinture forme ses propres motifs en séchant. J'ajoute ensuite du blanc opaque pour créer des reflets.

Étape 3

J'entame maintenant les diverses structures des plantes et les textures des pierres. Je les trace d'abord légèrement au crayon, puis j'applique la peinture peu épaisse, en travaillant du plus pâle au plus foncé. Pour la mousse et les lichens, je me sers des couleurs ocre jaune, vert de Hooker et jaune citron, ainsi que d'un mélange bordeaux. Pour les textures des pierres, j'utilise à nouveau un mélange de bleu de cobalt et de gris. Je peins les ombres entre les pierres d'un gris foncé. Tout au long de cette étape, j'emploie un pinceau n° 1.

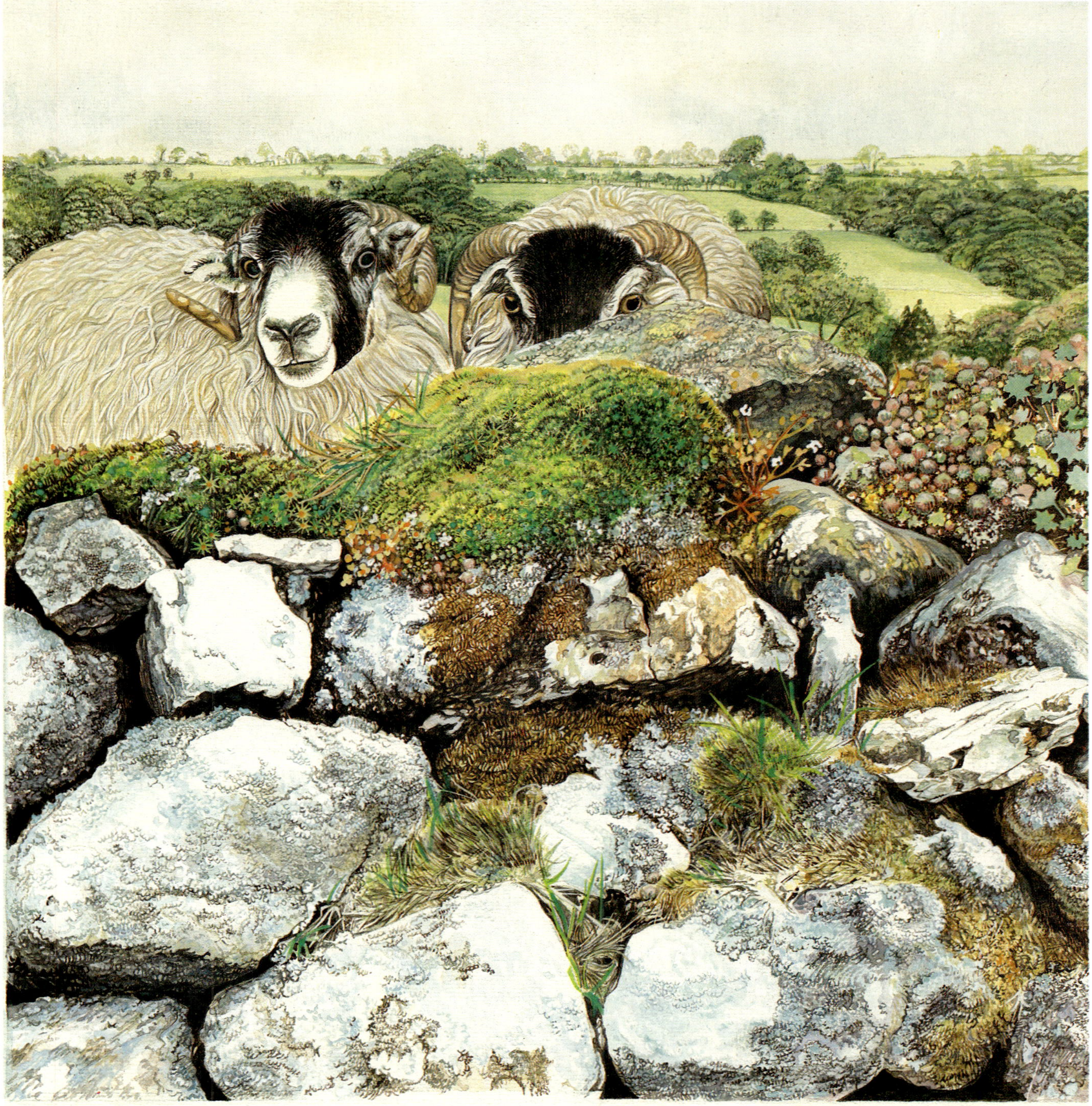

Étape 5 — le produit fini

Étape 4

À cette étape, j'accentue les tons sur les pierres et les surfaces ombragées. Pour intensifier les textures des pierres, j'utilise la technique à sec, et j'applique un brun très foncé entre les pierres pour suggérer plus de profondeur. Je renforce partout la couleur à l'aide de peinture plus épaisse et d'un pinceau fin. De la pointe du pinceau, je travaille ensuite avec précaution les structures des plantes et les pierres.

Étape 5 — le produit fini

À l'aide d'un pinceau n° 1 usé, je poursuis mon travail sur les détails. La peinture est terminée lorsque je suis satisfaite des détails. Au premier coup d'oeil, ils peuvent vous sembler complexes et difficiles à exécuter. Essentiellement, il faut de la patience et de l'attention. En autant qu'on progresse une étape à la fois et qu'on accorde une attention particulière aux structures délicates du mur de pierres, on peut obtenir un heureux résultat.

Vous remarquerez que j'ai utilisé un pinceau à pointe fine qui puisse suggérer la texture de la toison du mouton. Les verts éloignés sont également de nuances et de tons plus doux que les plantes plus rapprochées.

Région boisée au printemps

Format: 9¼ x 15¾ pouces (210 x 380 mm)
Papier: Ingres Fabriano, 90 livres (160 g/m²)
Pinceaux: poils de martre nos 00, 0, 1, 5

C'est toujours une grande joie pour moi d'observer les nombreux aspects d'une région boisée, spécialement aux changements de saisons. En effet, pour reproduire fidèlement les caractéristiques individuelles des arbres, il est très important d'en faire des esquisses à différentes périodes de l'année et de les conserver dans un carnet à croquis.

Chaque saison est unique; je crois qu'au printemps les primevères qui croissent abondamment sous les hêtres nous réservent non seulement un spectacle magnifique, mais sont une source d'inspiration pour l'artiste. Les hêtres laissent voir un peu de vert, même si la plupart des bourgeons minces et pointus n'ont pas encore libéré leurs feuilles.

Dans le cas présent, la structure des racines de l'arbre est l'élément déclencheur. Je fais des esquisses rapides et je prends des photographies pour essayer d'en reproduire le modèle et le mouvement. C'est l'appareil photographique, comme c'est souvent le cas, qui me fournit le meilleur sujet de composition. Pendant que je me concentre sur les racines qui s'offrent à mon regard, j'ignore la splendide mosaïque multicolore à l'arrière-plan, entre les arbres. Ce n'est qu'au moment d'examiner les photographies que je réalise la richesse de l'information qui me permet de recréer une scène d'une région boisée au printemps.

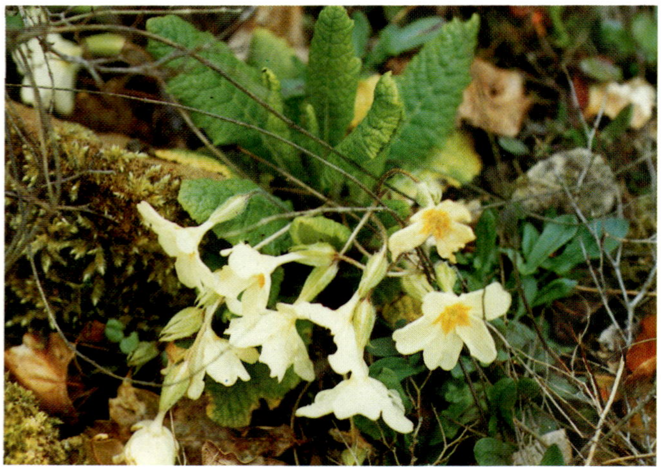

Survol

L'arrière-plan est la partie la plus difficile à peindre. Il n'est pas facile de rendre et de combiner les formes douces et floues des nuages, tout en donnant l'impression d'une atmosphère printanière.

Je commence par mouiller le papier et mêler les couleurs sur un fond humide. De cette façon, je crée graduellement les tons avec des lavis légers, en prenant garde de ne pas les renforcer trop rapidement. Je recommence encore et encore, jusqu'à ce que j'obtienne l'effet désiré, où les formes des nuages forment une tache de couleur saisissante (voir page 41).

En contraste, le plan central et le premier plan nécessitent une approche plus détaillée; j'applique de la peinture plus épaisse avec la pointe d'un pinceau fin. Pour capter la fraîcheur des primevères, je n'utilise qu'un minimum de détails et des variations subtiles de coloris. Au début, j'étends un léger lavis citron sur les primevères. Il faut se rappeler qu'il est toujours plus facile de peindre les détails délicats en premier, puis de travailler ensuite les couleurs plus sombres qui les entourent. En effet, il est difficile de peindre des couleurs pâles sur un fond foncé.

À cette étape, je fais plusieurs esquisses de fleurs et d'autres formes de plantes. J'ajoute de la texture aux roches avec un pinceau fin, de manière à rapprocher le premier plan.

Pour cette peinture, j'utilise une palette complète pour obtenir l'énorme variété de couleurs nécessaires: jaunes pâles et verts pour le premier plan, verts riches pour les jeunes arbres et le lierre qui s'étale sur les roches; rouges et bruns pour les feuilles mortes et quelques vestiges de l'hiver; et bleus, bruns et verts délicats pour les arbres et l'arrière-plan.

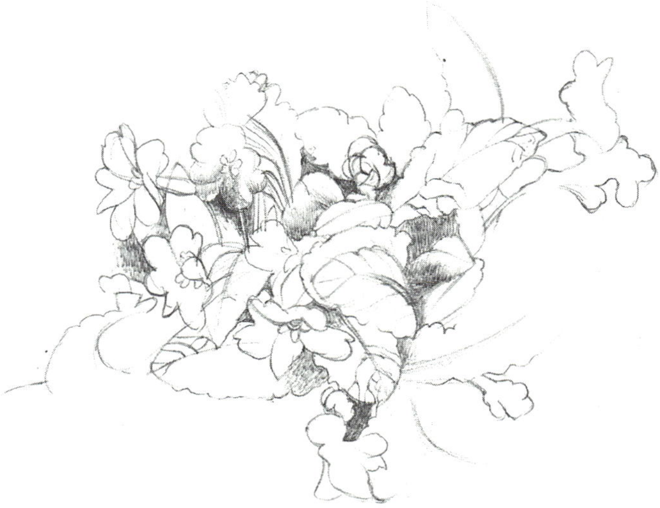

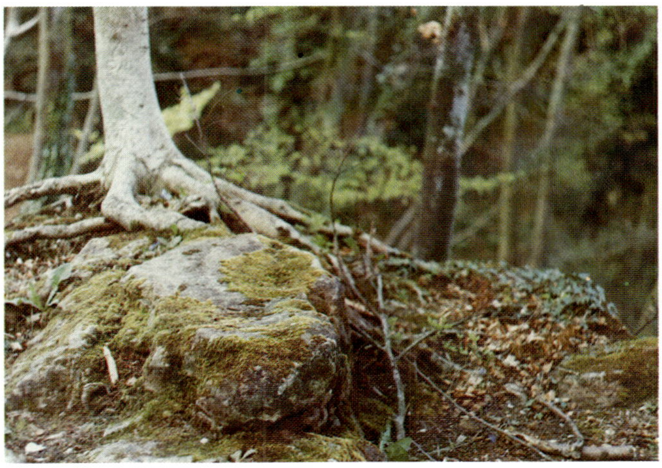

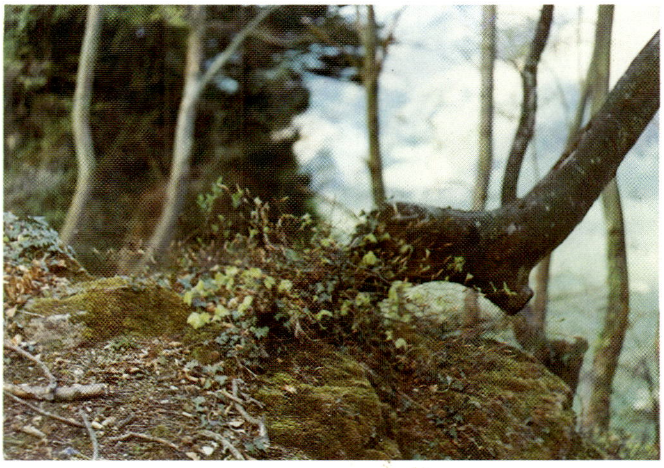

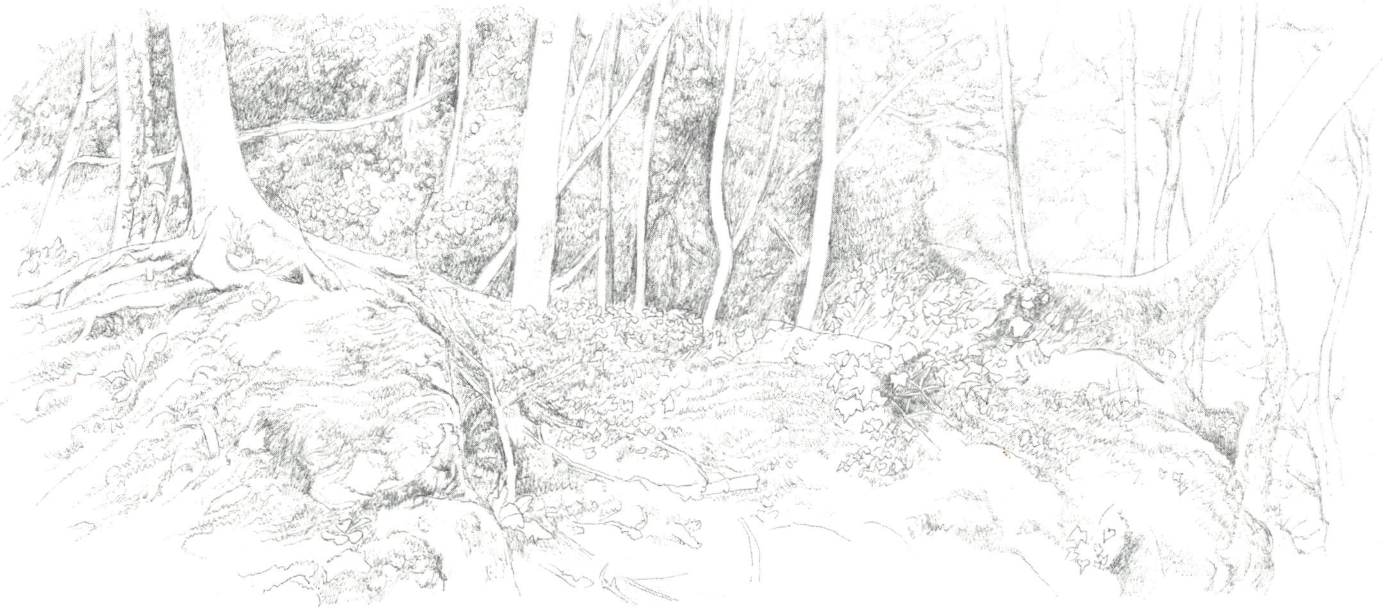

Dessin de la composition, inspiré par les photographies plus haut, sans les plantes du premier plan

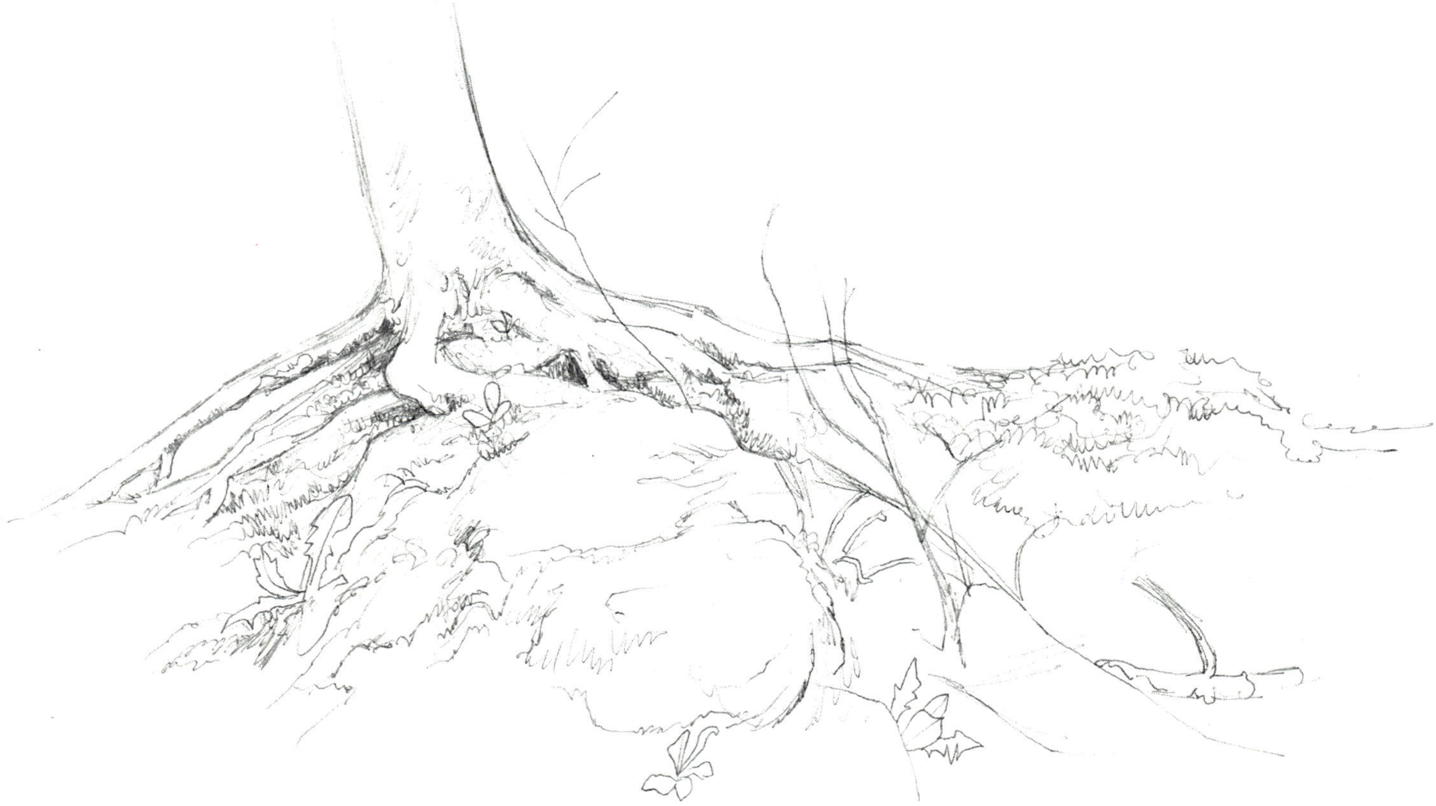

Étude de racines d'arbre

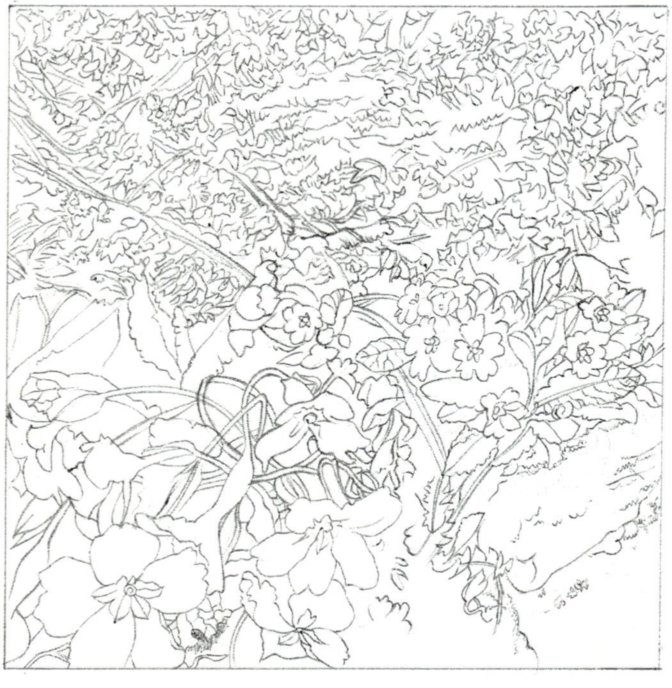

Étude d'un détail du premier plan

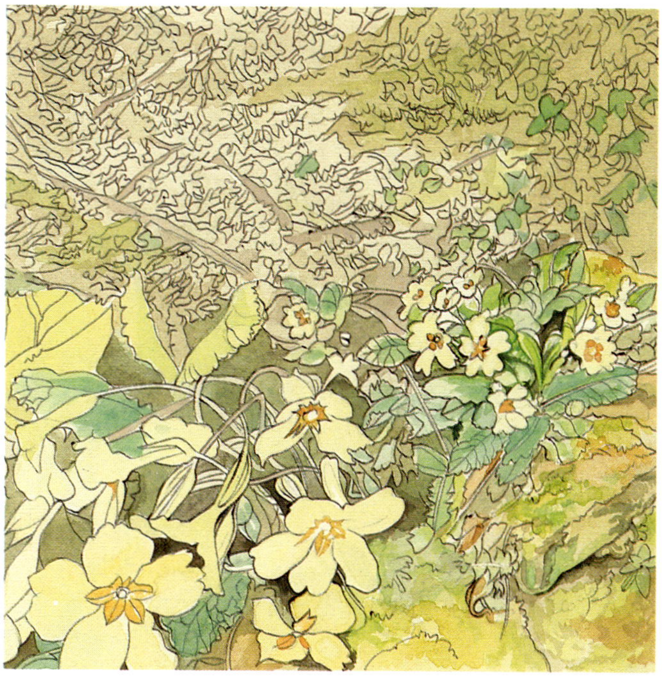

Détail du premier plan avec couleur appliquée au sol

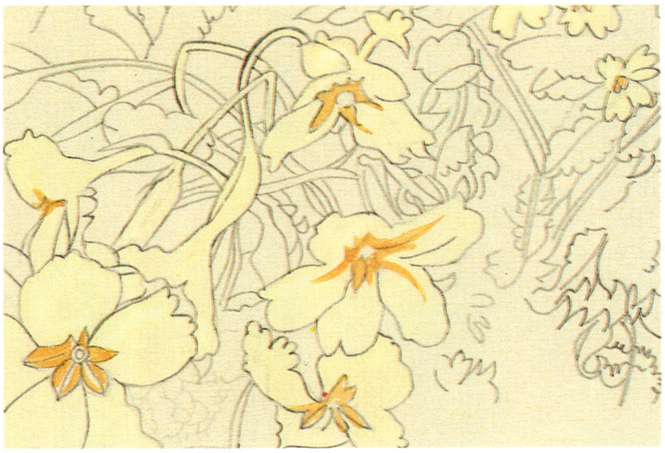

Étape 1 (détail)

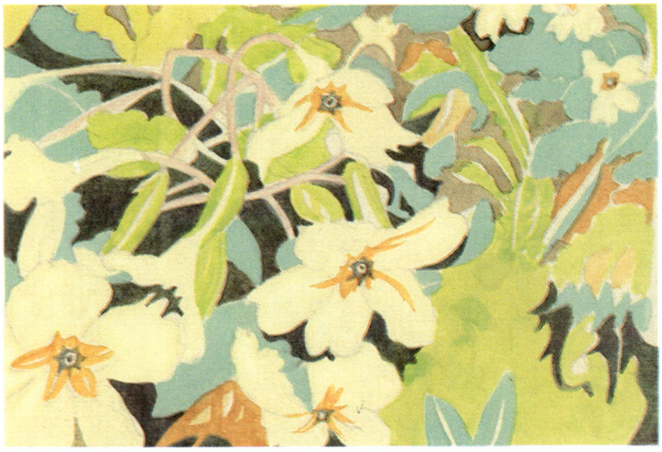

Étape 2 (détail)

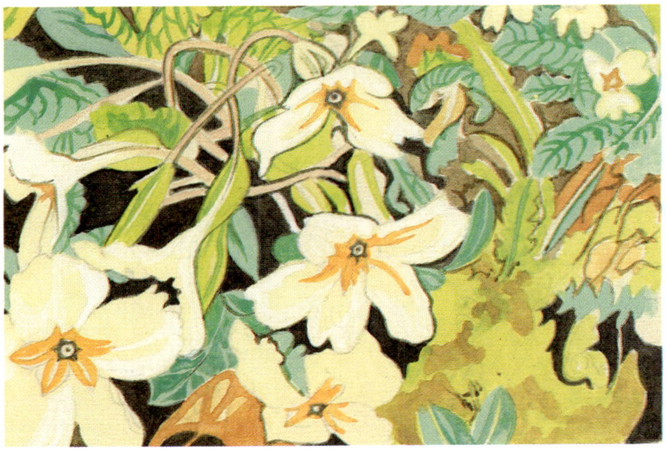

Étape 3 (détail)

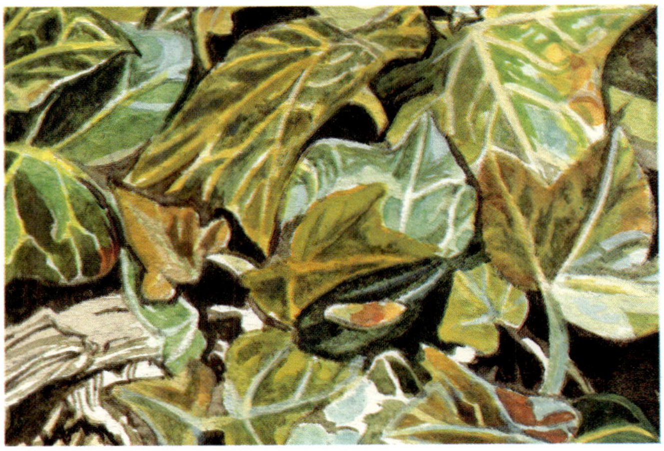

Étape 4 — détail du premier plan, dont les détails et les contours sont travaillés au pinceau fin

Étape 1

Je trace au crayon les formes des plantes et des fleurs. À l'aide d'un pinceau n° 1, j'applique un lavis citron très pâle dans les corolles de primevères. De la même façon, je peins le centre des fleurs d'un léger lavis orange.

Étape 2

Je peins les surfaces qui restent avec le même pinceau. J'utilise des mélanges de gris et de bruns pour le sol, de vert feuille et de turquoise pour les feuilles de primevères, et d'orange pour les feuilles d'automne. Je choisis un lavis rose pâle pour les tiges des fleurs.

Étape 3

Je fonce la couleur du sol et je peins les ombres sur les pétales de primevères en différentes nuances de citron. Je mets en lumière quelques pétales, en appliquant du blanc opaque avec un pinceau n° 1, et je renforce graduellement toutes les couleurs. Avec précaution, je travaille les veinures des feuilles de primevères.

Étape 4, et le produit fini (pages 40 et 41)

Je poursuis mon travail avec un pinceau n° 00 jusqu'à ce que j'obtienne l'effet désiré. Mon but est de mettre en évidence le contraste général des tons de la région boisée, plutôt que de me concentrer sur le détail. Je m'applique à créer des contours doux, sauf à l'endroit où les troncs d'arbres font saillie. En peignant sur un fond humide, je conserve au ciel son aspect harmonieux.

En regardant le produit fini, vous comprendrez à quel point il est difficile de peindre ce sujet. Le plus grand problème réside dans le fait qu'il est aisé de perdre de vue l'ensemble de la composition, lorsqu'on se concentre sur un détail particulier. En fait, à plusieurs reprises en cours d'exécution, j'ai dû mettre le tableau de côté pour l'étudier attentivement pendant quelques jours, avant de passer à l'étape suivante.

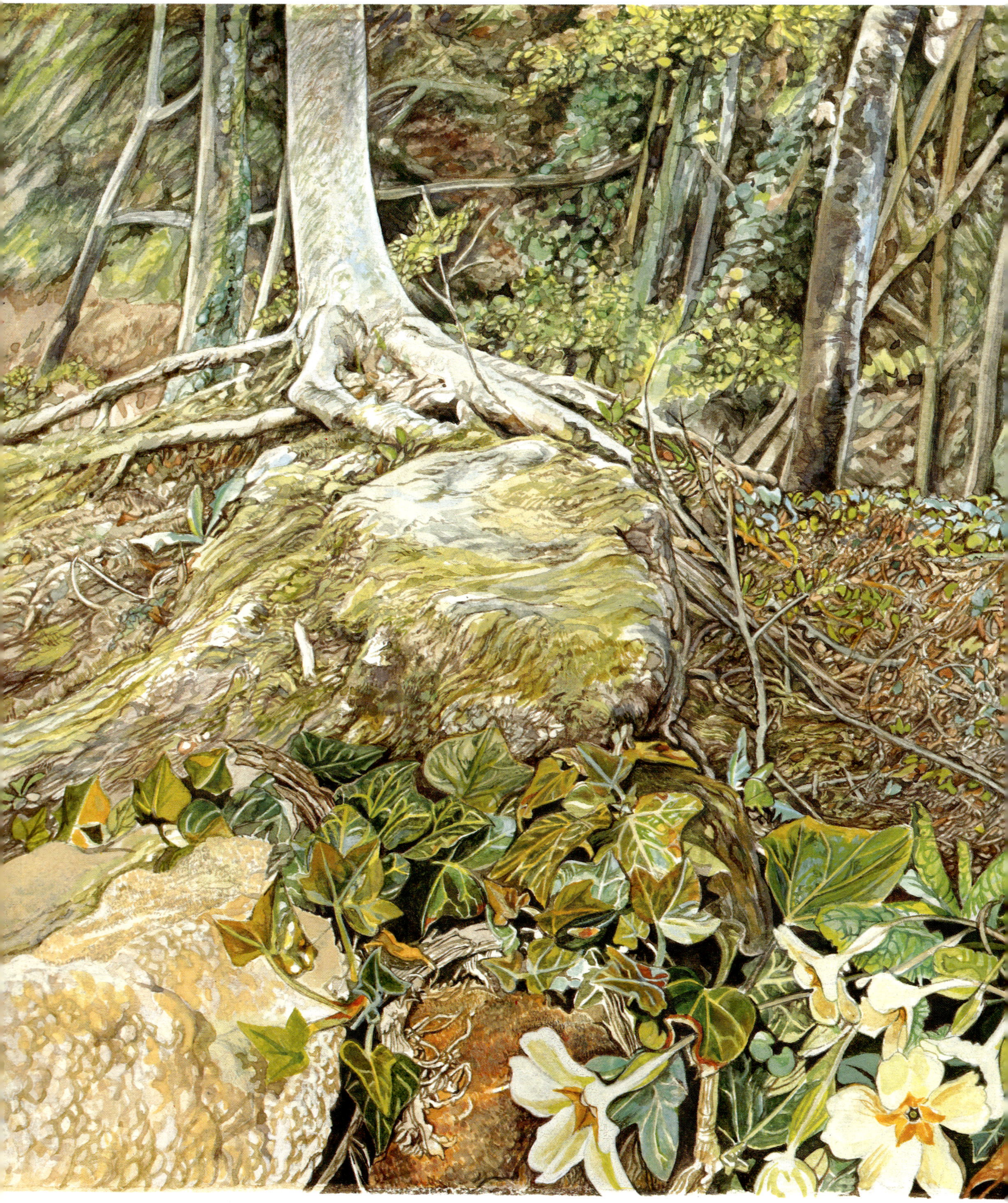

Région boisée au printemps — le produit fini

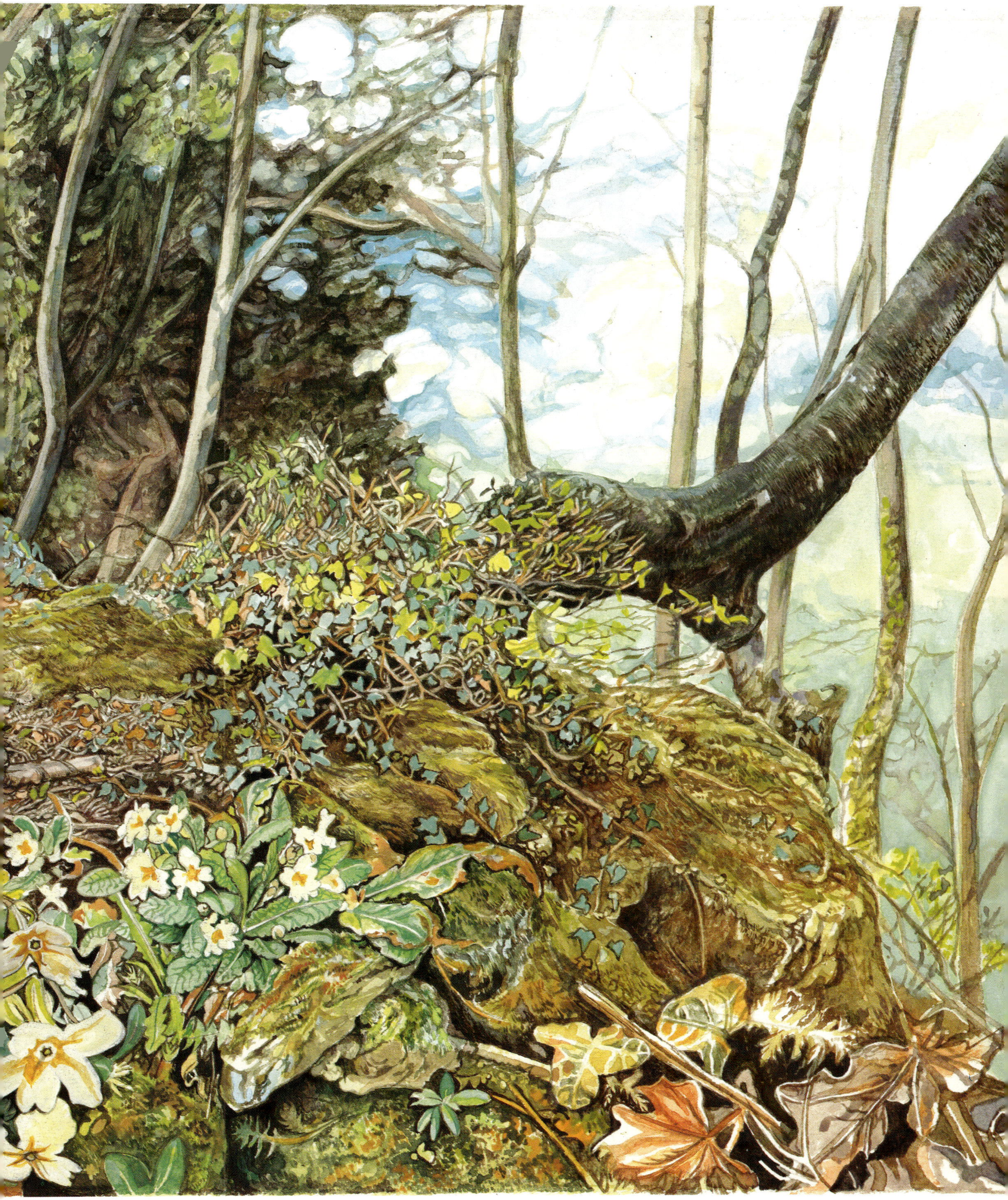

Rivage en été

Format: 6 ¼ x 9 pouces (160 x 230 mm)
Papier: Ingres Fabriano, 90 livres (160 g/m^2)
Pinceaux: poils de martre n°s 0, 1, 2

Enfant, j'étais toujours très enthousiasmée par une visite au bord de la mer. En vieillissant, plusieurs de mes heures de loisir étaient consacrées à me promener le long du littoral, au nord-ouest de l'Angleterre je joignais l'utile à l'agréable en faisant plusieurs esquisses. Quelle que soit la saison ou l'heure, le bord de la mer m'a toujours intéressée avec son bois flotté, ses pierres multicolores, sa variété de coquillages, ses squelettes d'oiseaux, ses algues et ses fleurs sauvages.

En 1985, lorsque je suis allée me retremper dans ce décor de mon enfance, j'ai été étonnée de la richesse des détails contenue dans un espace aussi restreint. Combien de personnes, me disais-je, ont quotidiennement foulé ce rivage sans vraiment observer les merveilles à leurs pieds? J'ai été stupéfiée de trouver des graterons luttant pour survivre parmi les galets, la même plante qui croît à profusion dans mon jardin (voir *Promesse de printemps*, pages 17 à 23). Ce sont les galets, cependant, avec leur variété infinie de formes, de couleurs et de textures, qui m'ont incitée à peindre cette scène. Les coquillages ont également éveillé ma curiosité, en particulier ceux qui, rongés par la mer et le sable, laissaient voir leur structure interne.

J'ai eu l'occasion de peindre presque toute cette composition d'après nature; pour compléter mes esquisses préliminaires et mes photographies, j'ai ramassé les objets les plus intéressants et je les ai apportés à mon atelier.

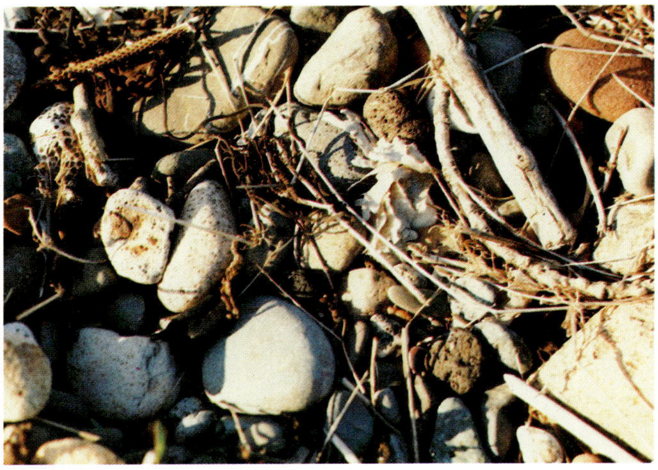

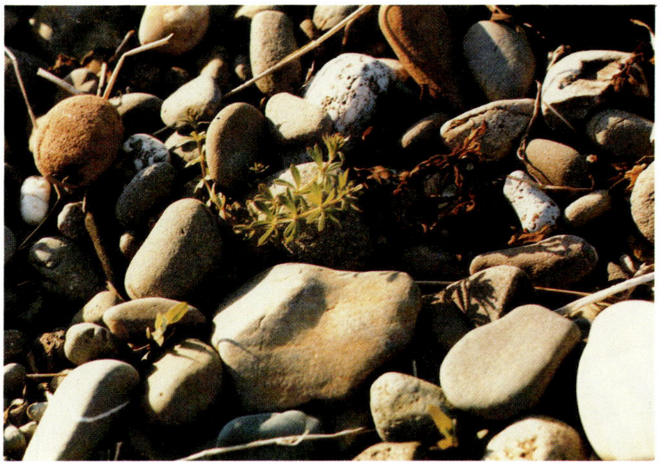

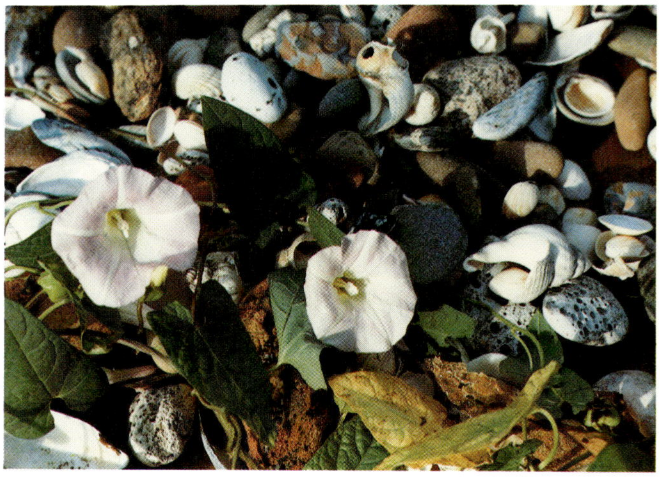

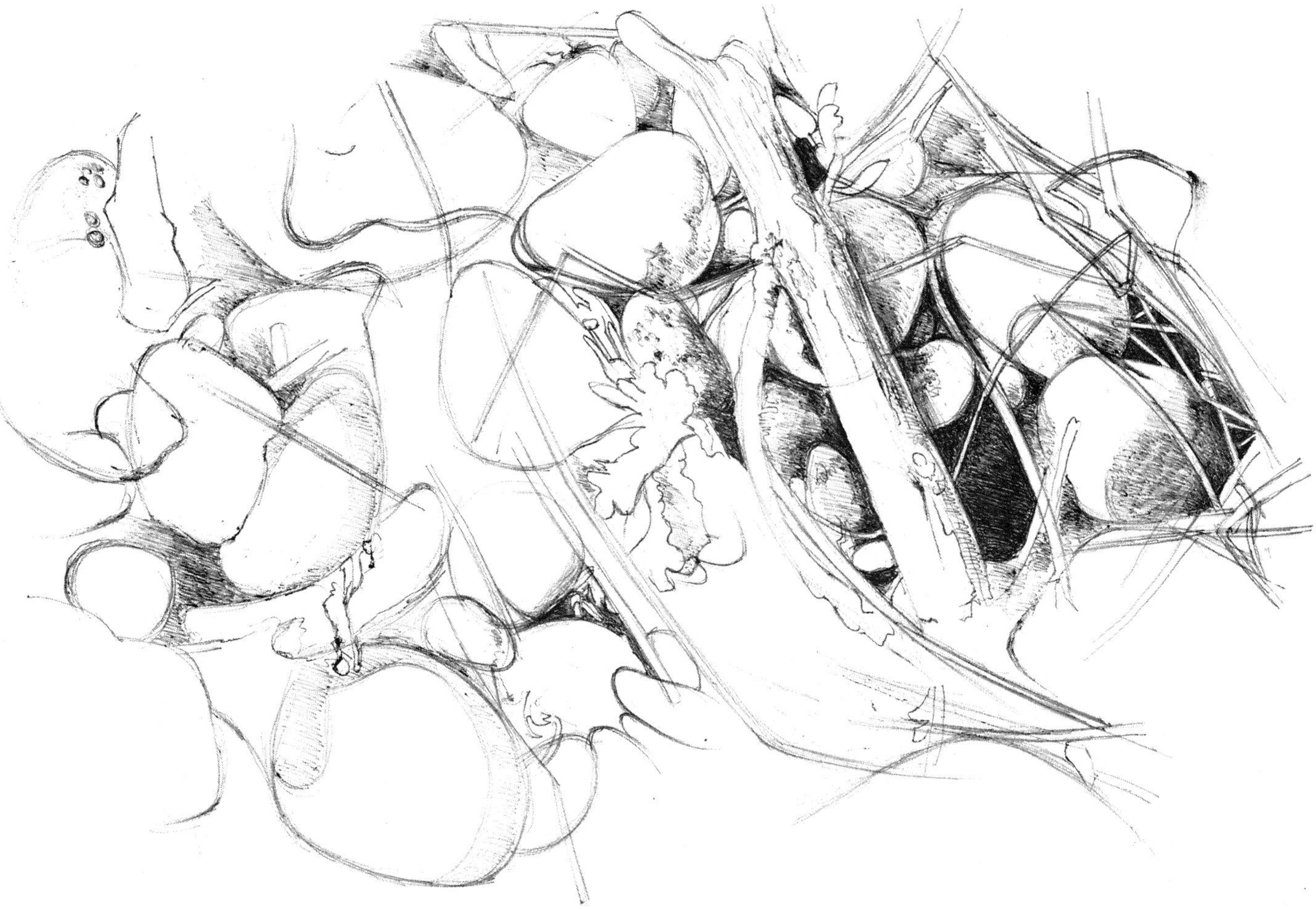

Esquisse à partir d'une photographie

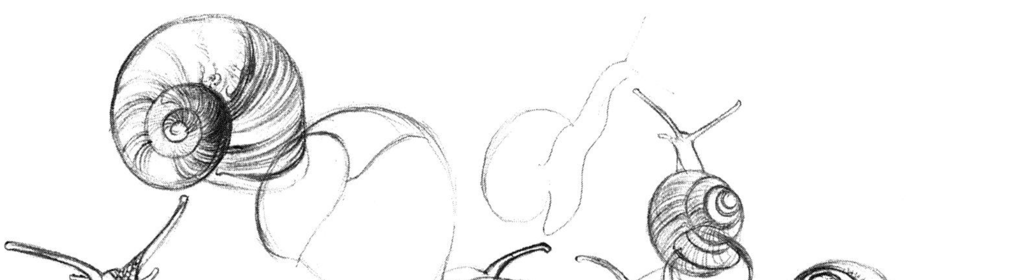

Dessin de coquillages

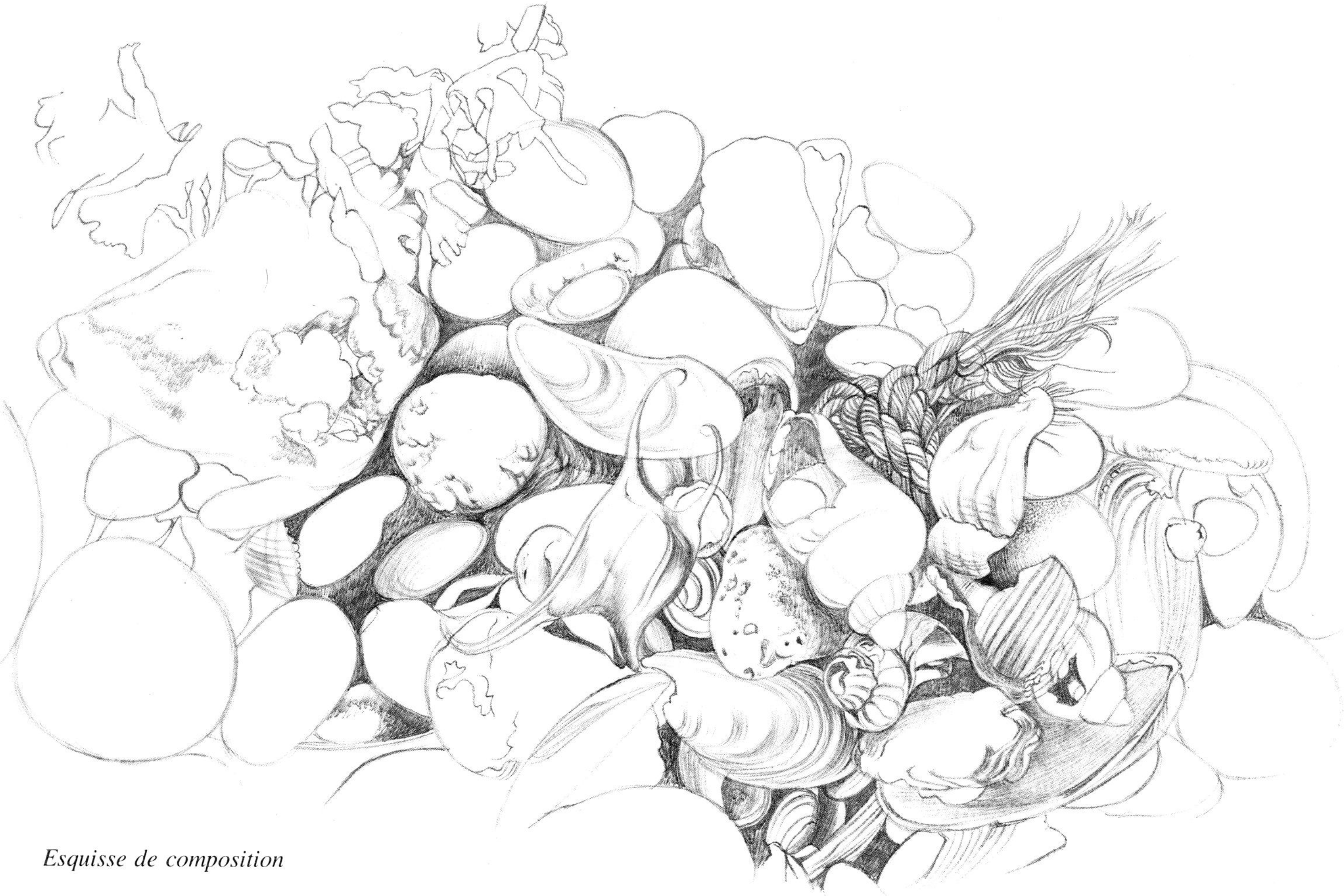

Esquisse de composition

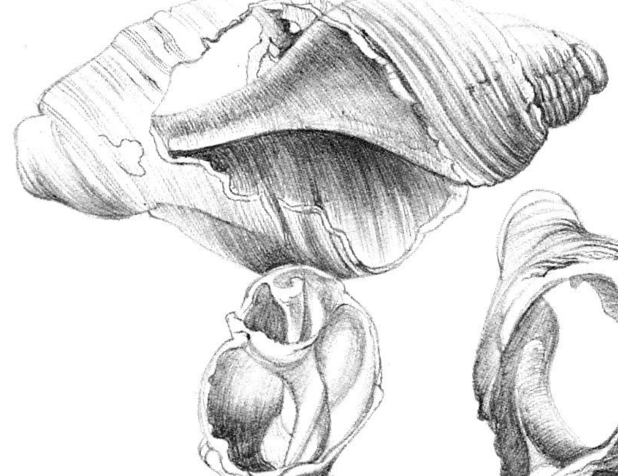

Structure de coquillages

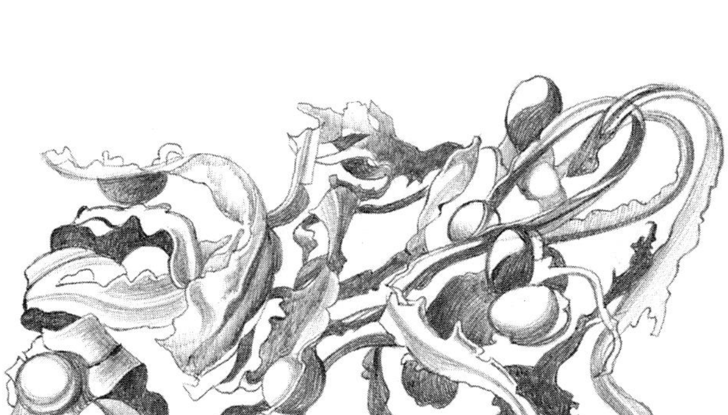

Étude d'algue

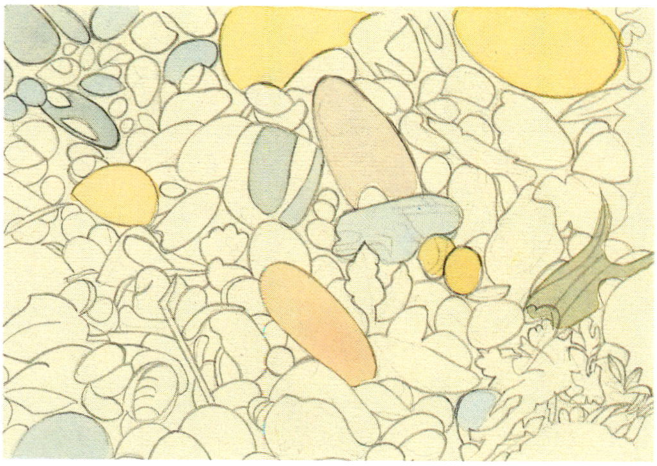

Étape 1 (détail)

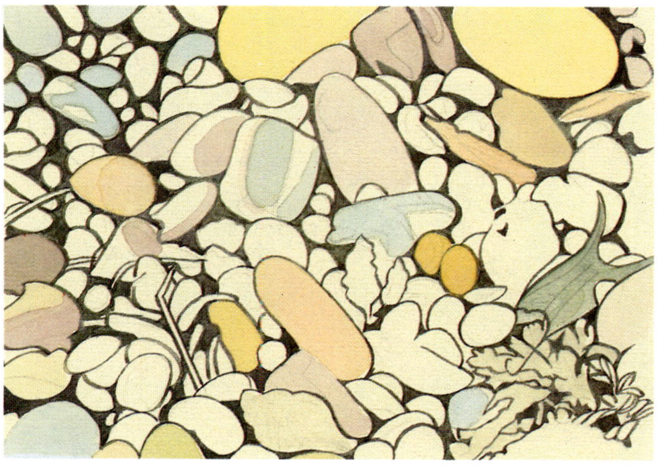

Étape 2 (détail)

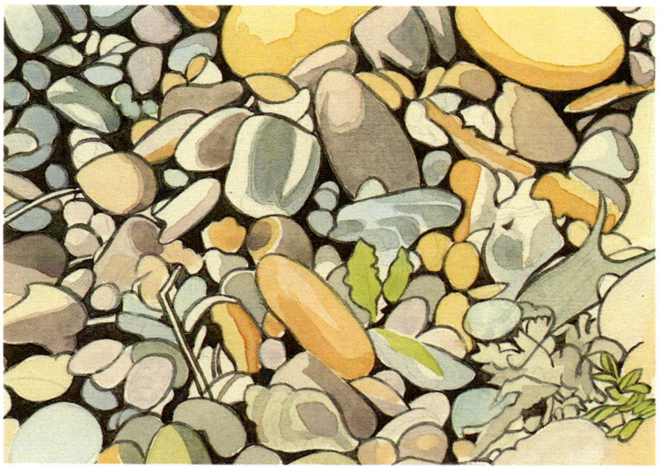

Étape 3 (détail)

Étape 1

Je trace au crayon les différentes formes: galets, coquillages et autres objets. Avec un pinceau n° 2, j'applique de légers lavis sur quelques-uns des plus gros galets.

Étape 2

Toujours avec le même pinceau, je recouvre d'autres formes avec des lavis plus forts. J'applique ensuite un mélange de gris foncé, avec un pinceau n° 1, dans les espaces entre les formes.

Étape 3

Je peins maintenant les formes qui restent dans des couleurs plus fortes, et je renforce la couleur entre les formes pour créer plus de profondeur. Pour accentuer les ombres, j'applique la nuance la plus foncée qui a servi à peindre les formes.

Étape 4 — le produit fini (page 46 et 47)

Avec mon pinceau le plus fin, je poursuis mon travail dans toutes les formes, jusqu'à ce que j'obtienne l'effet désiré. À cette étape, je porte une attention spéciale aux algues et aux coquillages. Pour bien rendre la texture des galets, je me sers de la technique pointilliste.

En terminant, j'ajoute quelques liserons au premier plan, ce qui contribue à renforcer et à équilibrer ma composition. Les tiges rampantes, les feuilles en forme de coeur et les fleurs remarquables, semblables à des cornets, complètent la scène. À titre de référence, j'ai la chance de pouvoir observer une plante similaire qui croît dans une haie près de chez moi.

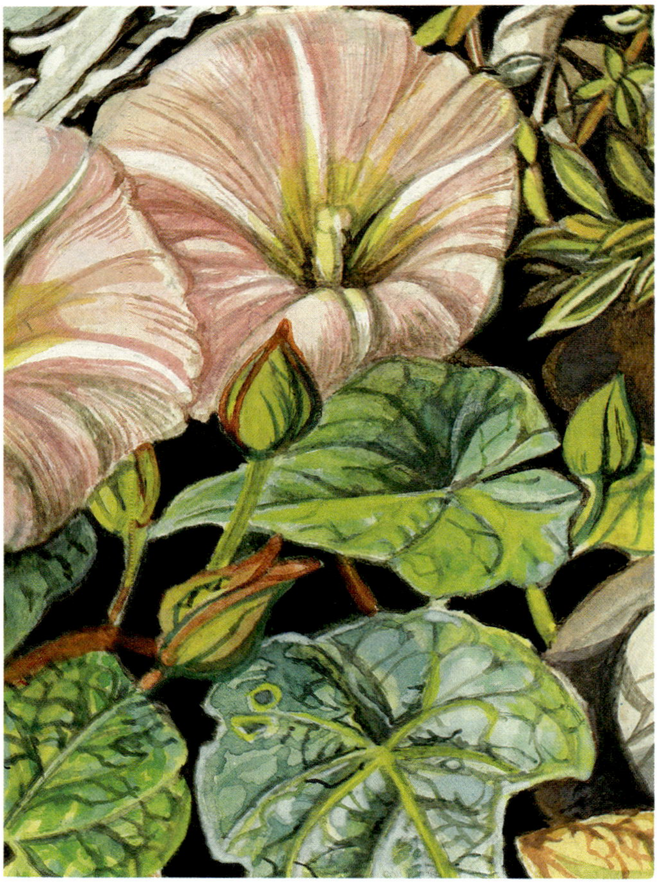

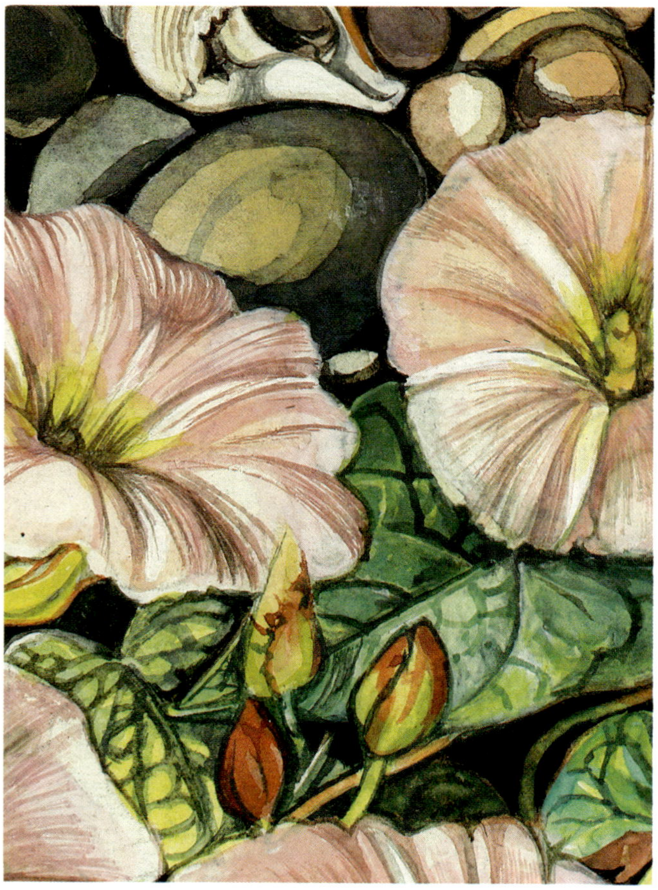

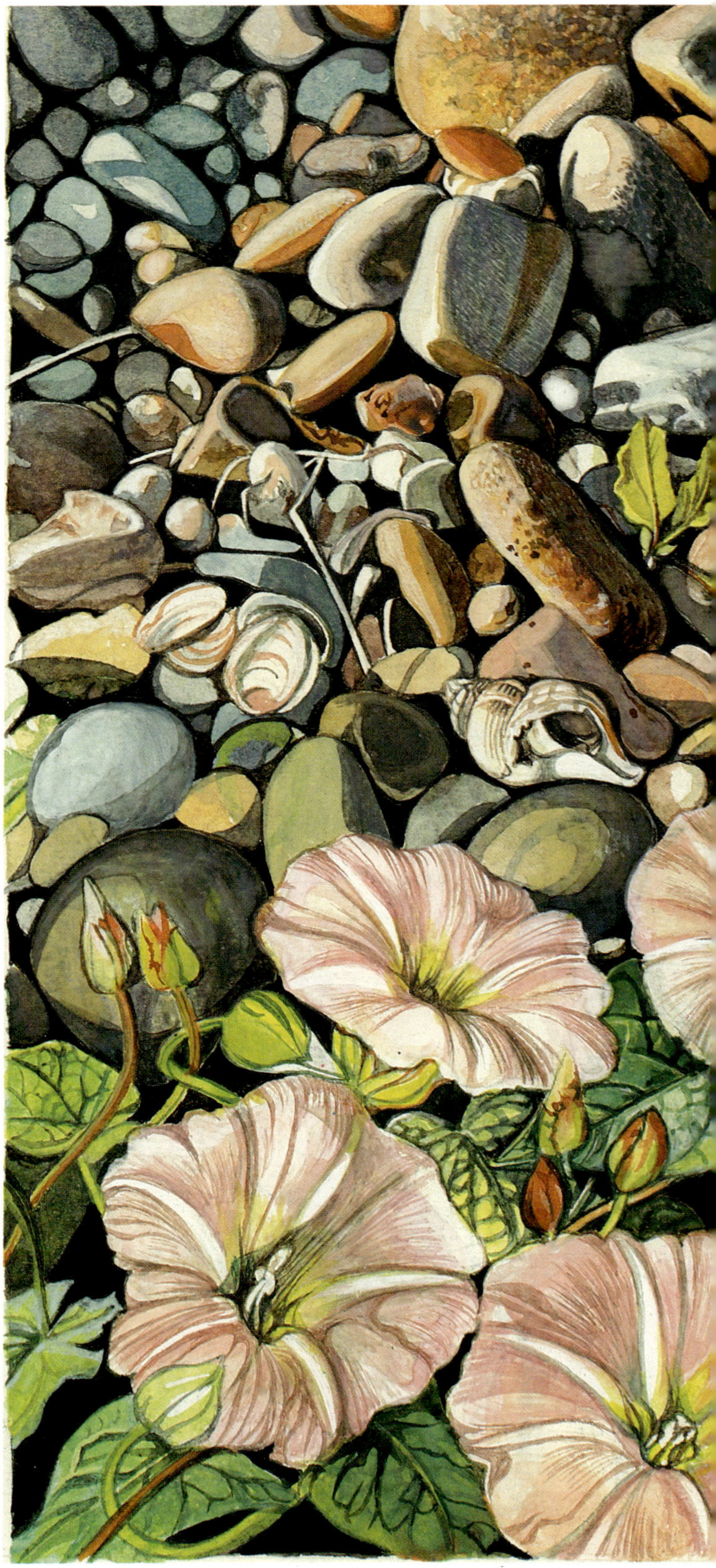

Étape 4 — le produit fini et deux détails en vue rapprochée (à gauche)

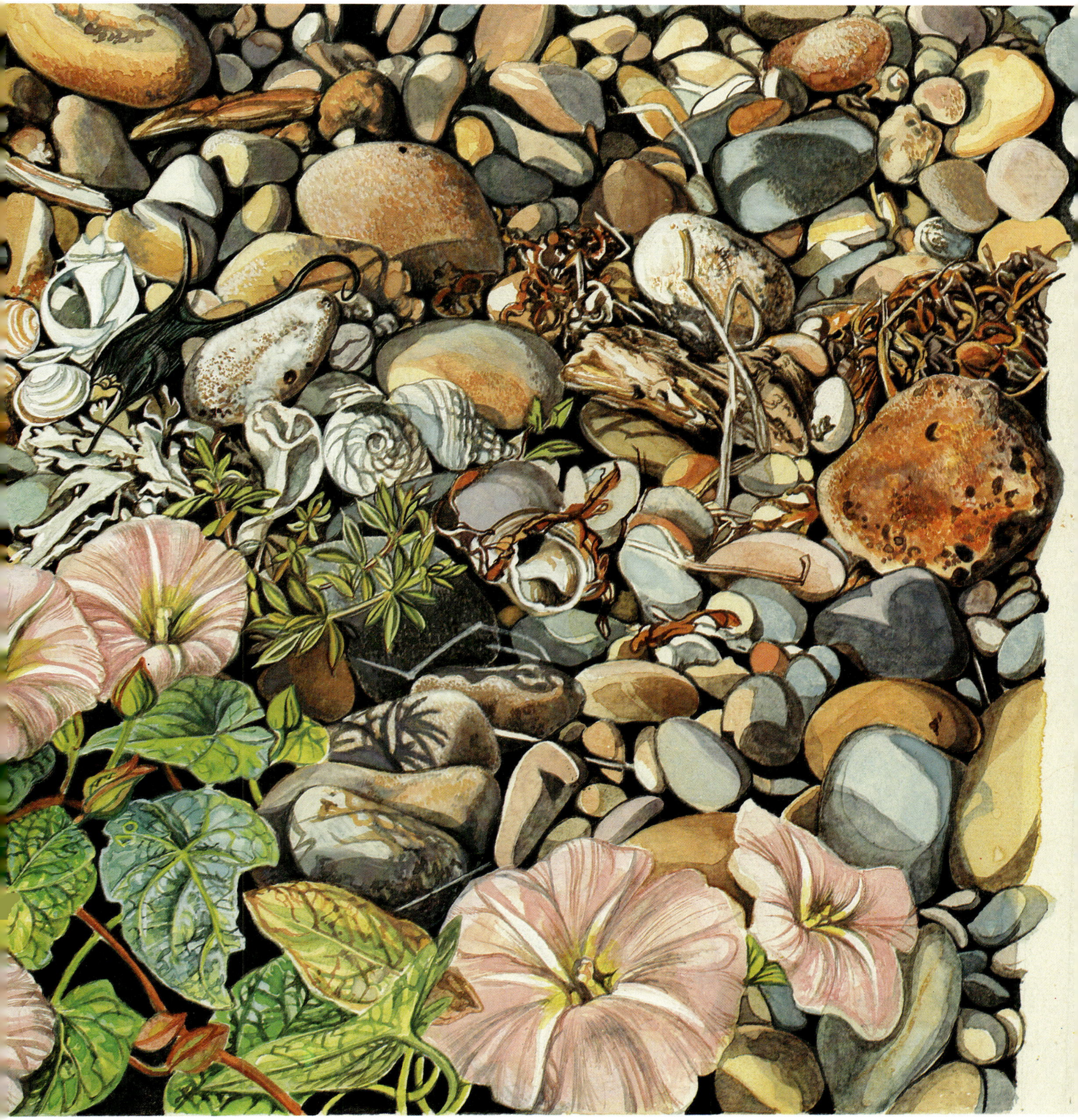

Paysage miniature printanier

Format: 8½ x 8½ pouces (220 x 220 mm)
Papier: Ingres Fabriano, 90 livres (160 g/m²)
Pinceaux: poils de martre nos 0, 1, 2, 3, Daler 1 pouce

Cette peinture est réalisée à partir d'esquisses et de photographies prises dans les collines, par un après-midi pluvieux de mai. C'est un défi pour moi de peindre ce mur de pierres patinées, aux riches couleurs rehaussées par la pluie et aux formes et textures intéressantes. Je veux me servir de ce mur recouvert de lichens florissants et de mousse comme le point central de la composition. J'ajoute d'autres pierres, plantes et fleurs pour accroître l'intérêt et donner l'impression d'un paysage miniature.

Peut-être allez-vous comparer cette scène à celle de la peinture intitulée *Curieux* (page 35). À l'instar de cette dernière, la scène se divise en trois sections principales: le ciel, le mur et le premier plan.

Je conserve au ciel son aspect froid et simple, en contraste avec le mur détaillé et les broussailles enchevêtrées. Le mur de pierres, aux contours anguleux et aux ombres prononcées, me donne l'occasion de pratiquer plusieurs techniques. Le premier plan présente une masse de couleur intéressante. Si vous regardez de près, vous remarquerez le jaune éclatant des pissenlits et des pâquerettes qui commencent à éclore. À ce moment de l'année, on peut apercevoir plusieurs autres fleurs sauvages. Les orties et les herbes me donnent l'occasion de peindre diverses nuances de vert.

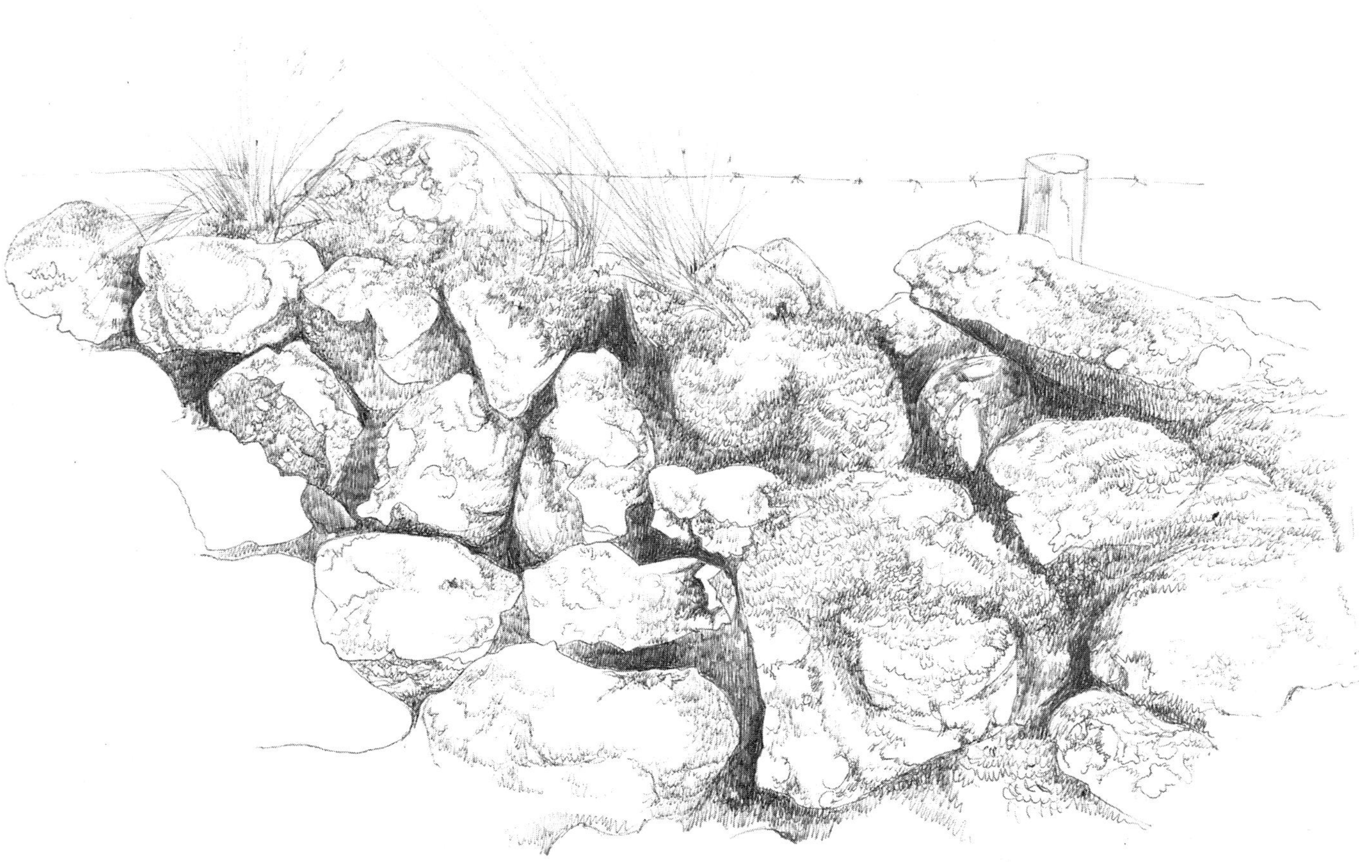

Étude au crayon de roches, de pieu et de broussailles

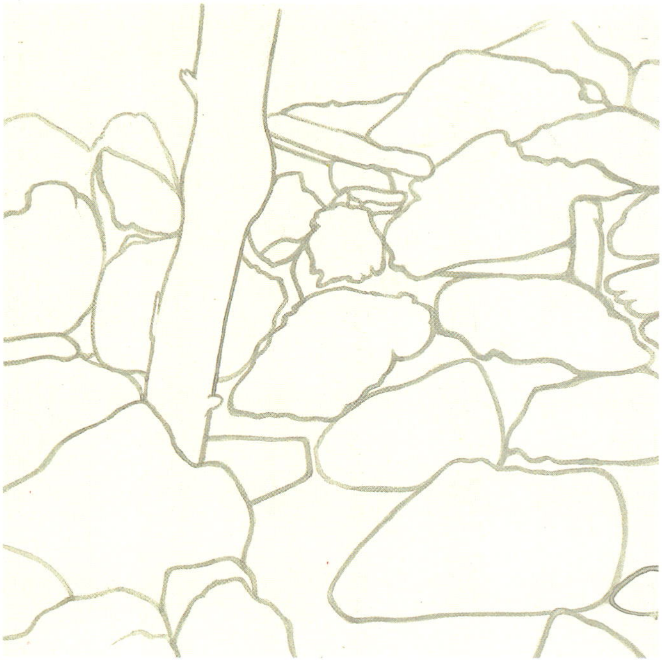

Étape 1

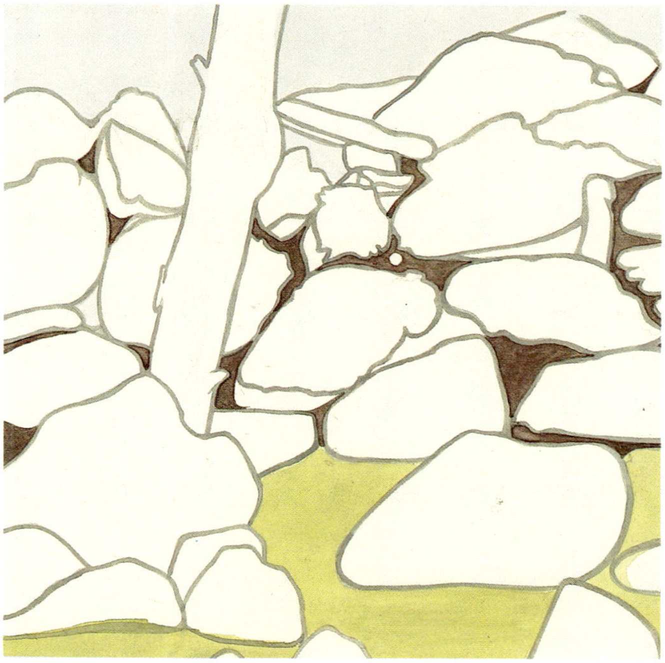

Étape 2

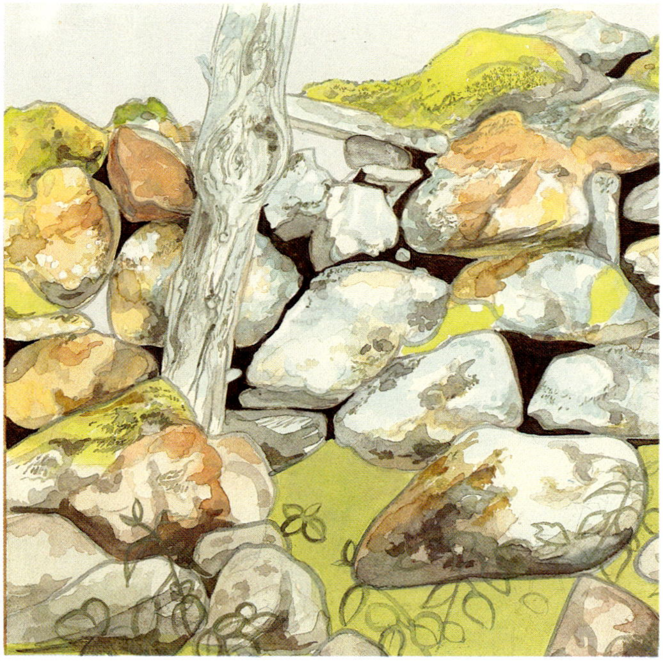

Étape 3

Étape 1

Je trace au crayon les formes des pierres et du pieu de bois, et je recouvre les traits d'une couleur neutre. Je choisis un mélange bleu-gris et un pinceau n° 2.

Étape 2

Je prépare suffisamment de couleur sur ma palette pour peindre les surfaces du sol et du ciel. Pour le ciel, j'opte pour un mélange bleu pâle additionné de rouge clair et de violet. Pour le sol, j'utilise un vert printanier, doux et frais. En travaillant de haut en bas, je remplis certaines surfaces. Pour cette dernière étape, je soulève légèrement ma planche à dessin, afin que la peinture puisse couler; cette technique est pratique pour les surfaces plates. S'il est nécessaire d'appliquer une seconde couche de peinture, je laisse d'abord sécher la première couche. Pour finir, je remplis d'un mélange gris les ombres les plus profondes entre les pierres.

Étape 3

Je tente de reproduire la forme et la couleur du pieu et des pierres, à l'aide de peinture peu épaisse. Une fois que la peinture est sèche, j'ajoute des mélanges de sépia, d'ocre jaune, de vert de Hooker et de jaune citron, et je représente la mousse et les lichens par l'application de la couleur en brosse sèche. À cette étape, je commence à différencier les textures du bois, de la pierre et des pousses naturelles. Toujours par l'application en brosse sèche, j'évoque la rugosité du pieu de bois et des pierres. Je trace quelques-unes des plantes du premier plan, telles que les ronciers et les orties.

Pour créer des reflets, sur les pierres par exemple, je réserve par endroits le blanc du papier. Puisque je travaille sur du papier crème, j'ajoute des touches de blanc opaque.

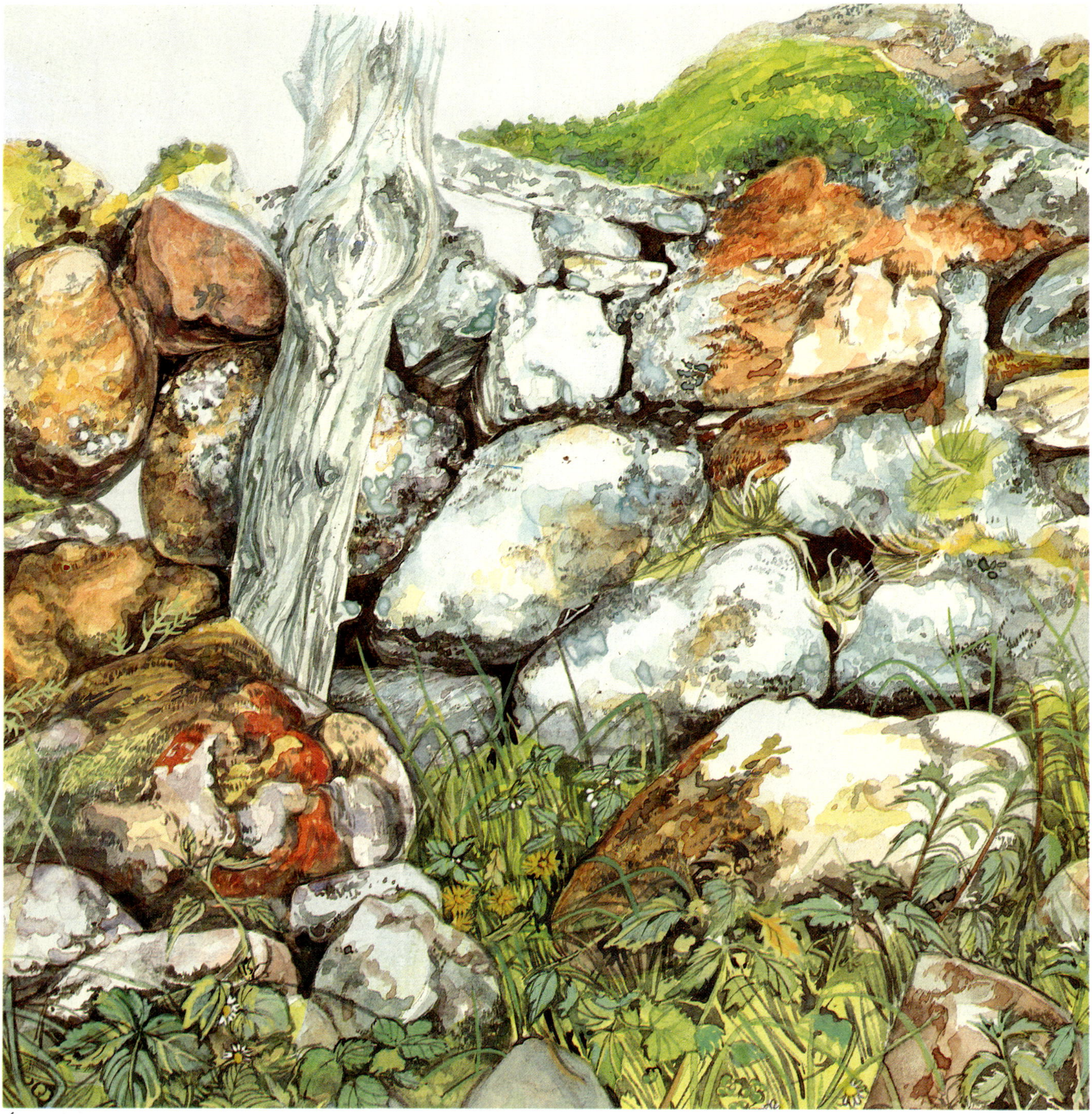

Étape 4

Étape 4

J'ajoute maintenant des tons plus sombres sur les pierres et les surfaces ombragées, particulièrement entre les pierres. Je peins les ombres les plus foncées d'un brun très soutenu; le résultat obtenu est meilleur que si j'avais utilisé du noir.

Je travaille ensuite les diverses textures du pieu de bois, des pierres et de la mousse. Une fois que je suis satisfaite du résultat, je m'attaque aux broussailles.

Finalement, après avoir renforcé la couleur là où c'est nécessaire, j'entreprends les broussailles, en commençant par les plus importantes. Je souligne leurs contours d'une nuance de vert moyen et je remplis plusieurs formes de feuilles avec différents tons de vert et de jaune citron. J'applique de la peinture plus épaisse sur l'herbe, les fougères et les autres formes de feuilles. C'est presque terminé maintenant, sauf que je ne suis pas complètement satisfaite.

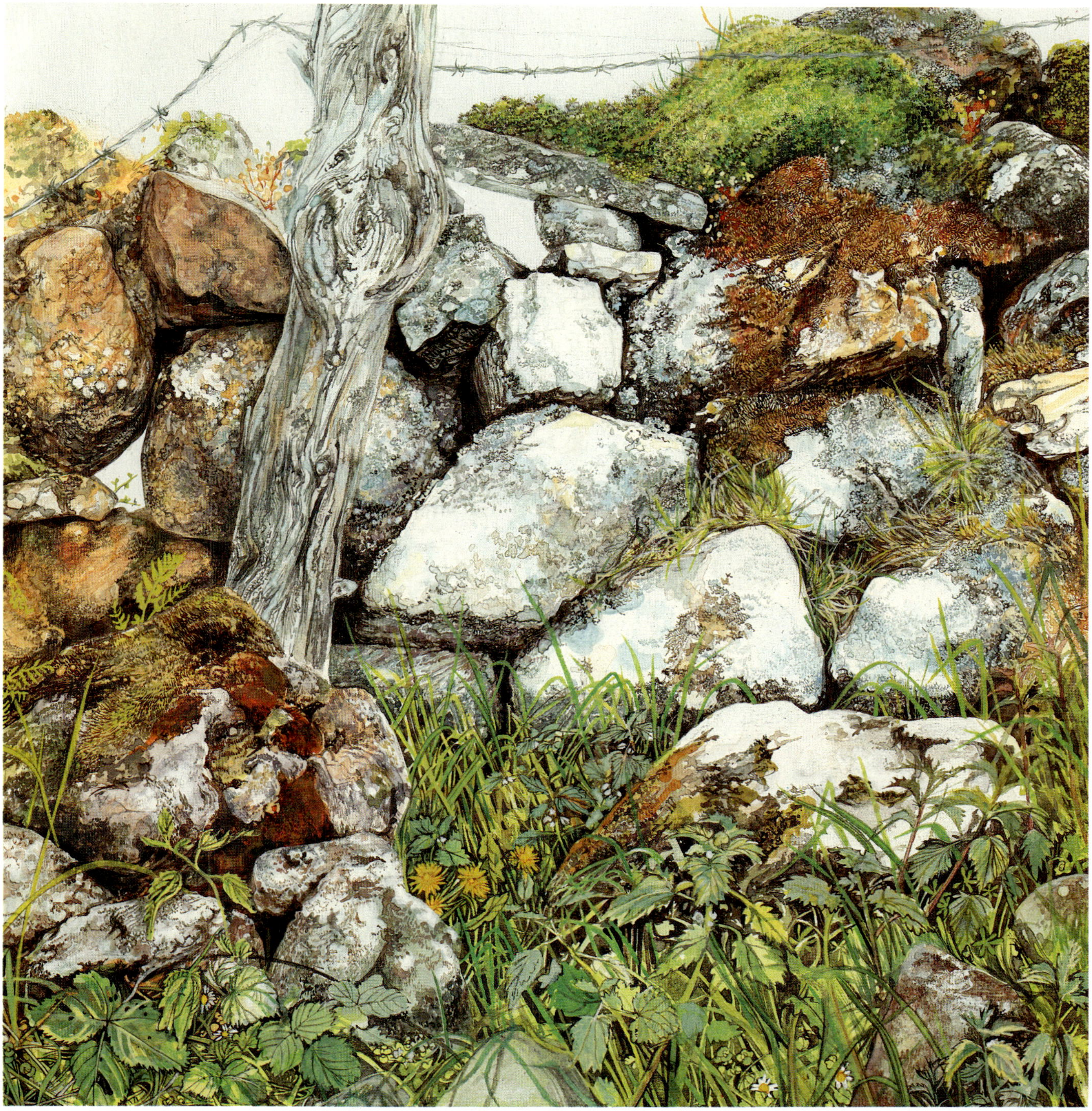

Étape 5 — le produit fini

Étape 5 — le produit fini

Tout comme pour mes autres peintures, l'étape finale peut vous sembler complexe et difficile à réaliser. Cependant, c'est encore une fois une question de procéder par étape; il faut porter une attention spéciale aux structures délicates des plantes et aux textures des pierres.

Je poursuis mon travail sur les détails de ces surfaces et de ces plantes avec un pinceau fin et usé. En travaillant du plus pâle au plus foncé, j'applique de la peinture épaisse pour définir le lichen sur le mur. Au dernier moment, j'ajoute le fil de fer barbelé qui souligne l'aspect horizontal de la peinture.

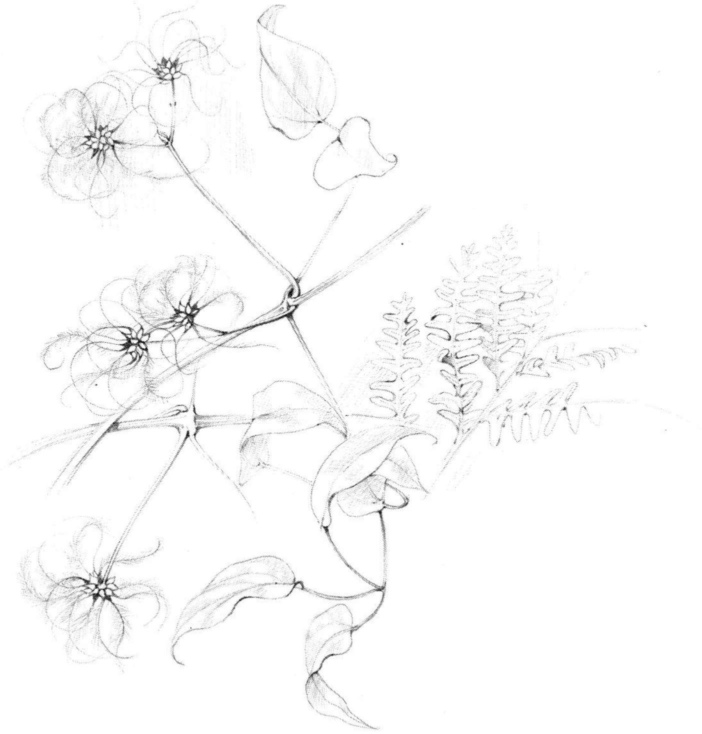

James Lester

La liberté et la maîtrise

Quiconque s'est déjà promené le long d'un chemin de campagne, au printemps ou en été, n'a pu qu'être fasciné par la profusion de plantes et de fleurs qui poussent, grimpent, s'enroulent, s'entrelacent et débordent des talus et des haies. Cette floraison prolifique est une source inépuisable d'inspiration pour le peintre. Il y a aussi les couleurs éclatantes de l'automne et les gris et les bruns chauds de l'hiver. En toute saison, vous puiserez des sujets de composition dans ces talus et ces haies.

Lorsque vous choisissez certains éléments d'un ensemble de fleurs sauvages qui poussent dans une haie, vous vous assurez à chaque coup de l'originalité de votre sujet. Dans la plupart des peintures de paysage, on peut généralement retrouver une partie permanente conçue par l'humain, que ce soit une maison, une église, un moulin à vent, un pieu de clôture ou un mur de pierres. Cette partie permanente est donc connue de plusieurs personnes, artistes ou non, qui ont pu la voir ou l'examiner. Le bouquet de fleurs ou de plantes que vous choisissez est cependant unique, car vous l'avez découvert fortuitement. C'est une expérience incomparable. Une heure plus tard, la lumière ne sera plus la même: un jour plus tard, les fleurs commenceront peut-être à faner; une semaine plus tard, cet endroit sera peut-être envahi par des plantes différentes. Vous devez donc vous efforcer d'exprimer les émotions que vous avez ressenties lors de cette expérience personnelle.

Bien entendu, pour y arriver, vous devez avoir certaines habiletés en dessin et en aquarelle. La meilleure méthode consiste à faire sans cesse des dessins, à prendre des notes et à faire des esquisses à l'aquarelle. Prenez l'habitude de toujours avoir à votre disposition un crayon et un bloc à dessins format de poche; vous pourrez ainsi profiter de toutes les occasions qui se présentent. Vous serez étonné de constater vos progrès en dessin.

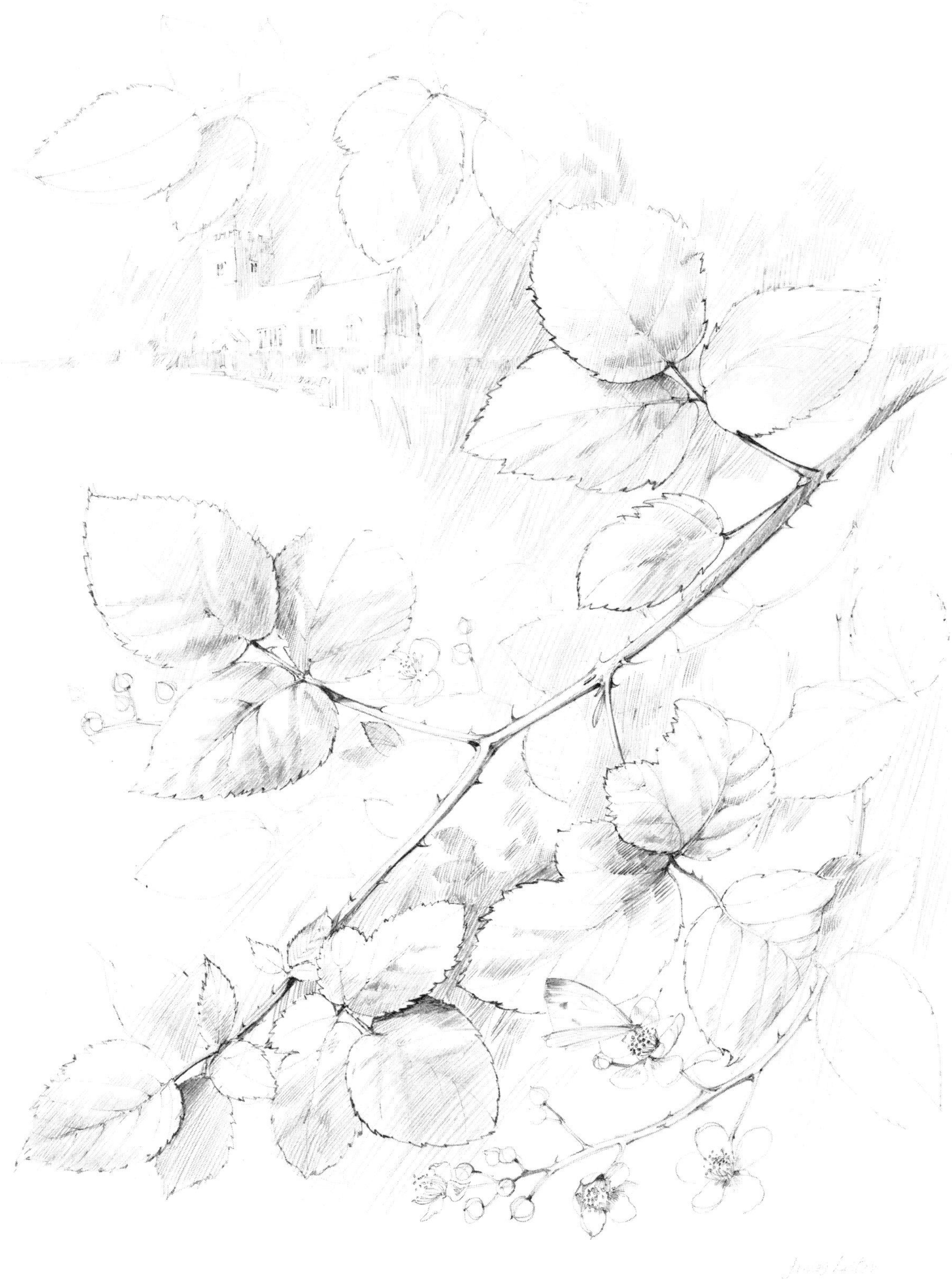

Étude pour ma peinture intitulée Ronces, *pages 64 et 65*

La technique

Quand je veux peindre un groupe de plantes ou de fleurs dans leur habitat naturel, je commence toujours par faire des esquisses détaillées et soignées de chaque variété. De cette façon, je développe une connaissance et une compréhension de chaque plante; une fois rendu à l'étape finale, je peux ainsi peindre sans détours et en toute liberté, persuadé de connaître la nature de chaque feuille et de chaque fleur. Au moment où je fais des esquisses, je n'ai habituellement pas encore choisi le sujet précis de ma peinture; toutefois, je sais qu'à ce moment de l'année, je peux trouver certaines fleurs en abondance, et je sais lesquelles pourraient convenir lors de l'étape finale.

À l'occasion, quand il m'est impossible de faire des esquisses, je prends des photographies à titre de référence. De façon générale, je ne conseille cependant pas cette technique pour deux raisons. La première est qu'une photographie fournit rarement les détails nécessaires à la compréhension d'un sujet; la deuxième est qu'une photographie est une entité en soi et qu'il est risqué, surtout pour le peintre moins expérimenté, de simplement copier la photo sans comprendre, sans faire preuve de créativité ou sans contribution personnelle. Mieux vaut n'utiliser vos photos qu'en dernier ressort, dans le seul but de conserver des notes.

Il est possible, bien sûr, de ramener des échantillons à l'atelier pour en faire l'étude, avant de procéder à l'étape finale d'une peinture. De nos jours, la plupart des gens sont toutefois sensibilisés au fait que plusieurs espèces de fleurs sauvages sont en voie d'extinction. Il est recommandé de ne pas les cueillir, surtout les coucous ou primevères, par exemple. Je doute cependant que la cueillette d'une gerbe de lierre puisse avoir un effet nuisible sur l'environnement.

Il est parfois difficile de décider du contenu d'une peinture. Un groupe de fleurs dans un talus ou une haie peut sembler, à première vue, très déroutant. Soyez sélectif. Il n'est pas possible (même si c'était souhaitable) de reproduire chaque ligne et chaque trait sur chaque feuille et chaque brindille. Choisissez plutôt les caractéristiques principales et mettez-les en valeur, puis minimisez les aspects moins importants. Prenez modèle sur des plantes à l'état naturel; ne modifiez pas l'arrangement pour le rendre plus «joli». Les plantes en croissance ont tendance à retomber d'une manière naturelle; cet arrangement dépasse en beauté celui d'un fleuriste des plus talentueux.

Peindre des fleurs dans leur environnement naturel pose un problème particulier à l'aquarelliste. En observant un talus très épais, vous remarquerez que les fleurs constituent presque toujours les éléments les plus délicats; elles ressortent comme des petites étoiles multicolores sur un fond sombre. Pour conserver la couleur fraîche des fleurs, on doit les couvrir de lavis de couleurs éclatantes, lesquelles seront rehaussées par le blanc de la base. Toutefois, ceci implique que le reste de la composition, les feuilles des plantes et l'arrière-plan, devra être peint au-dessus et autour des pétales de chaque fleur. Cette approche risque d'étouffer toute liberté et toute spontanéité et de résulter en une peinture d'aspect sévère et terne. Pour éviter ceci, j'utilise fréquemment un liquide à masquer pour isoler les couleurs des fleurs. Il est ensuite possible de peindre le reste de la composition en toute liberté.

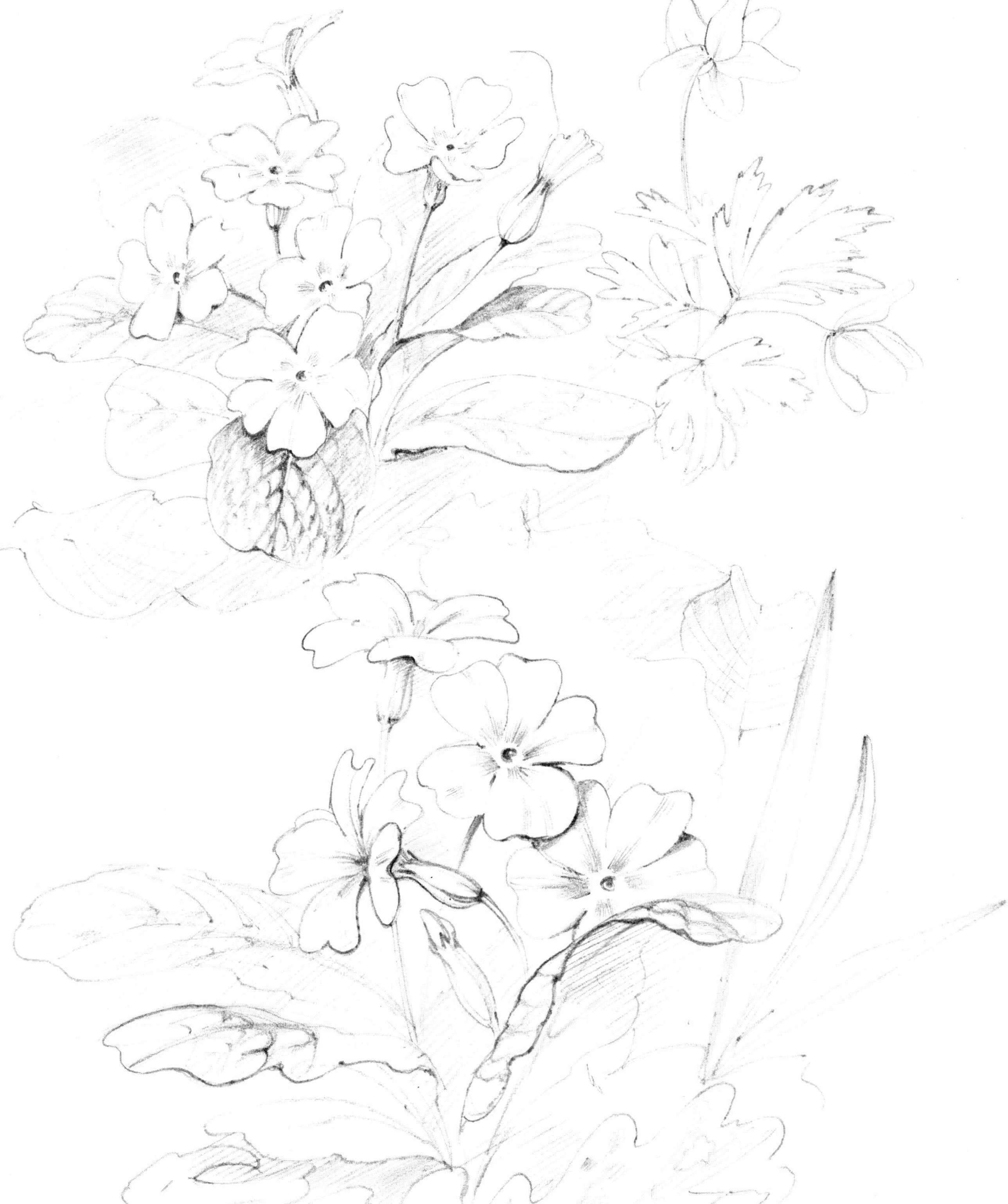

Primevères

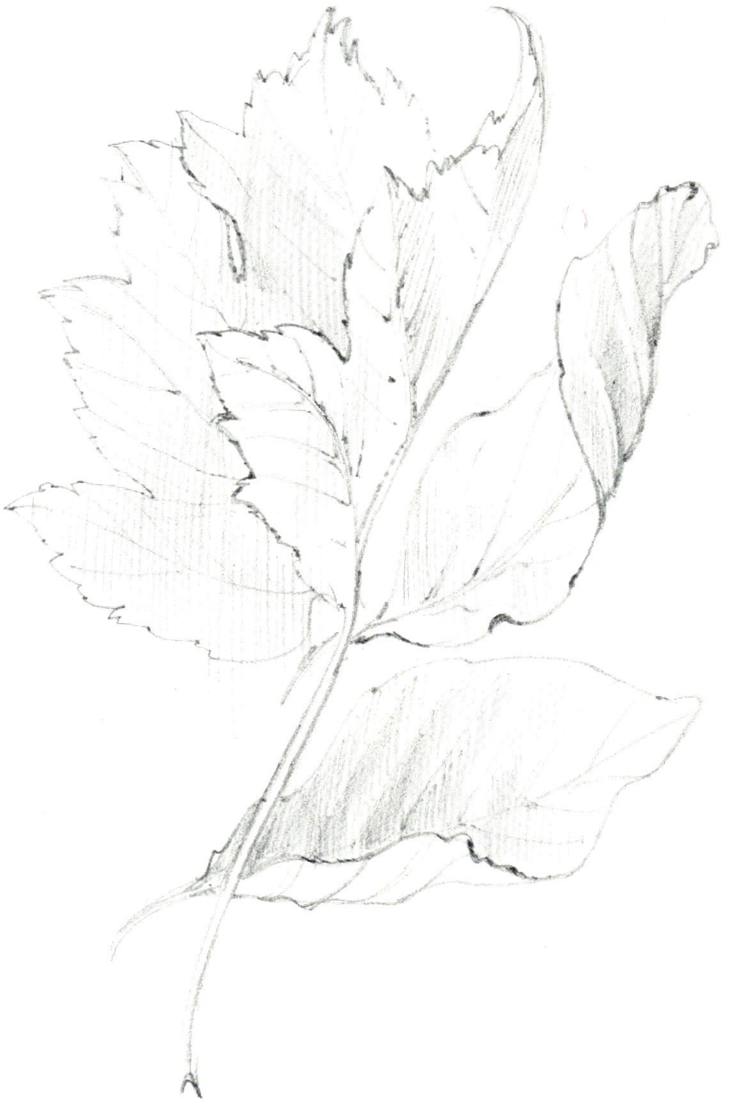

Format: 9 3/5 x 9 3/5 pouces (240 x 240 mm)
Papier: Fabriano, apprêté à froid, 140 livres, (300 g/m^2)
Pinceaux: poils de martre n°s 3, 6, 10

J'ai aperçu ce bouquet de primevères à l'orée d'un bois, par une de ces journées radieuses de printemps, où les premières feuilles semblent vouloir éclore. En les peignant, j'ai voulu représenter la douce luminosité des fleurs jaune pâle sur un fond de couleur vert printanier. Le tapis brun de feuilles mortes nous rappelle les mois de l'hiver qui vient de finir.

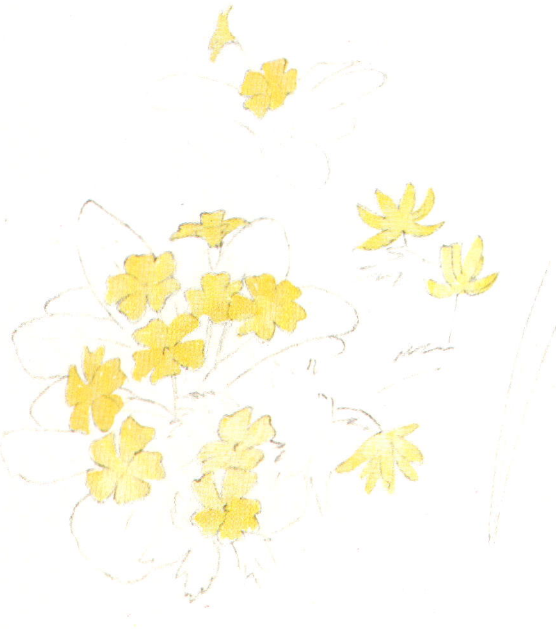

Étape 1

Au crayon, je fais une esquisse simple de la composition, en apportant plus d'attention et de précision aux fleurs. À l'aide d'un petit pinceau, j'étends ensuite du liquide à masquer sur chaque fleur et je laisse sécher. Je nettoie le pinceau immédiatement, de manière à enlever toute trace de liquide à masquer. Quand le liquide est sec, il est très difficile de nettoyer le pinceau.

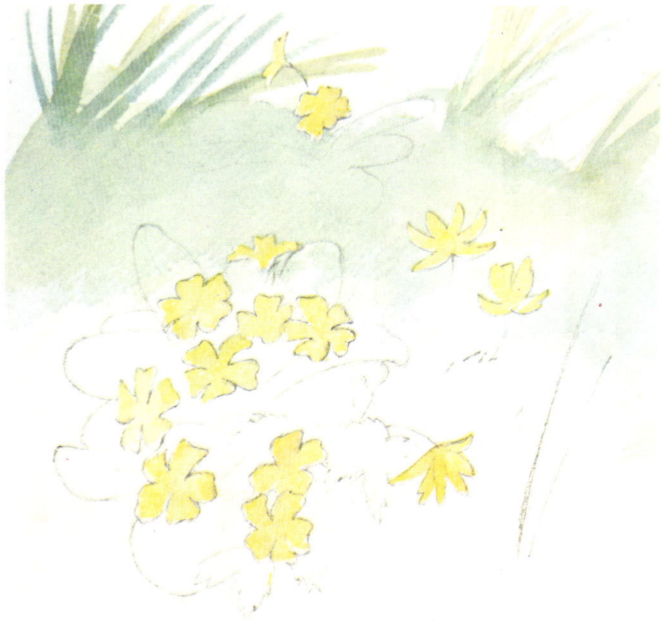

Étape 2

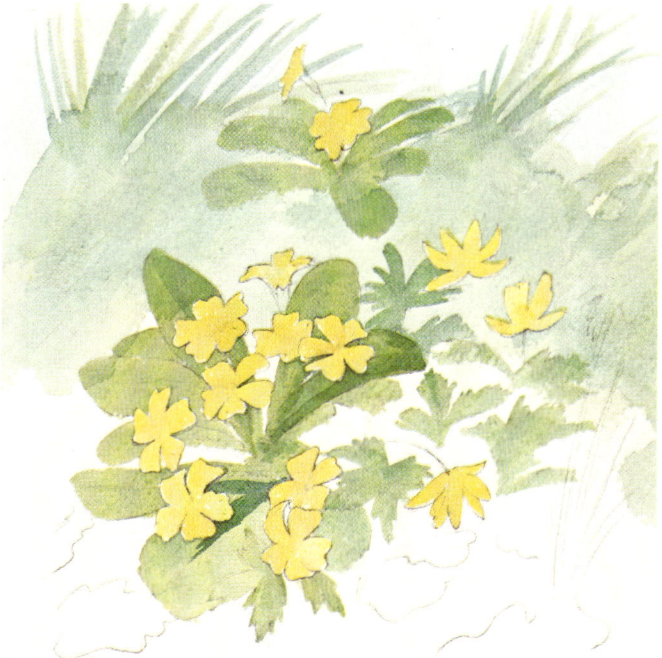

Étape 3

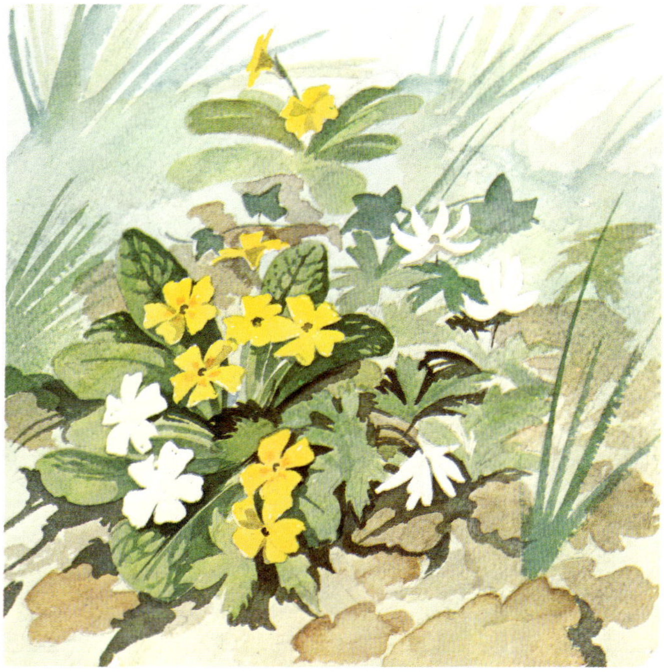

Étape 4

Étape 2

Avec un pinceau large, j'applique un léger lavis bleu outremer sur le tiers supérieur de la peinture. Pendant que c'est encore humide, je peins l'herbe sur le dessus du talus d'un mélange de vert de Hooker et d'ocre jaune. Je me sers d'un pinceau en poils de martre n° 6 pour appliquer le lavis en touches éparses.

Étape 3

Je peins maintenant la forme des feuilles de primevères et les anémones des bois. Je trace ensuite légèrement au crayon les autres éléments de la composition.

Étape 4

Partout où le papier est encore blanc, j'étends un léger mélange de vert de Hooker et d'ocre jaune. Pendant que c'est encore humide, je peins les formes de feuilles mortes d'un mélange de brun Van Dyck avec une touche de sépia. Je forme ensuite les ombres sombres sous les feuilles, en appliquant un mélange de brun Van Dyck et de bleu outremer. À cette étape, il est important de bien équilibrer les tons d'ensemble et de lier les éléments entre eux.

Je poursuis mon travail dans le feuillage et je dessine la forme des feuilles avec un mélange de vert de Hooker et de gris de Payne. Je laisse ensuite sécher, j'enlève doucement le liquide à masquer, puis j'ajoute des lavis jaune citron et jaune aurore aux primevères.

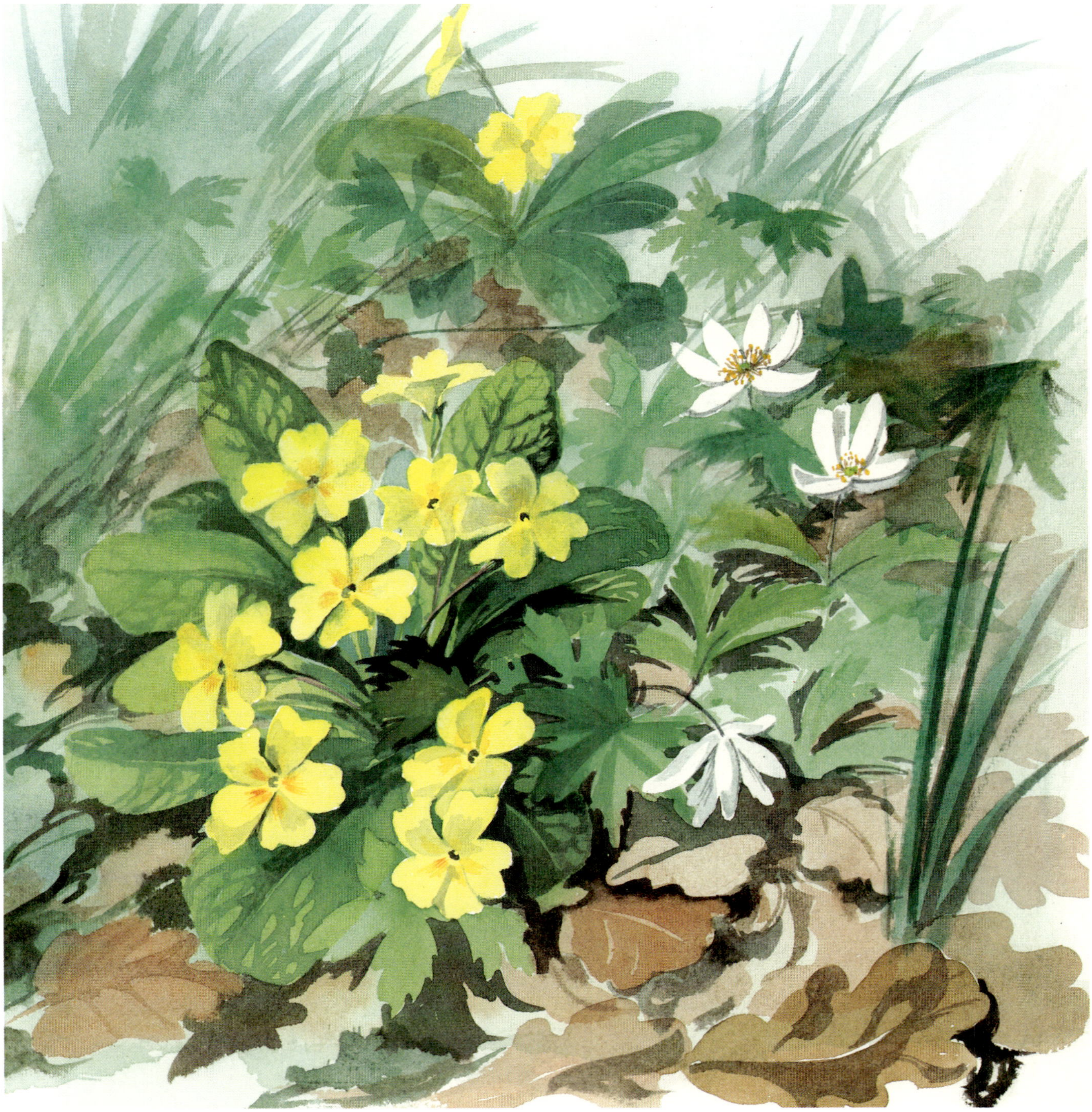

Étape 5 — le produit fini

Étape 5 — le produit fini

Je développe la forme des primevères à l'aide d'un très léger lavis de gris et de vert. J'obtiens le jaune vif, au centre de chaque fleur, en mélangeant du jaune aurore avec une touche de laque écarlate. Pour donner leur forme aux anémones des bois, je me sers de lavis gris de Payne. Je m'attarde à préciser davantage les formes de l'ensemble de la composition, puis je peins le reste de l'herbe et du feuillage à l'arrière-plan. Je termine en renforçant les ombres sombres pour mettre en valeur la forme de chaque plante.

Coquelicots

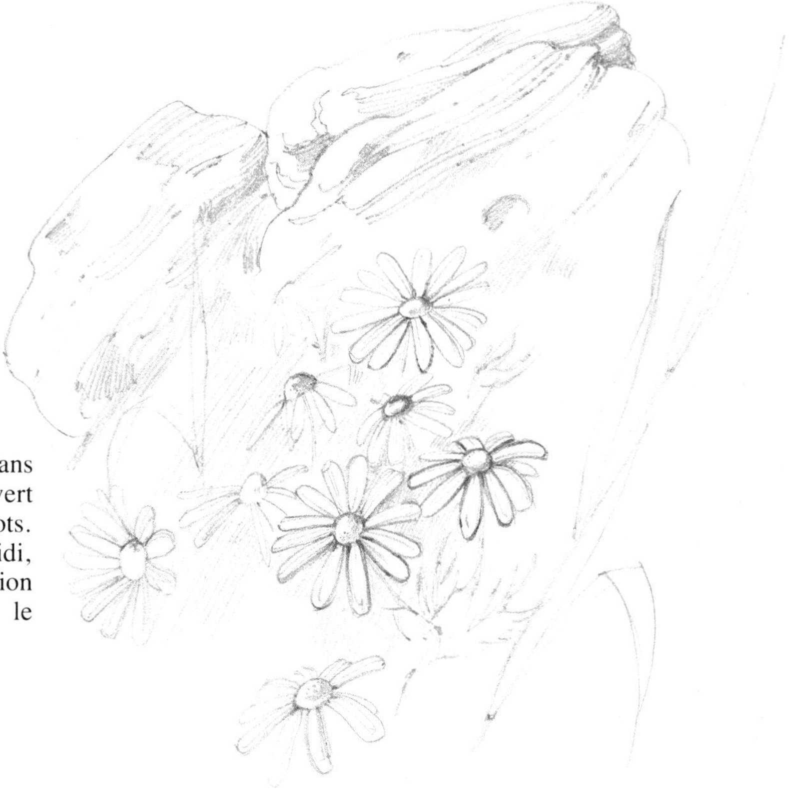

Format: 8 x 11 pouces (209 x 290 mm)
Papier: Fabriano, 140 livres, apprêté à froid (300 g/m^2)
Pinceaux: poils de martre n°s 1, 3, 5, 6, 10

C'est lors d'une promenade le long d'un chemin côtier dans le Devon, au sud-ouest de l'Angleterre, que j'ai découvert ces falaises où abondaient les pâquerettes et les coquelicots. Les fleurs étaient ébiouissantes sous le soleil de l'après-midi, et le bleu de la mer accentuait leur éclat. La composition n'aurait pas été complète si je n'avais pas conservé le magnifique paysage à l'arrière-plan.

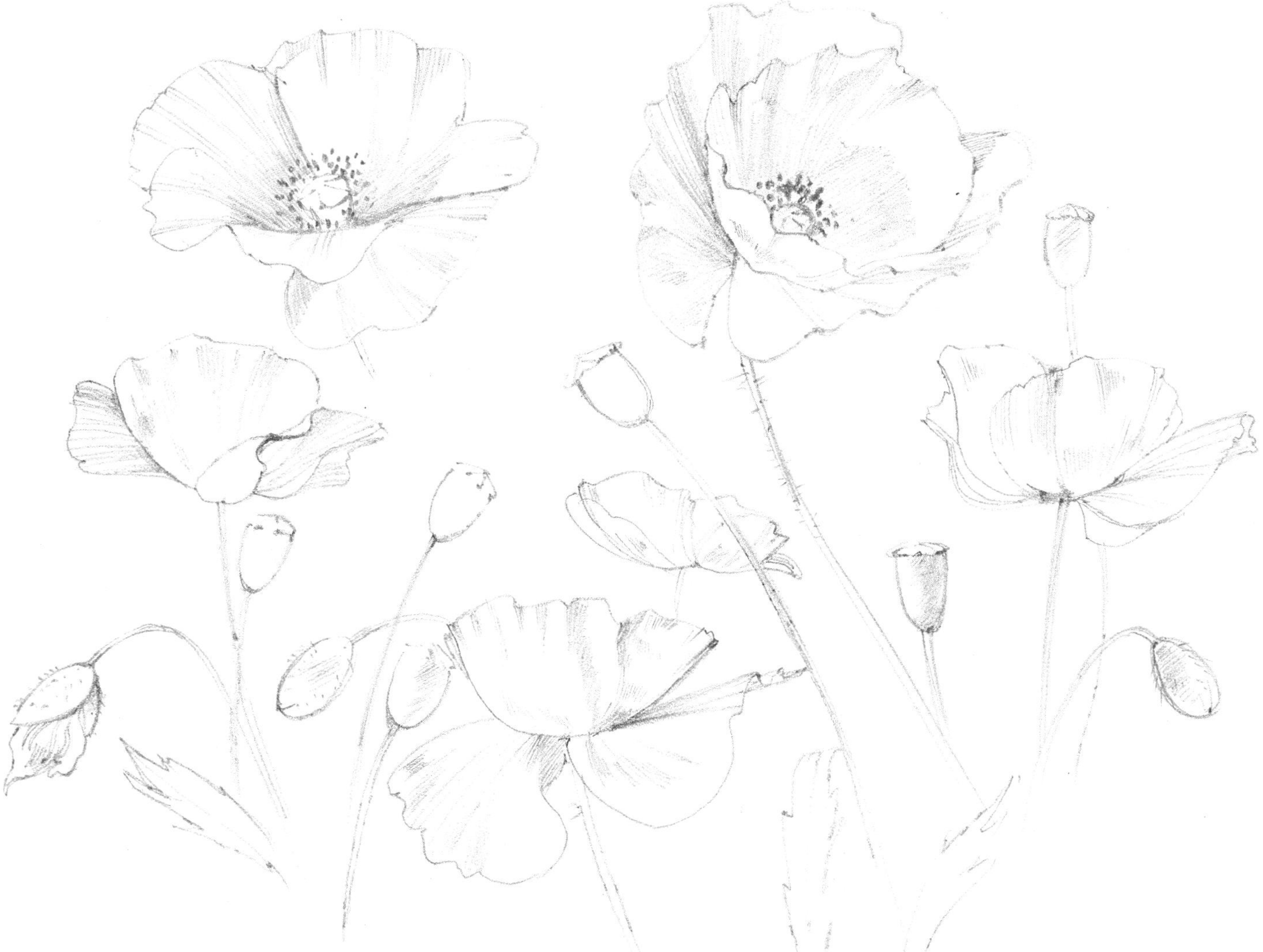

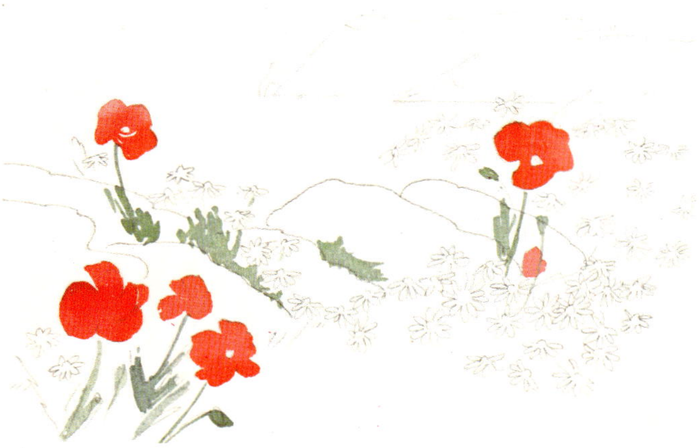

Étape 1 (détail)

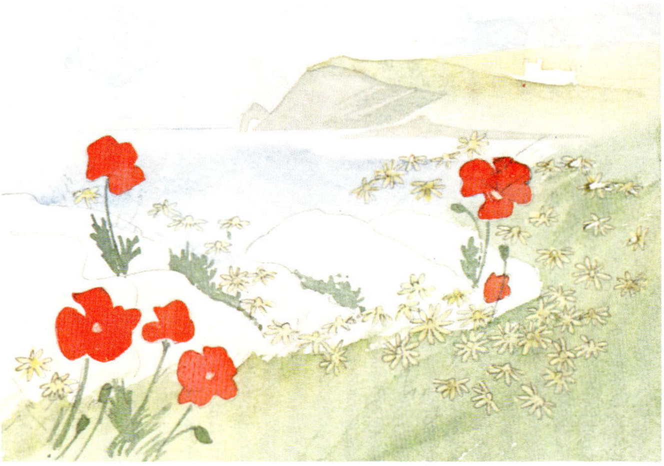

Étape 2 (détail)

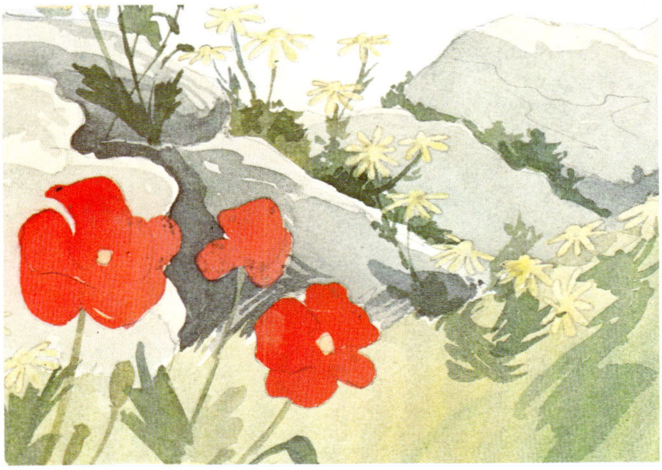

Étape 3 (détail)

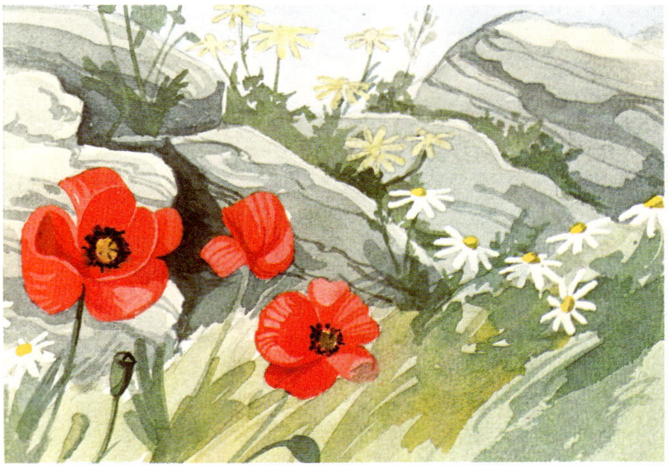

Étape 4 (détail)

Étape 1

Au crayon, je fais une esquisse simple et précise de toute la composition. Je porte une attention particulière à la courbe décrite par les pâquerettes, qui relie le paysage de l'arrière-plan aux rochers et aux coquelicots de la partie gauche du premier plan. Je peins maintenant les coquelicots d'une couleur éclatante.

Étape 2

À l'aide d'un petit pinceau, je recouvre les coquelicots et les pâquerettes de liquide à masquer. Je mouille toute la surface du papier et je peins le ciel et la mer, en réservant le blanc du papier pour représenter les nuages. Le ciel est bleu de Prusse, avec une touche de cramoisi alizarine par endroits pour définir les nuages plus sombres. La mer est peinte avec du bleu de Prusse et des touches de bleu outremer, pour donner l'impression de profondeur et de courants dans l'eau.

Pendant que la surface est encore humide, j'étends un lavis vert, en partant de la falaise au coin supérieur droit jusqu'au premier plan, recouvrant toute la surface d'herbes et de plantes. Je poursuis mon travail sur les silhouettes des falaises, sur le promontoire et sur le ciel, afin de compléter du même coup le paysage à l'arrière-plan et lui conserver sa fraîcheur.

Étape 3

À l'aide d'un pinceau moyen (n° 5 ou 6), je travaille les rochers et les plantes, sans perdre contrôle du dessin ou de la peinture. Il est important de se rappeler que c'est la nature de la plante qu'il faut représenter. Il ne faut pas tenter de faire une étude botanique poussée. À cette étape, je m'efforce d'équilibrer les tons du premier plan avec ceux de l'arrière-plan.

Étape 4

En même temps que je définis la forme et la structure des rochers, je commence à préciser l'aspect des plantes. Une fois que le liquide à masquer est complètement enlevé, je m'attaque à la forme des fleurs. Je peins les coquelicots dans diverses nuances de laque écarlate, avec un peu de cramoisi alizarine pour créer les ombres des pétales. Le centre des pâquerettes est d'un jaune aurore pur.

Étape 5 — le produit fini

J'accentue les tons du premier plan et je mets la touche finale aux formes et aux détails des fleurs. Afin de faire ressortir davantage la forme de certaines fleurs, j'utilise quelques verts et gris de base.

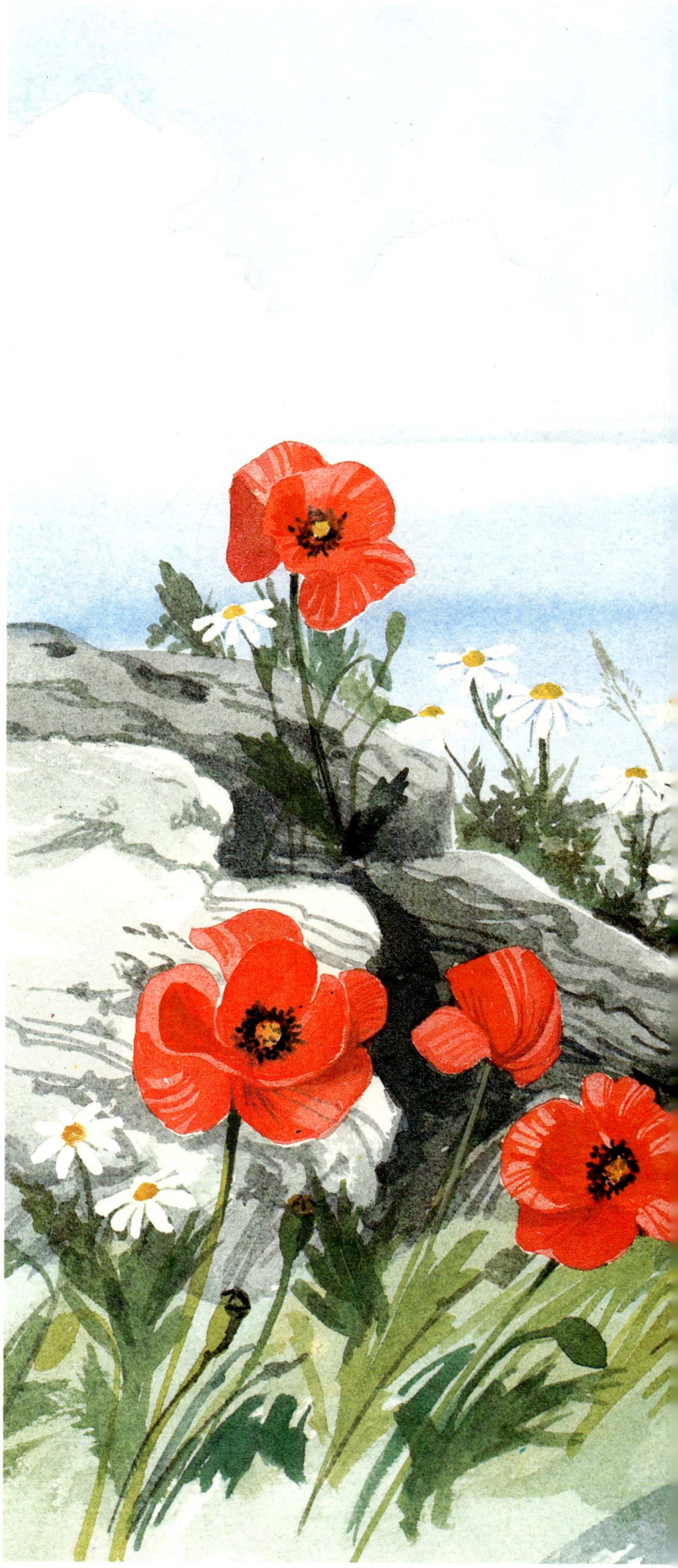

Étape 5 — le produit fini

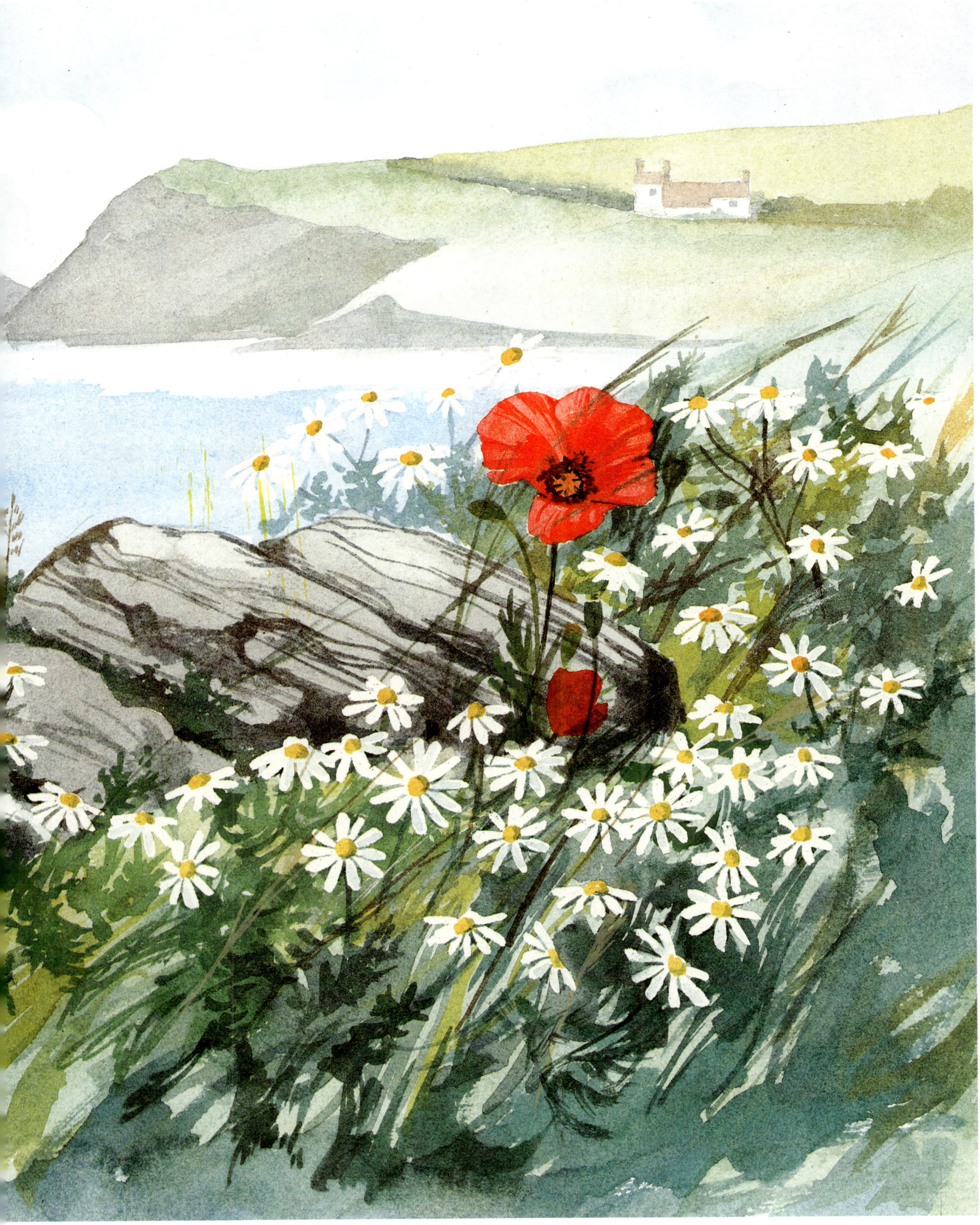

Ronces

Format: 14 1/5 x 21 2/5 pouces (355 x 535 mm)
Papier: Fabriano, 140 livres, apprêté à froid (300 g/m^2)
Pinceaux: poils de martre n°s 3, 5, 10

Pour cette peinture, j'ai suivi la même démarche que pour *Coquelicots* (pages 60 à 63), sauf que je me suis beaucoup basé sur le dessin et les études, plutôt que de peindre d'après nature. J'ai peint le paysage de l'arrière-plan lors d'une brève visite sur la côte sud, à Pagham Harbour dans le

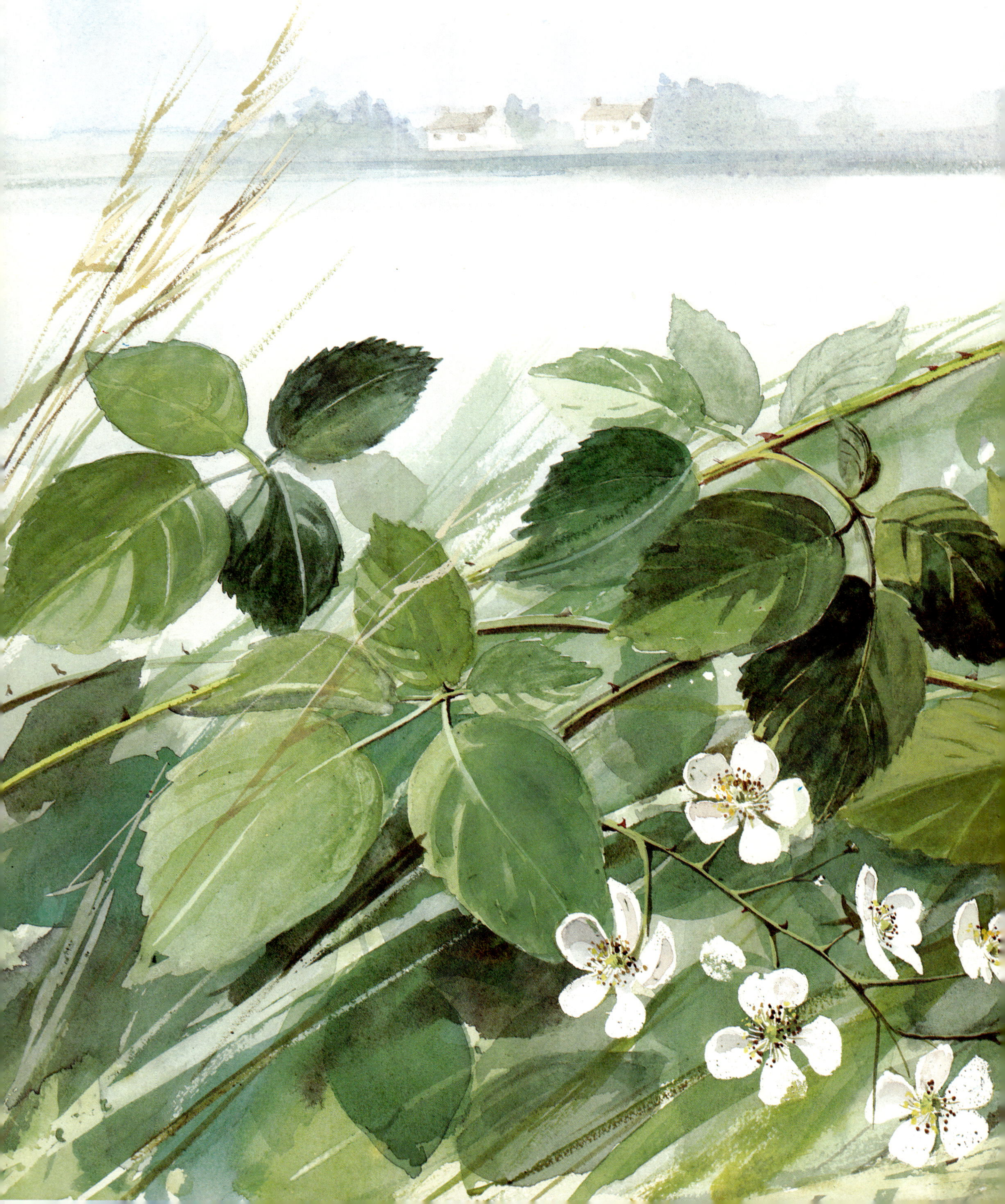

Sussex; je n'avais cependant pas eu le temps de le développer. J'ai toutefois défini ma palette de couleurs d'après l'arrière-plan. Quelques semaines auparavant, j'avais fait plusieurs études détaillées de ronces. J'ai rapporté une branche de ronces à mon atelier et, à l'aide des études et du spécimen, j'ai pu compléter cette peinture.

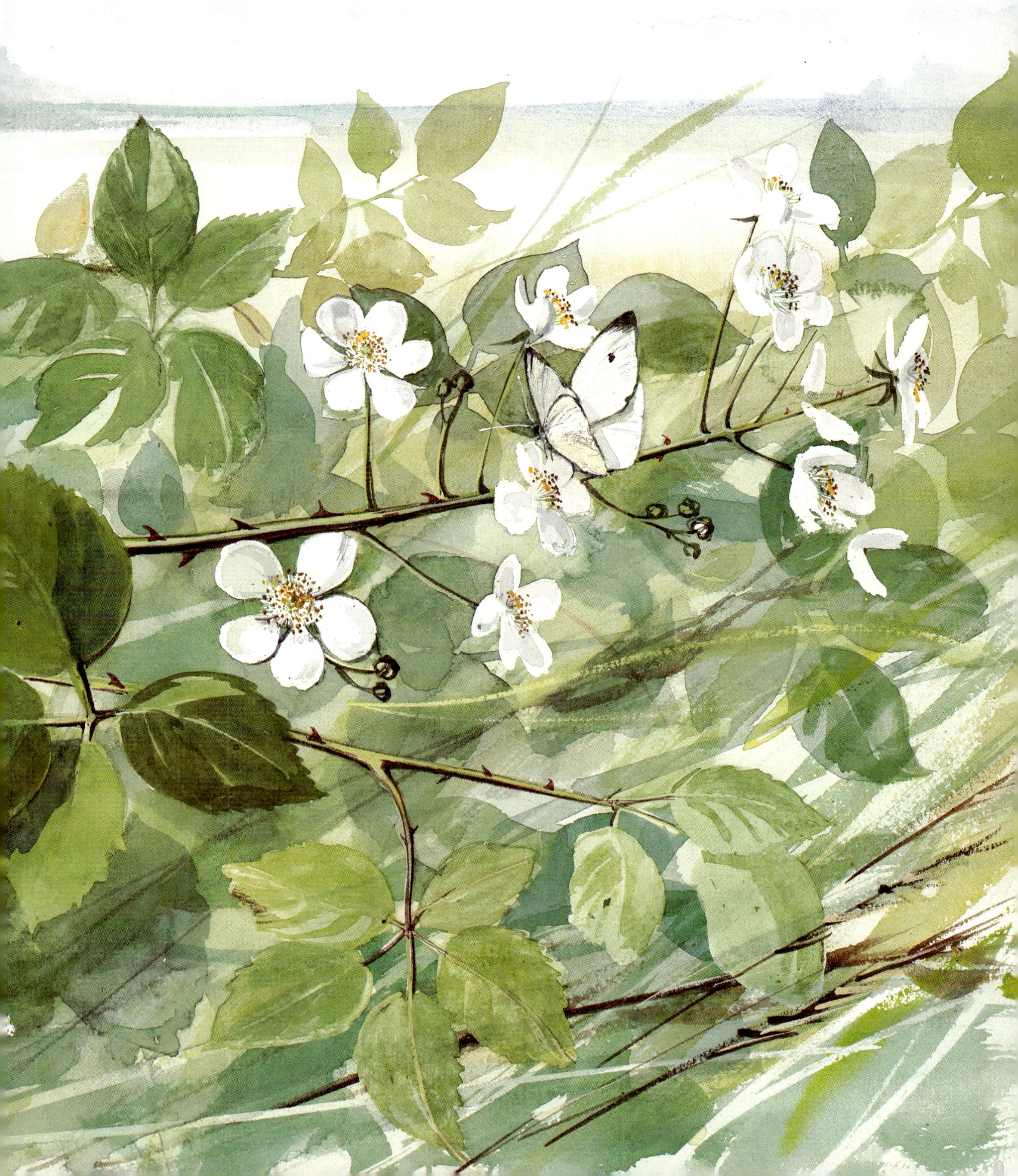

Gratte-culs

Format: 14 x 10 1/5 pouces (350 x 255 mm)
Papier: Fabriano, 140 livres, apprêté à froid (300 g/m^2)
Pinceaux: poils de martre n°s 3, 5, 10 ou 12

En automne, les haies sont très colorées; parfois, il y a tellement de couleurs qu'il est difficile d'en isoler une section. Cette peinture représente une partie d'une haie où une églantine, avec ses fruits écarlates, se confond aux couleurs éblouissantes d'un buisson d'érables des champs. J'ai remarqué que des mésanges bleues venaient constamment visiter ce buisson; c'est pourquoi j'ai ajouté un oiseau comme point central parmi l'amas de formes de feuilles.

Heureusement, j'avais fait récemment quelques études d'oiseaux. Dans mon jardin, j'ai une grande variété d'arbres et d'arbustes qui attirent différentes espèces d'oiseaux. Huit mois auparavant, par une journée d'hiver, j'ai découvert une mésange bleue, morte à cause du froid intense. J'ai d'abord été attristé par ce spectacle, puis j'ai profité de l'occasion pour faire des esquisses détaillées et des études. C'était maintenant le moment de les utiliser dans cette composition de feuilles d'automne.

On n'accorde jamais trop d'importance aux esquisses. C'est le meilleur moyen d'améliorer l'habileté en dessin, tout en fournissant une banque de références inestimable.

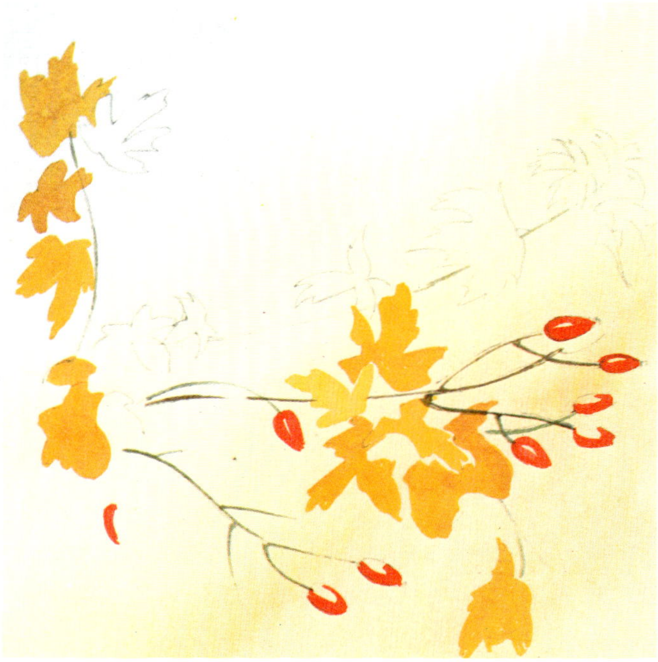

Étape 1

Étape 1

Je commence par mouiller le papier. Avec un pinceau large (poils de martre n° 10 ou 12), j'étends en diagonale, sur toute la surface, un lavis gradué, mélange de jaune cadmium avec un soupçon de garance brun. En commençant par le coin inférieur droit, je couvre environ les deux tiers de la toile; je laisse ensuite fuser dans un très léger lavis bleu outremer, au coin supérieur gauche. Je trace ensuite légèrement les tiges principales et je commence à peindre les formes des feuilles et les gratte-culs écarlates.

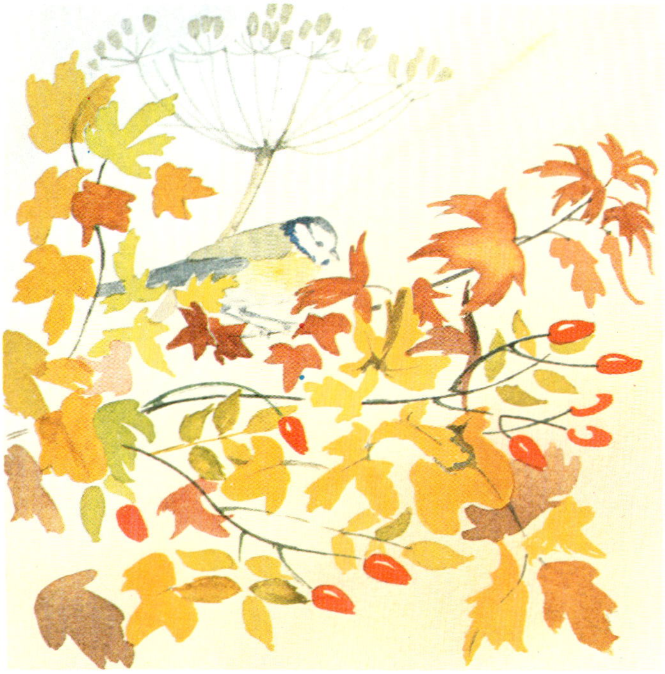

Étape 2

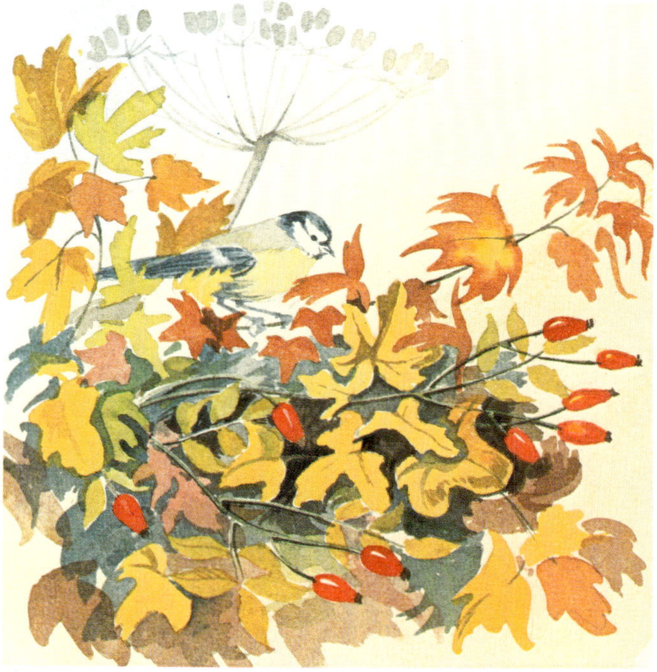

Étape 3

Étape 2

Je définis l'oiseau avec le minimum de traits. Je continue de peindre le feuillage en disposant les feuilles d'une même teinte le long d'une même tige. Je peins le cerfeuil sauvage séché à l'arrière-plan dans des tons légers, de manière à ce qu'il n'attire pas l'attention. La plupart des feuilles sont peintes avec différents mélanges de jaune cadmium et d'ocre jaune ou de garance brun, avec une touche de vert de Hooker à l'occasion.

Étape 3

Je peins les ombres derrière les feuilles et les gratte-culs dans des tons sombres de brun Van Dyck, de garance brun et de gris de Payne. Je tente de reproduire l'intérieur sombre d'un buisson, en variant l'intensité des ombres. Je précise certains détails de l'oiseau et je commence à raffiner les feuilles.

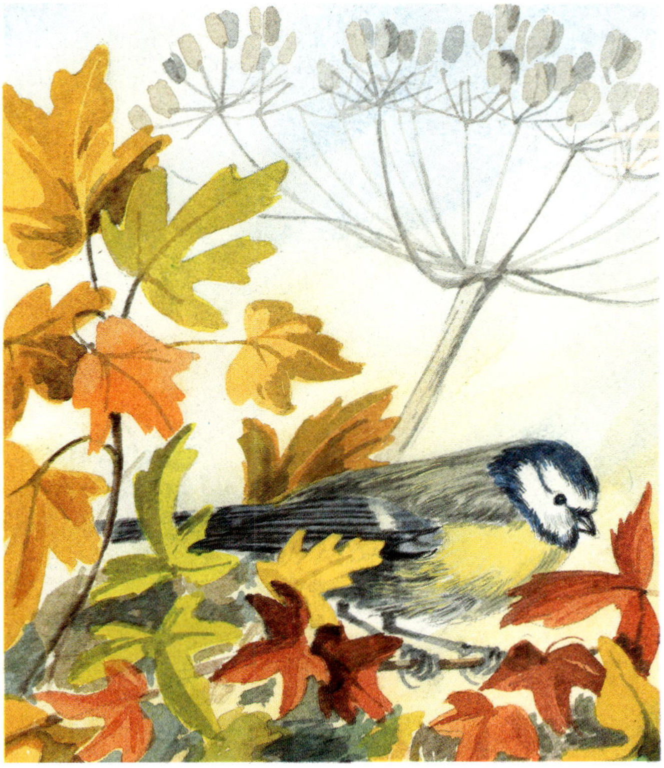

Détail (voir le produit fini à la page 68)

Étape 4 — le produit fini (page 68)

Je m'attarde maintenant aux formes et aux détails des feuilles et des gratte-culs, et je renforce les ombres. Je définis mieux les tiges, pour m'assurer qu'elles confèrent à la composition une poussée directrice. Je précise ensuite la forme du cerfeuil sauvage, sans ajouter trop de détails cependant. En dernier lieu, j'apporte la touche finale à l'oiseau.

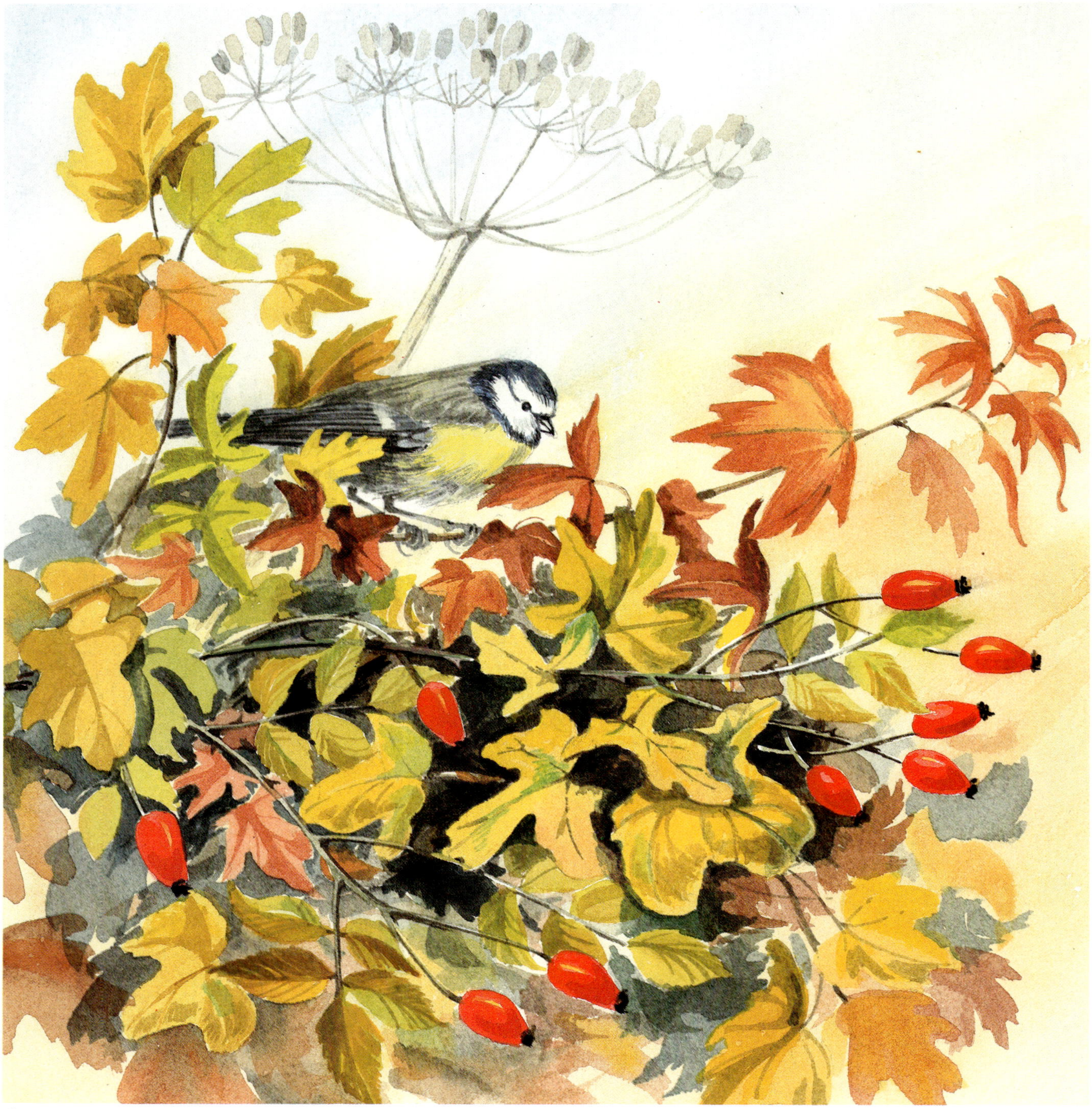

Étape 4 — le produit fini

Boutons-d'or

Format: 9 3/5 x 9 3/5 pouces (240 x 240 mm)
Papier: Arches, 140 livres, apprêté à froid (300 g/m²)
Pinceaux: poils de martre nos 1, 5, 6, 10

Point n'est besoin de voyager ou de partir en excursion pour trouver un sujet de peinture. La touffe de boutons-d'or de cette composition poussait dans l'herbe haute au bout de mon jardin. Chaque fleur était ouverte; elles s'inclinaient toutes avidement vers le chaud soleil de juin et semblaient regorger de chaleur estivale. Mon but était de capter un peu de leur mouvement et de leur croissance qui submergent la campagne anglaise en juin.

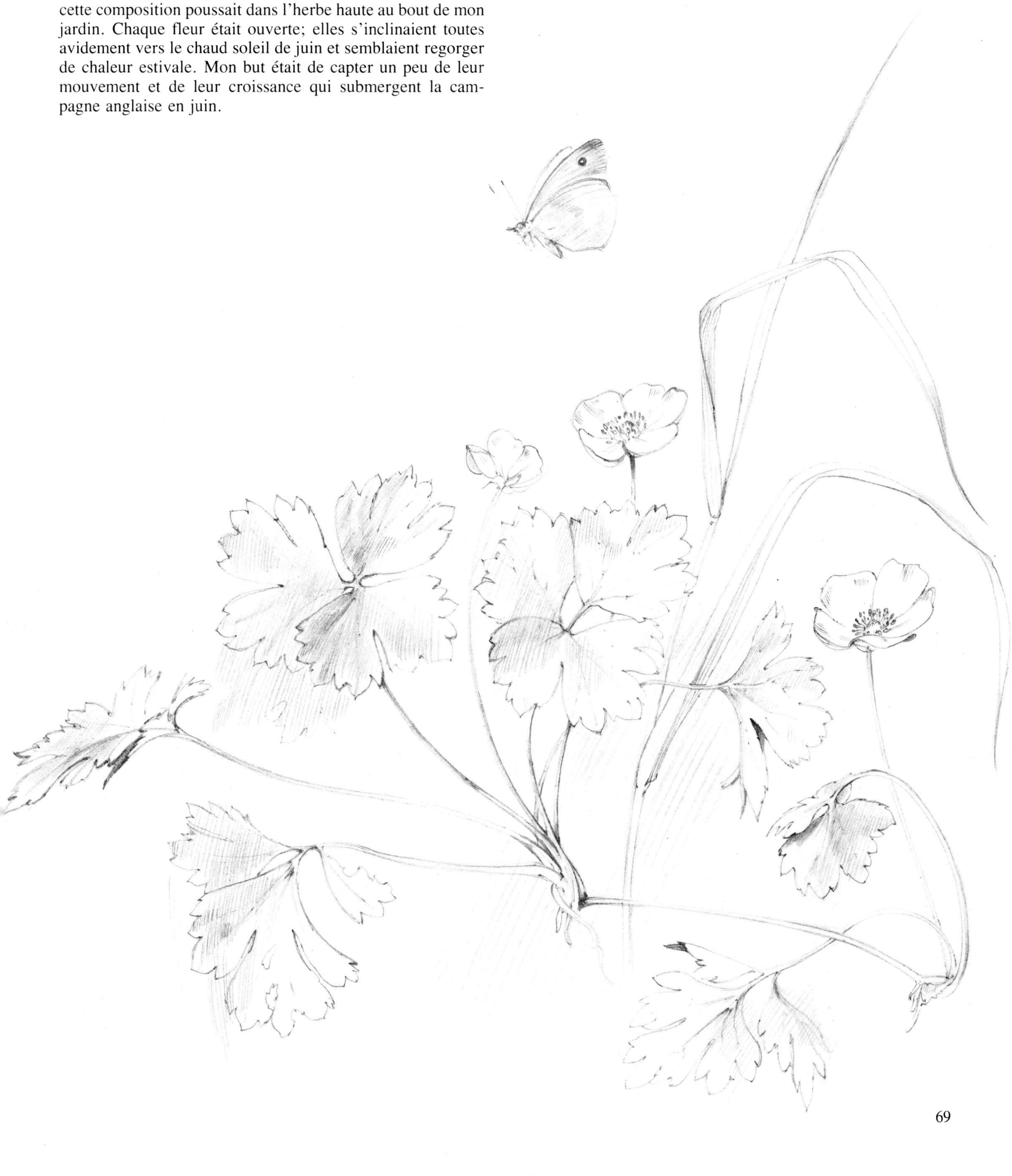

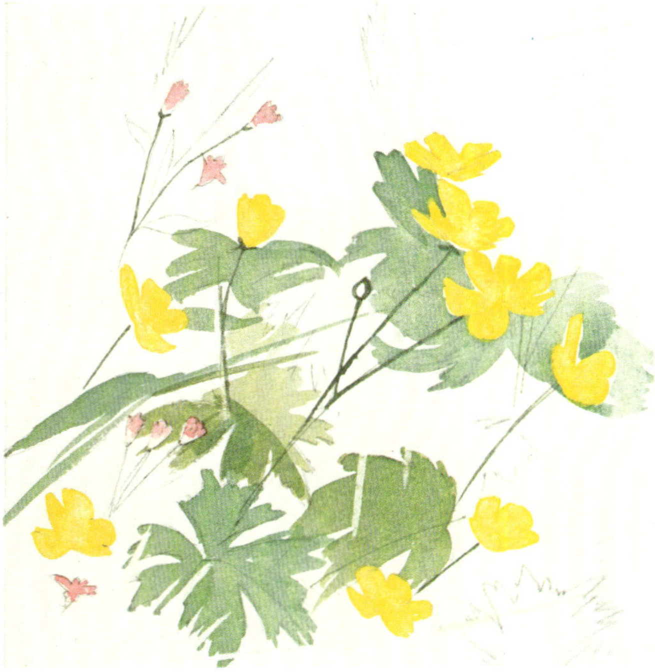

Étape 1

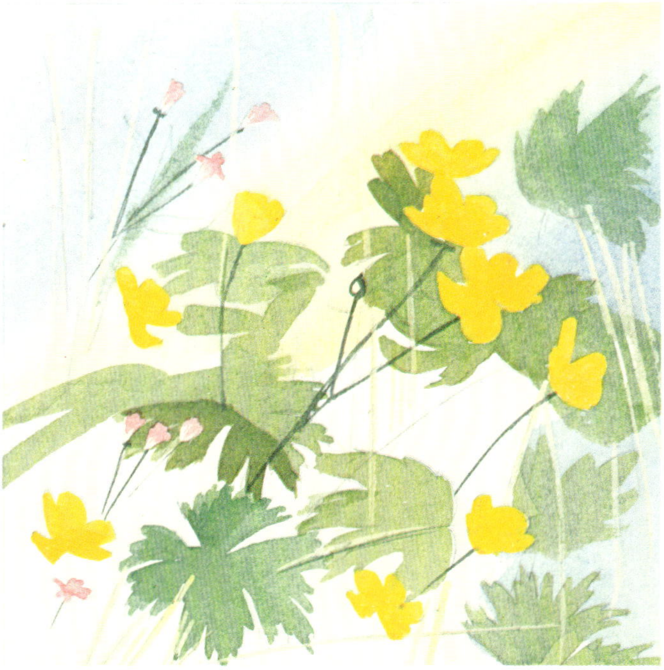

Étape 2

Étape 1

Je trace légèrement au crayon les éléments principaux de la composition. J'applique du jaune Winsor sur les boutons-d'or et du vert de Hooker et de l'ocre jaune sur les feuilles, en peignant les endroits principaux dans les grandes lignes. J'applique de petites touches de rose permanent sur les autres petites fleurs. À cette étape, je ne fais que commencer la peinture; quand je remarque qu'une mouche revient toujours sur la même feuille, je décide de l'inclure à la composition.

Étape 2

Je recouvre avec précaution les corolles de boutons-d'or de liquide à masquer. J'utilise aussi ce même liquide pour peindre librement quelques tiges d'herbes à l'arrière-plan. Je mouille ensuite le papier et j'étends rapidement un léger lavis bleu outremer sur la partie supérieure gauche, suivi immédiatement d'un léger lavis jaune aurore sur le reste du ciel, puis d'un léger lavis bleu outremer sur le côté droit. La surface recouverte en jaune donne l'impression d'une lumière éclatante. Je peux maintenant commencer à peindre d'autres feuilles.

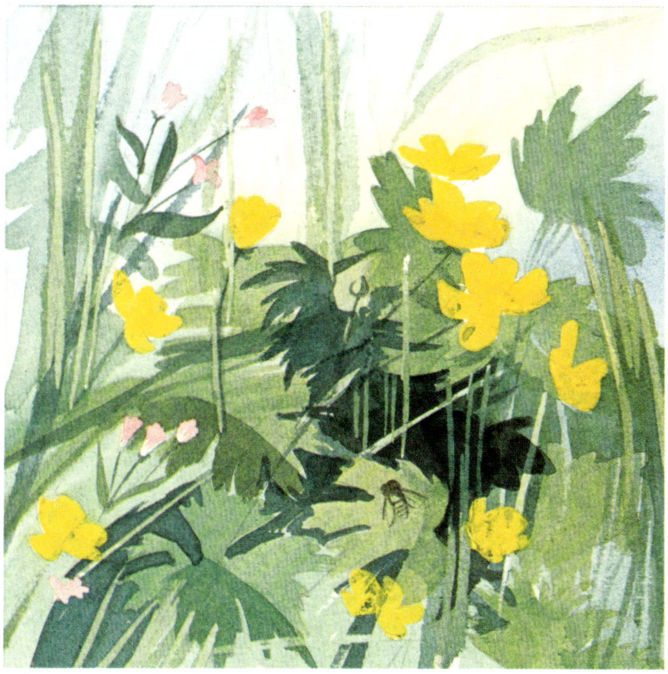

Étape 3

Étape 3

Pendant que le papier est encore humide, j'étends un lavis vert de Hooker sur la moitié inférieure. Ensuite, pendant que le papier sèche, je mélange du vert de Hooker et de l'ocre jaune en différentes proportions, pour créer une variété de verts qui me serviront à accentuer les feuilles de boutons-d'or et l'herbe. Pour cette opération, j'utilise un pinceau en poils de martre n° 6 et je peins librement et avec confiance, en conservant la nature de chaque feuille. Puis, avec un pinceau un peu plus petit et un mélange de vert de Hooker et de bleu indigo, j'entreprends les ombres. À cette étape, mon but est de lier les éléments et d'équilibrer les tons. En dernier lieu, je commence à définir la mouche avec du brun Van Dyck.

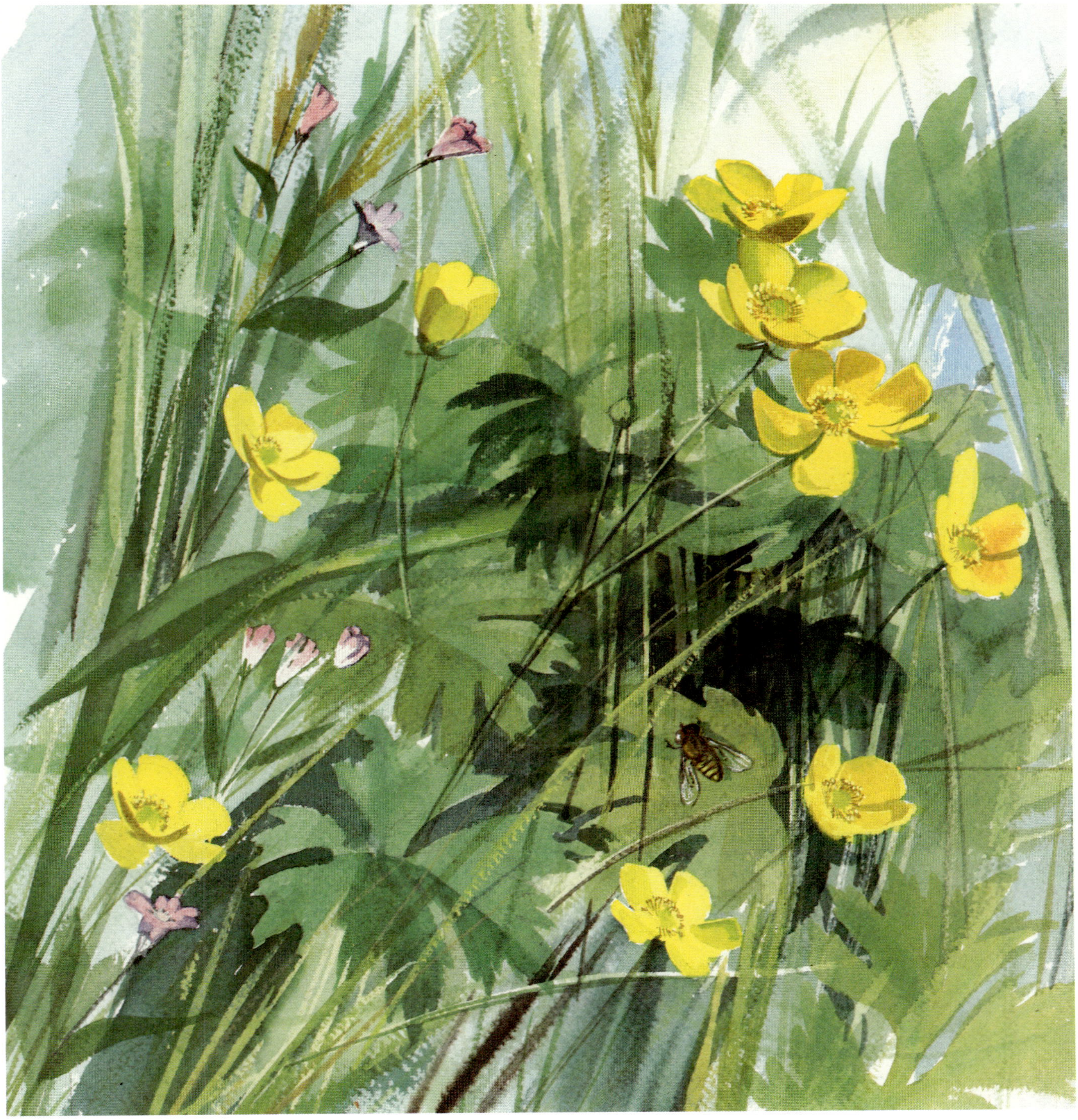

Étape 4 — le produit fini

Étape 4 — le produit fini

J'enlève doucement le liquide à masquer. Je précise ensuite la forme de chaque fleur avec de l'ocre jaune et une touche de vert à l'occasion. Je définis les étamines au centre des boutons-d'or à l'aide d'un pinceau fin en poils de martre. Là où du liquide à masquer recouvrait les tiges d'herbes, j'utilise maintenant un léger lavis vert pour qu'elles se détachent des formes sombres à l'arrière. Je poursuis mon travail dans les ombres et les formes des feuilles. Je termine en fignolant chaque fleur.

Clématite des haies

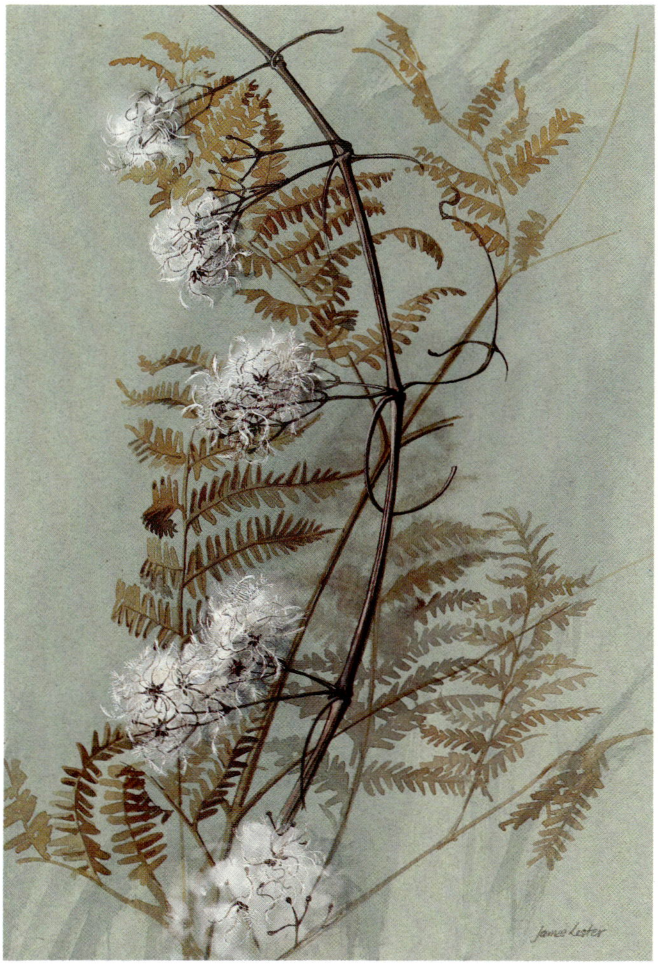

Format: 14 x 21 pouces (355 x 525 mm)
Papier: Turner gris, 90 livres, apprêté à froid (200 g/m²)
Pinceaux: poils de martre nos 3, 5, 10 ou 12

Quand les feuilles tombent des arbres à l'automne, la campagne est dépouillée de ses couleurs. Elle fait place à un univers de nuances et de tons plus doux et plus subtiles, tout aussi fascinant pour le peintre.

C'est par une journée sombre de décembre, avec tout juste une parcelle étrange de lumière humide, que j'ai fait cette peinture représentant une clématite des haies (ou herbe aux gueux). Il m'a semblé que les couleurs douces et sourdes du paysage constituaient un sujet approprié à peindre sur une surface colorée. J'ai donc choisi un papier Turner gris.

Il est nécessaire d'adapter sa technique lorsque l'on peint sur du papier teinté. Il est important de se rappeler qu'un lavis, même s'il est de couleur claire, sera assombri. Le seul moyen d'obtenir un effet lumineux ou une tache blanche est par l'utilisation d'un médium opaque. Celui que je préfère est le blanc de Chine.

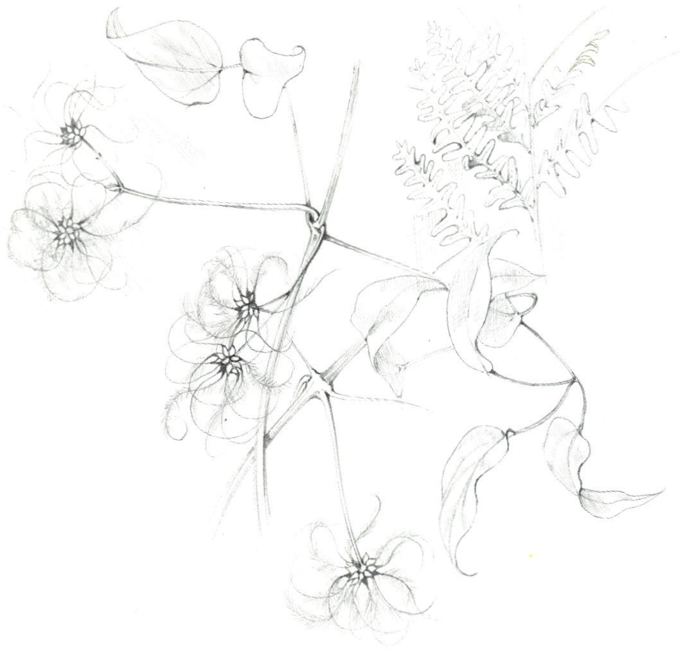

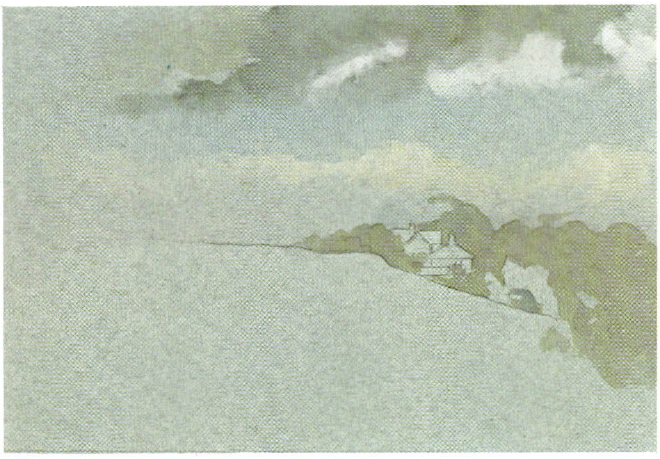

Étape 1

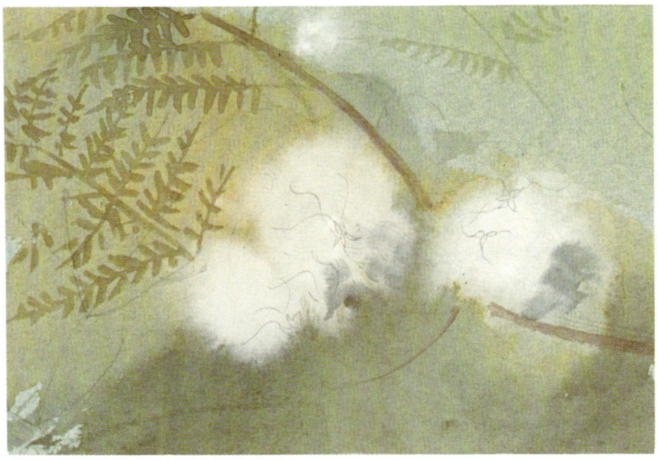

Étape 3 (détail)

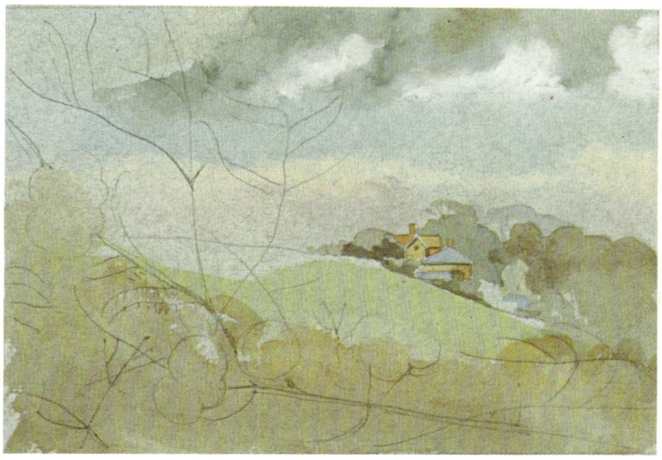

Étape 2

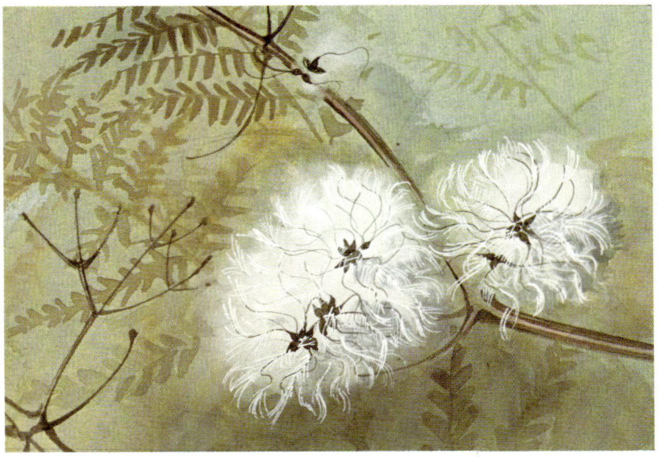

Étape 4 (détail)

Étape 1

Après avoir tracé au crayon dans les grandes lignes le paysage à l'arrière-plan, je couvre le ciel d'un léger lavis bleu de Prusse avec un pinceau large (poils de martre n° 10 ou 12). Pendant que c'est encore humide, je définis immédiatement les nuages avec du gris de Payne et du sépia et un peu de blanc de Chine à certains endroits. J'ajoute une touche de cramoisi alizarine aux nuages juste au-dessus de l'horizon. Quand le papier commence à sécher, j'amorce les arbres au loin avec des lavis distincts de sépia, de brun Van Dyck et de gris de Payne.

Étape 2

Je complète maintenant le paysage éloigné, en minimisant les détails des bâtiments. Je ne veux pas surcharger cette partie, de peur qu'elle n'attire trop l'attention. Au premier plan, je couvre la surface qui sera occupée par la fougère d'un lavis fait de brun et d'ocre jaune de différentes valeurs. Une fois sec, je trace légèrement au crayon les caractéristiques principales de la fougère et des clématites des haies.

Étape 3

Je mouille ensuite le premier plan et, avec des tons plus sombres des mêmes bruns et ocres que précédemment, je commence à peindre les formes de la fougère et les ombres. Pendant que le papier est encore humide, j'ajoute des touches de blanc opaque pour représenter les têtes de semence et je laisse fuser dans la couleur environnante.

Étape 4

Pendant que le papier sèche, je peins les caractéristiques de la plante. Je le fais le plus librement possible, en préservant la nature de la plante. Les têtes de semence sont composées de plusieurs graines individuelles possédant chacune une «plume» longue et velue. Quand les surfaces recouvertes de blanc opaque sont sèches, je peins les groupes de semences, chacune avec sa queue et les «poils de barbe de vieillard».

Étape 5 — le produit fini (pages 74 et 75)

Pour équilibrer la composition, j'ajoute des plantes et j'ajuste les tons là où c'est nécessaire. J'apporte une attention particulière aux nuances et au dessin des tiges de clématites des haies. Je fignole également les frondes de la fougère.

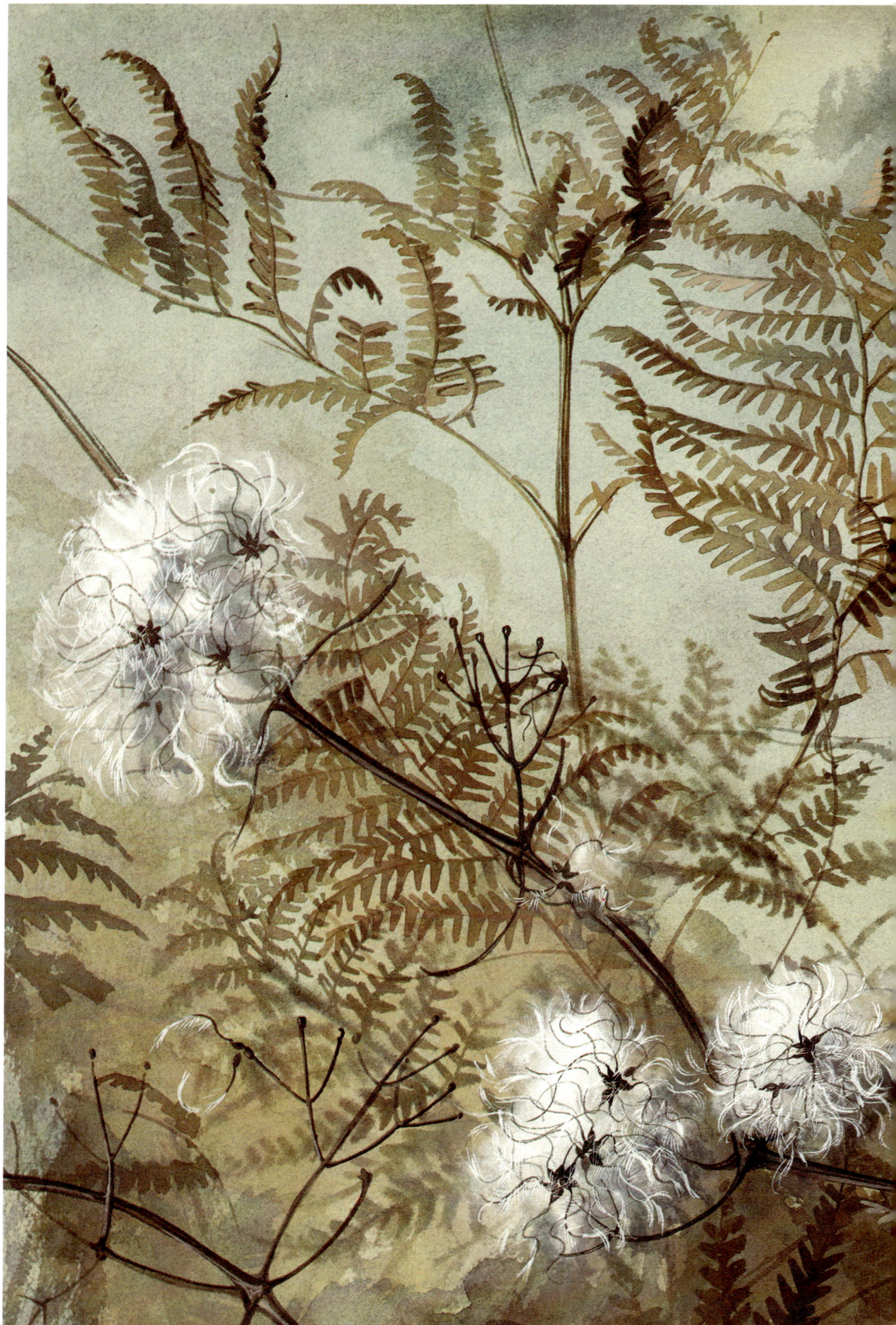

Étape 5 — le produit fini

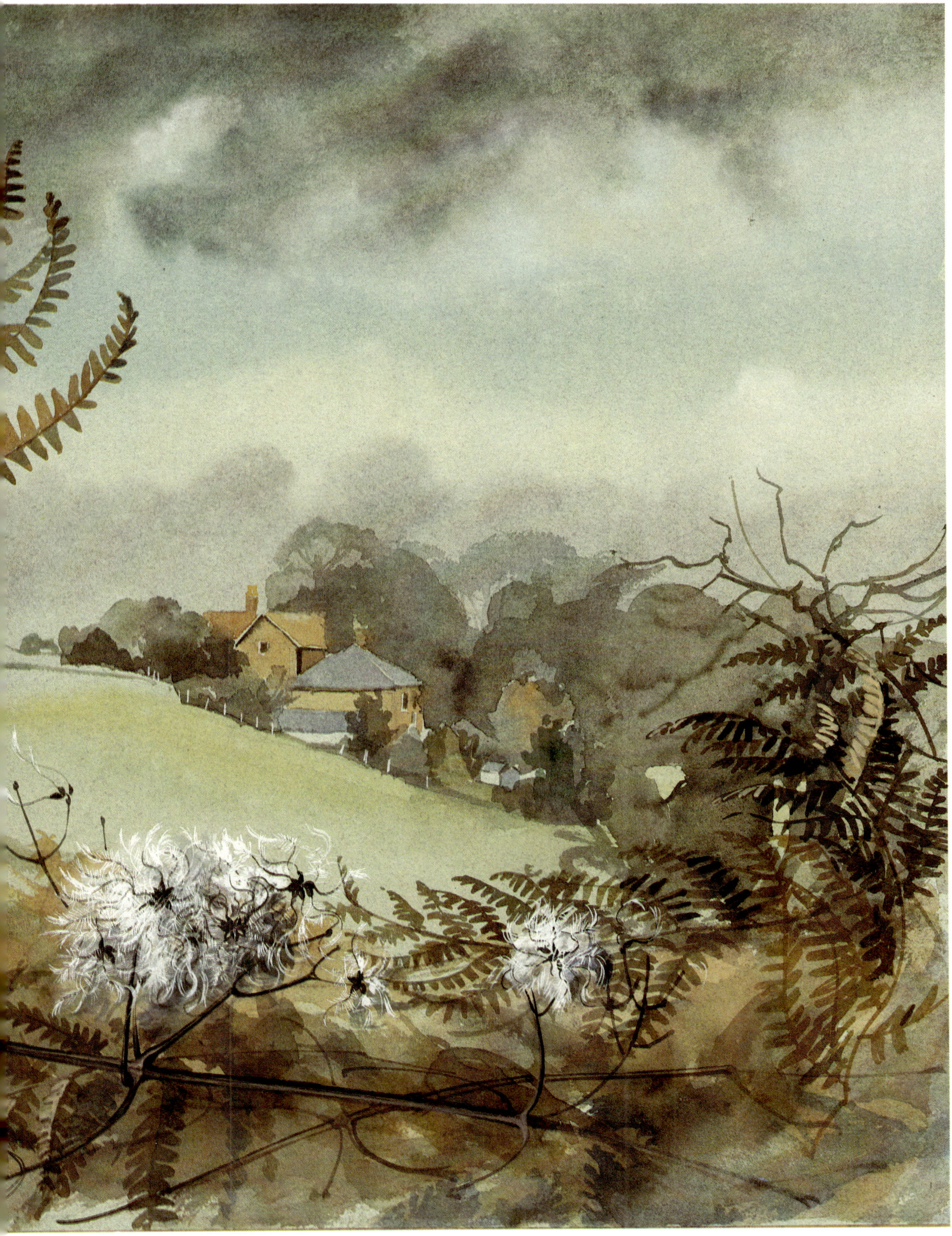

Liserons

Format: 11 3/5 x 8 4/5 pouces (290 x 222 mm)
Papier: Royal Watercolour Society, 140 livres, apprêté à froid (300 g/m²)
Pinceaux: poils de martre nos 3, 6, 10

Le liseron, cette splendeur de la fin de l'été, s'accroche irrésistiblement à tout ce qui se trouve sur son passage, recouvre toutes les plantes environnantes et exhibe triomphalement ses fleurs blanches voluptueuses. C'est un spectacle grandiose.

Pour cette peinture, j'ai choisi un plant de liserons qui se frayait doucement un passage parmi les épilobes en épis (ou lauriers de saint Antoine). J'ai décidé d'ajouter à la composition le gros papillon blanc qui semblait fort intéressé par les fleurs roses.

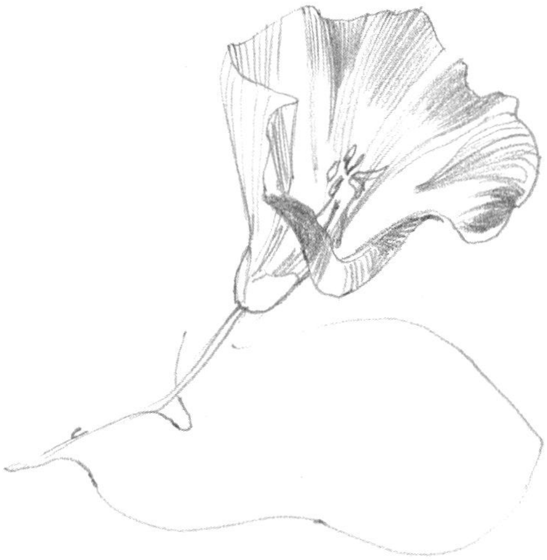

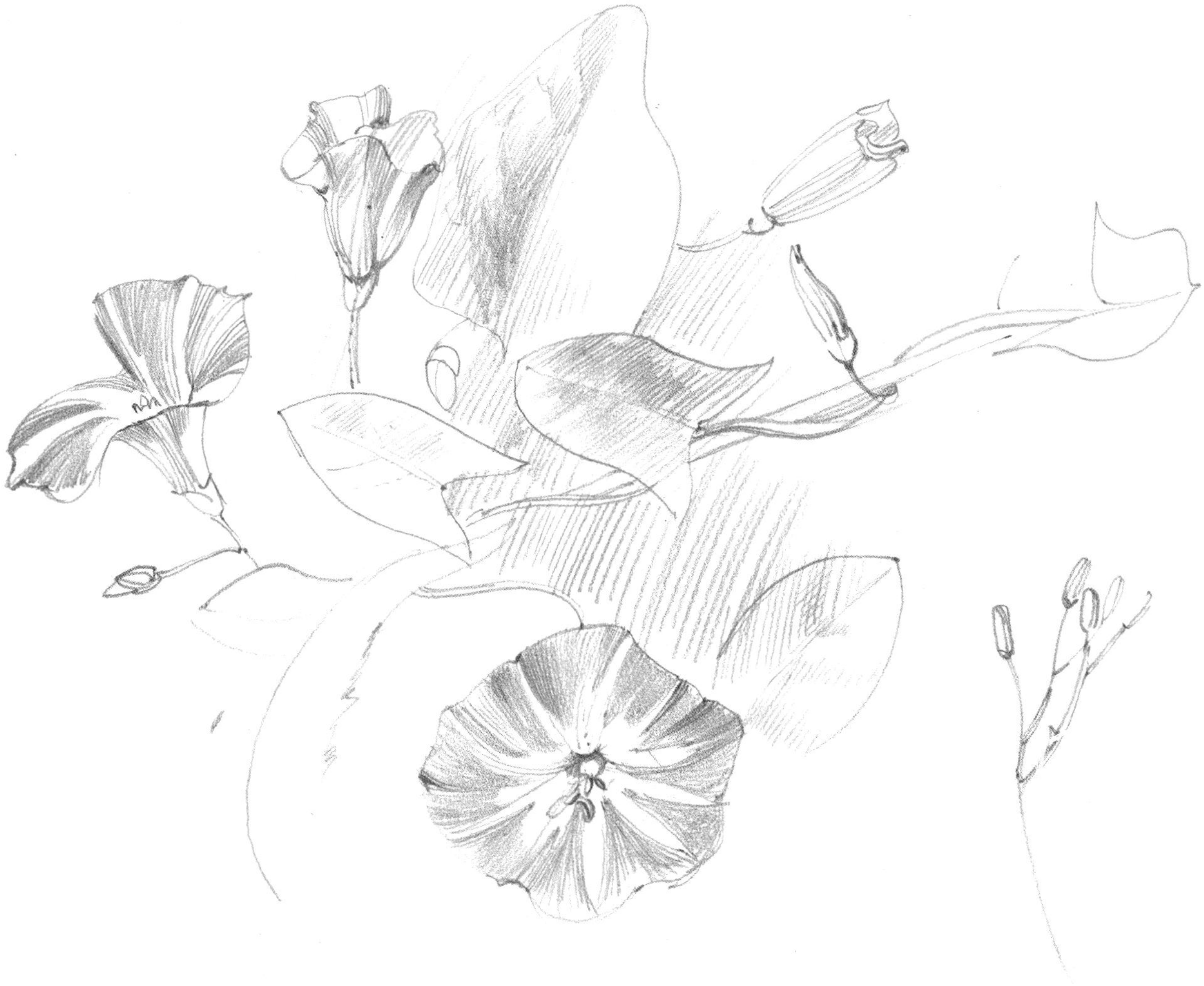

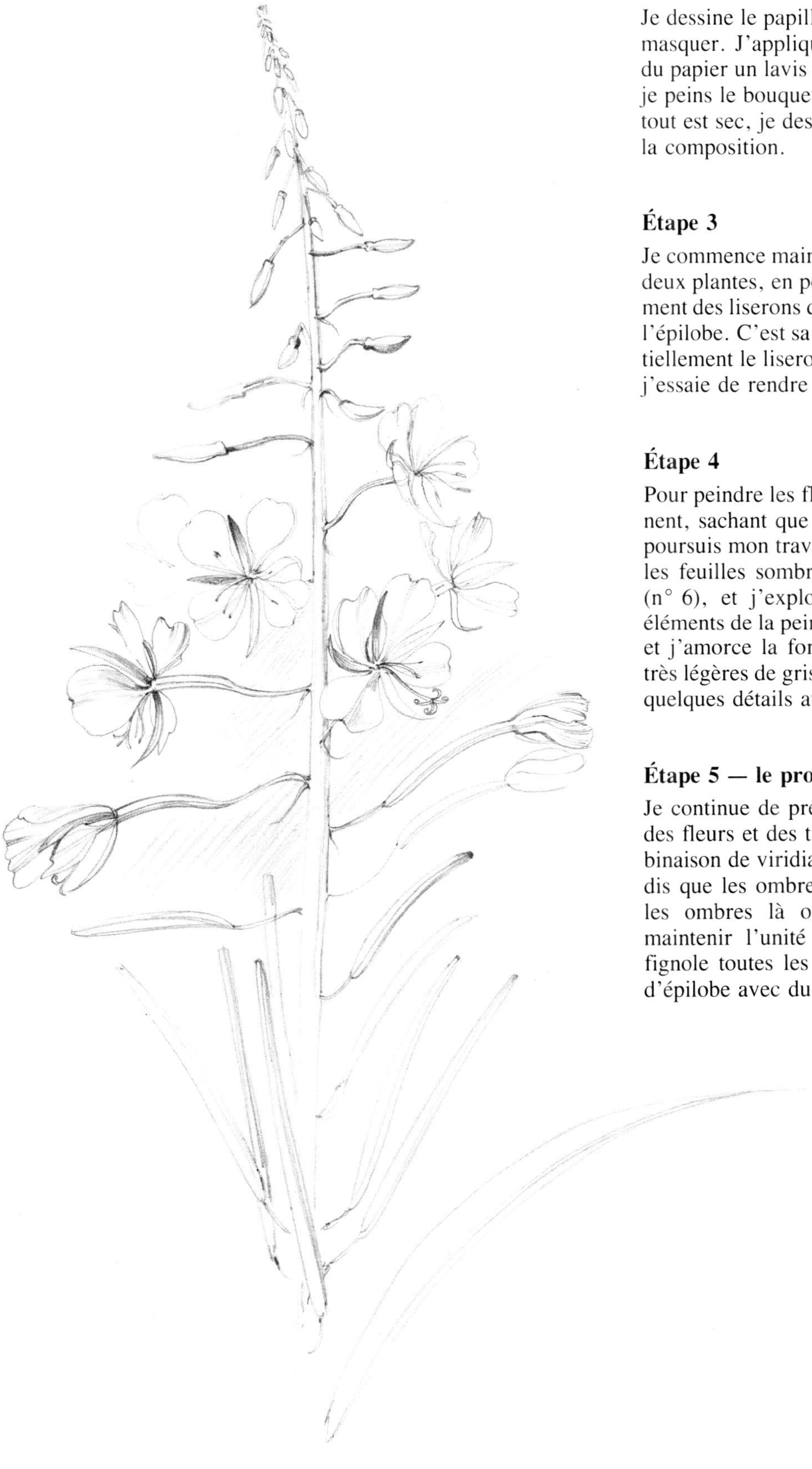

Étape 1 (page 78)

Pour commencer, je fais un dessin simple pour disposer les fleurs blanches et je les recouvre de liquide à masquer. Je mouille toute la surface du papier et je peins le ciel d'un lavis bleu outremer clair, suivi immédiatement d'un léger lavis jaune cadmium sur la partie médiane.

Étape 2

Je dessine le papillon que je recouvre également de liquide à masquer. J'applique ensuite sur les surfaces encore vierges du papier un lavis fait d'un mélange de jaune et de vert, puis je peins le bouquet d'arbres à l'arrière-plan. Une fois que le tout est sec, je dessine légèrement au crayon les éléments de la composition.

Étape 3

Je commence maintenant à peindre les feuilles et les tiges des deux plantes, en portant une attention particulière au mouvement des liserons qui contraste avec la croissance verticale de l'épilobe. C'est sa tige torse et volubile qui caractérise essentiellement le liseron; c'est pourquoi, en peignant les feuilles, j'essaie de rendre le flot et l'orientation de l'ensemble.

Étape 4

Pour peindre les fleurs de l'épilobe, je choisis le rose permanent, sachant que le bleu du fond l'adoucira légèrement. Je poursuis mon travail dans les feuilles et le feuillage. Je peins les feuilles sombres et les ombres avec un pinceau moyen (n° 6), et j'exploite ces surfaces foncées pour relier les éléments de la peinture. J'enlève ensuite le liquide à masquer et j'amorce la forme des fleurs blanches avec des nuances très légères de gris de Payne et de jaune citron. J'ajoute aussi quelques détails au papillon.

Étape 5 — le produit fini (page 79)

Je continue de préciser la forme et les ombres des feuilles, des fleurs et des tiges. Les verts que j'utilise sont une combinaison de viridian, de vert de Hooker et d'ocre jaune, tandis que les ombres sont principalement indigo. Je renforce les ombres là où c'est nécessaire, ce qui contribue à maintenir l'unité de la composition. En dernier lieu, je fignole toutes les fleurs. Je définis les étamines des fleurs d'épilobe avec du blanc de Chine.

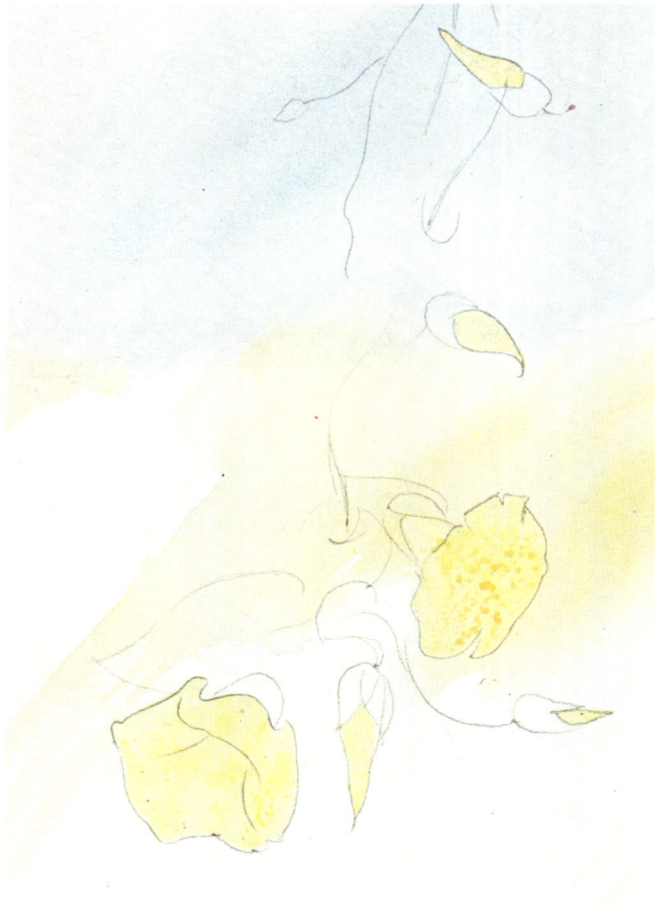

Étape 1

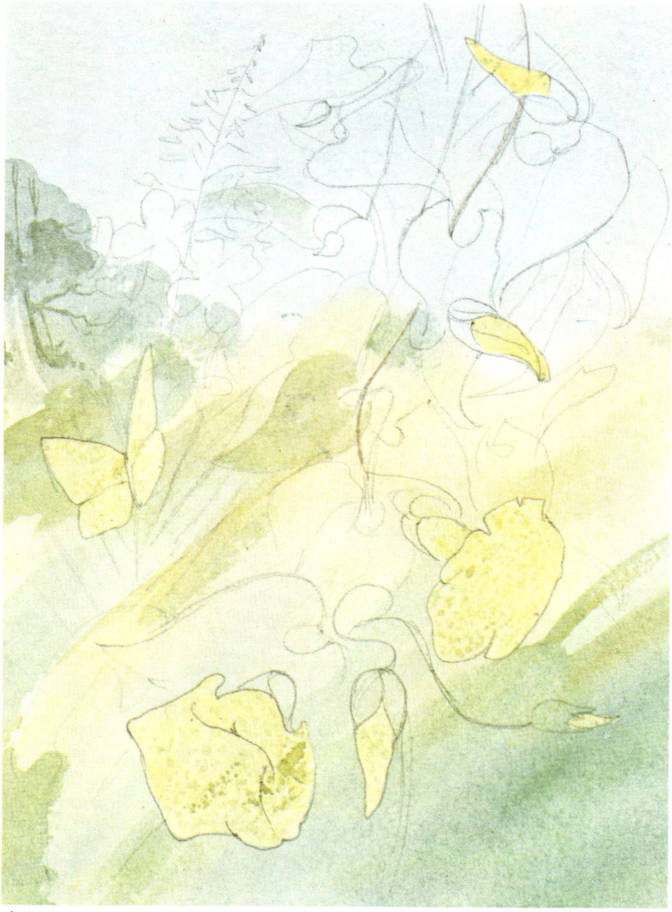

Étape 2

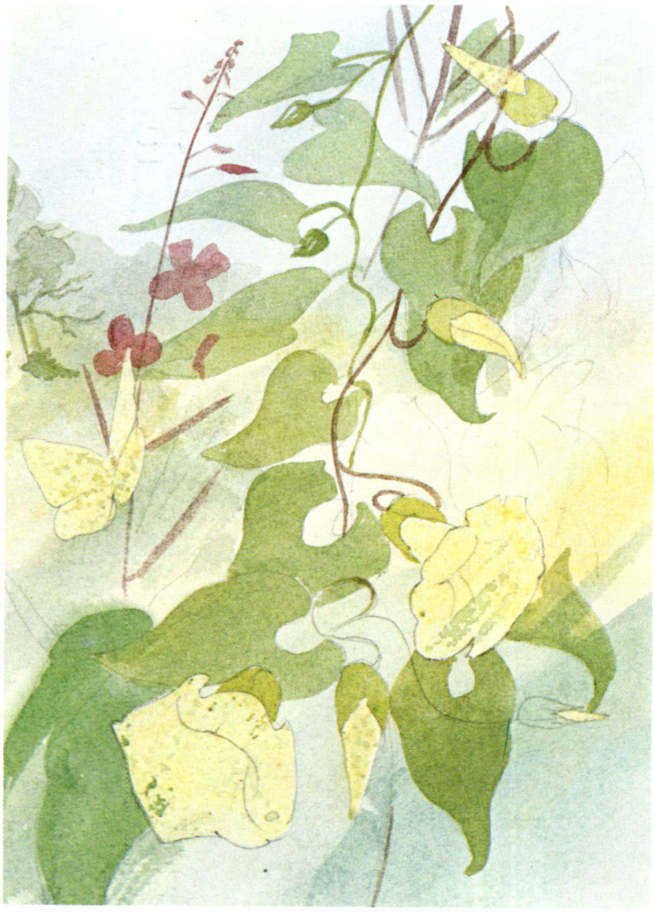

Étape 3

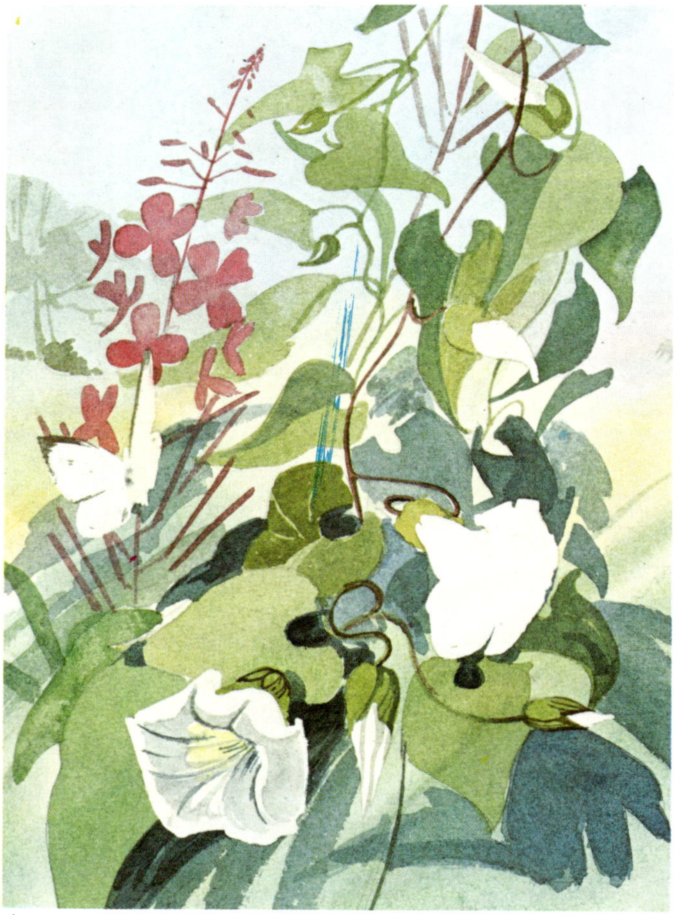

Étape 4

Étape 5 — le produit fini

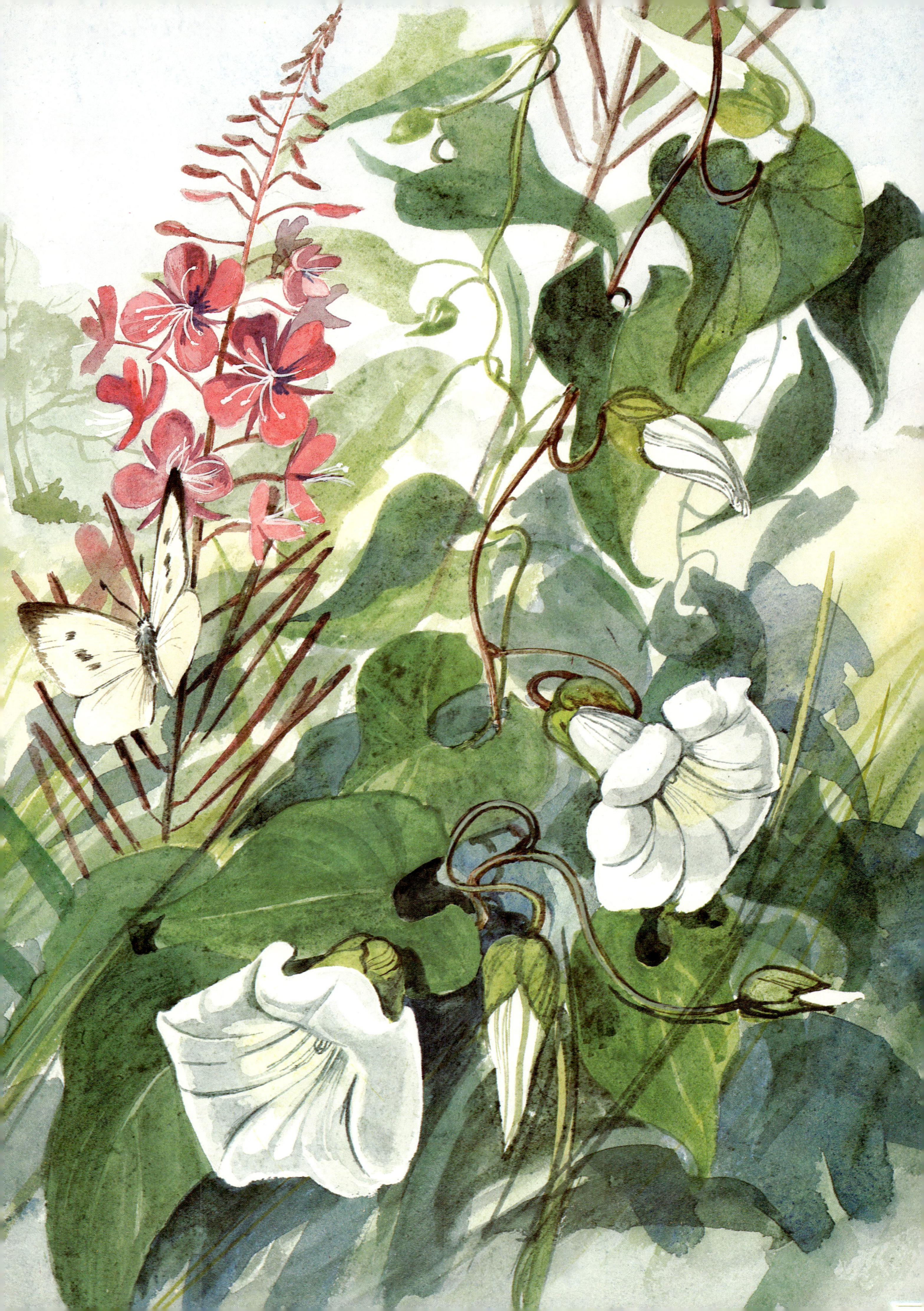

Papillons et autres insectes

Les fleurs qui poussent à l'état sauvage sont fréquemment le centre d'intérêt d'une variété d'insectes. Les abeilles, les guêpes, les libellules et les coccinelles, pour n'en nommer que quelques-uns, font partie des insectes qui peuvent agrémenter une peinture naturaliste. Les papillons sont toutefois les plus colorés.

Un papillon, si on le peint soigneusement, ajoutera une touche magnifique de couleur et d'intérêt. Il n'est cependant pas facile d'en observer un avec attention. Ici, l'appareil photographique peut être d'une grande utilité. Dans tous les cas, les photographies ou les nombreuses esquisses que vous aurez collectionnées seront pour vous d'une valeur inestimable.

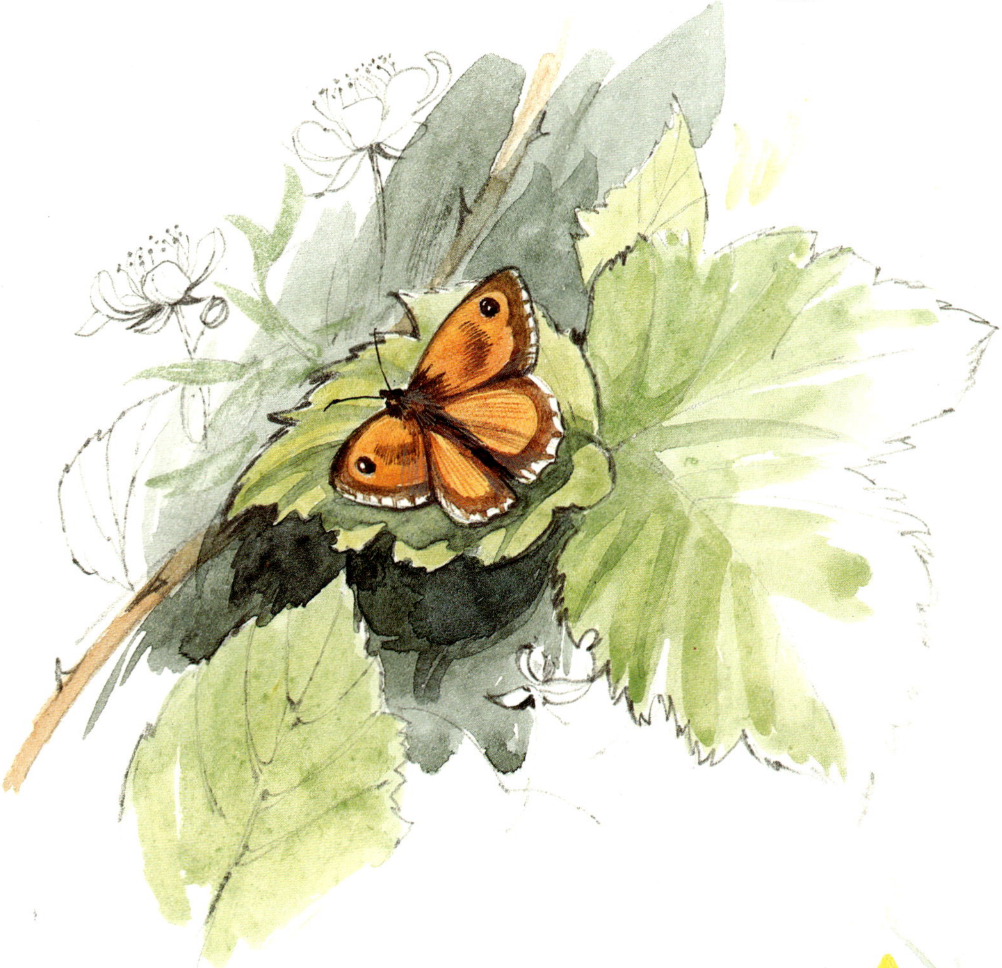

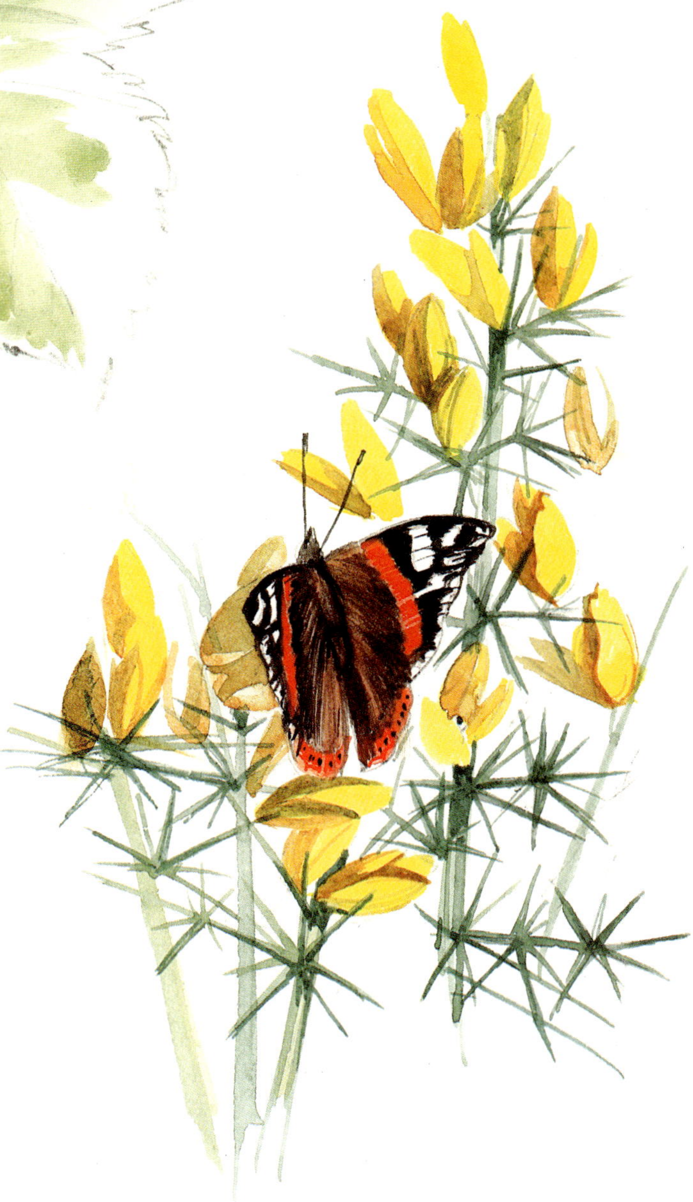

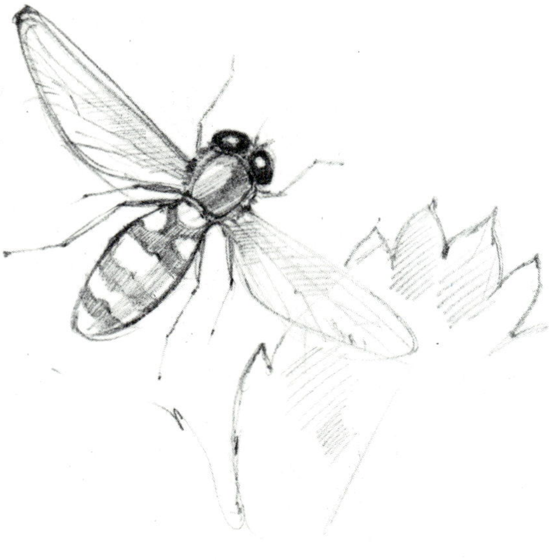

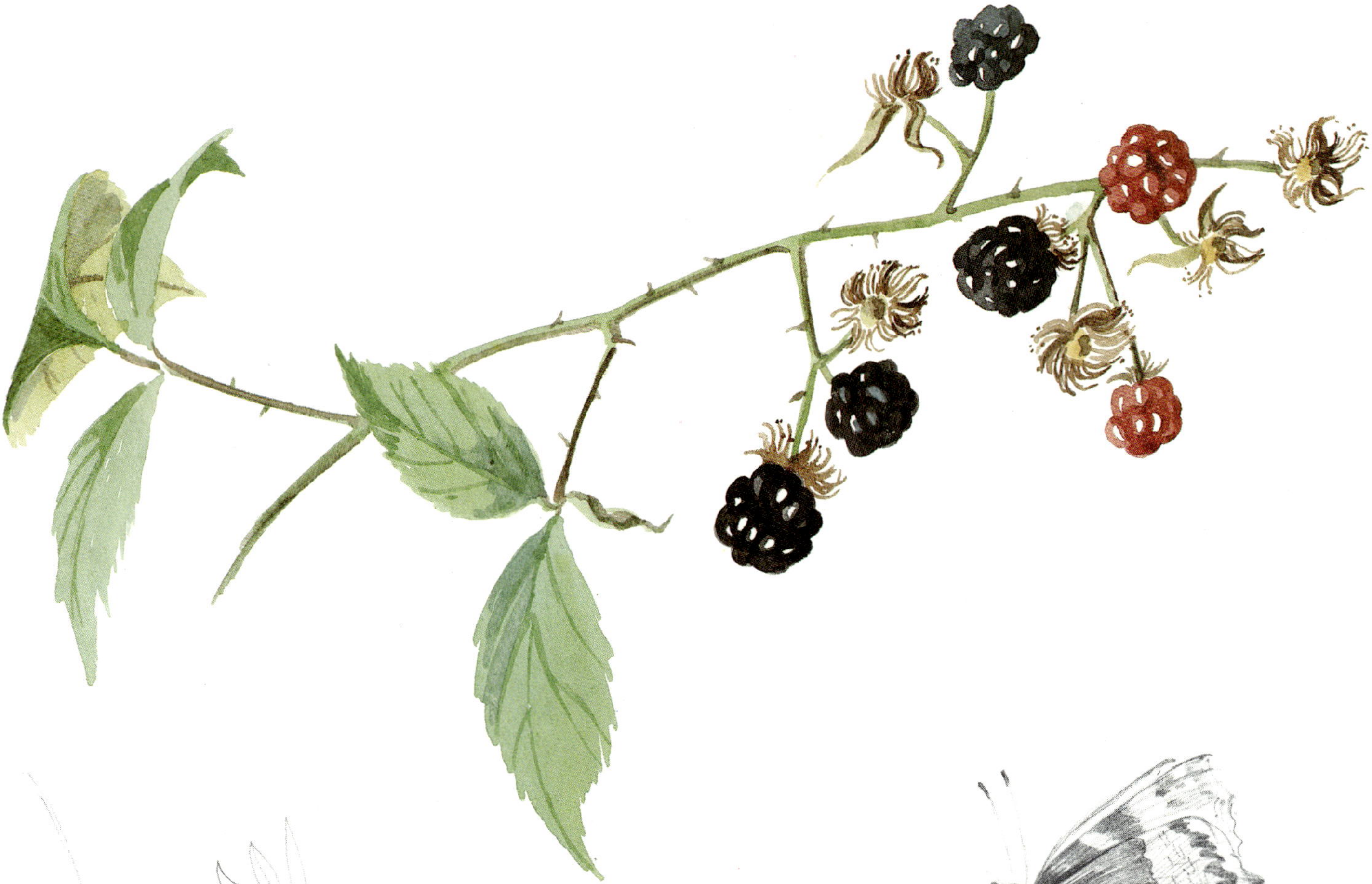

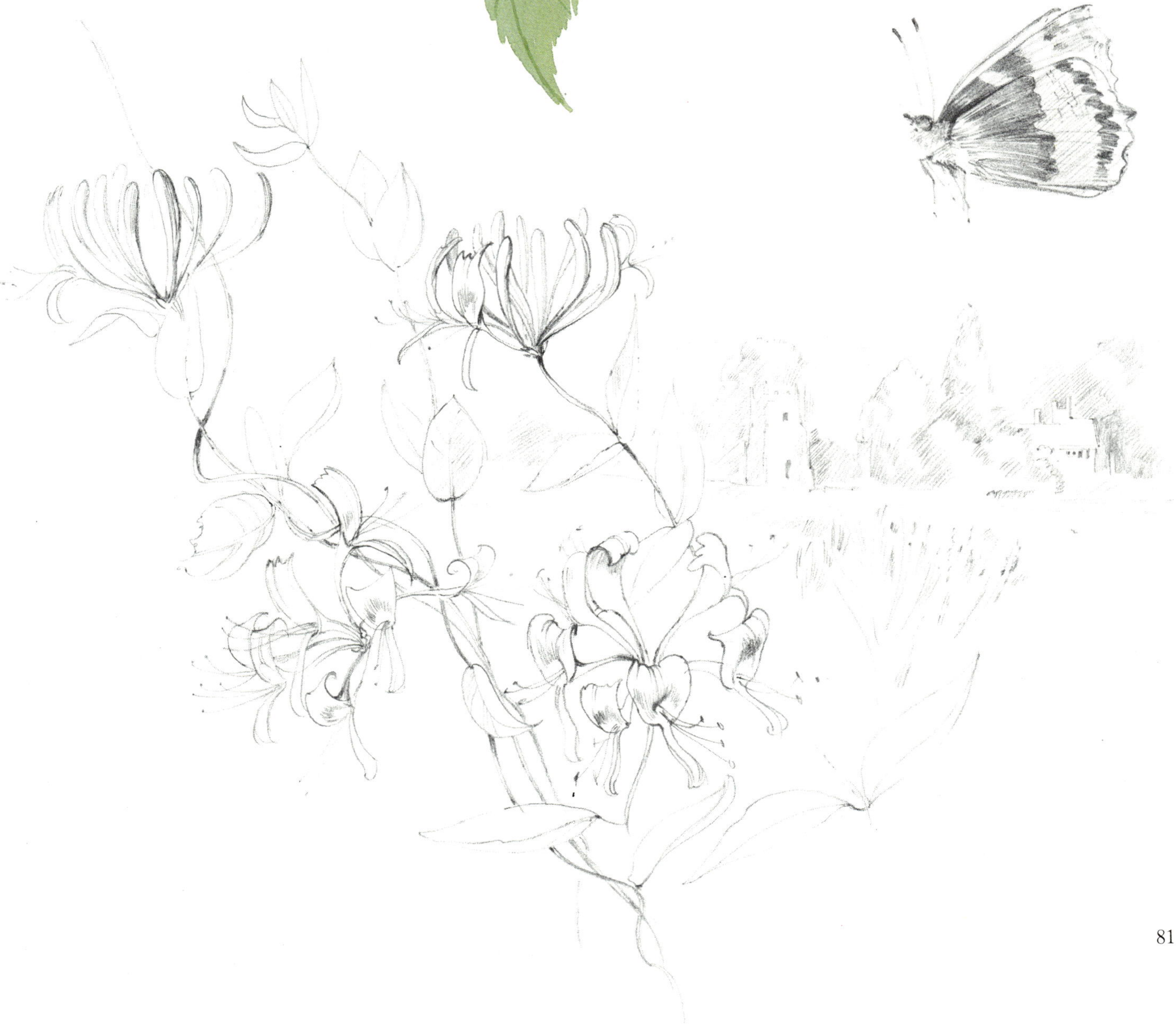

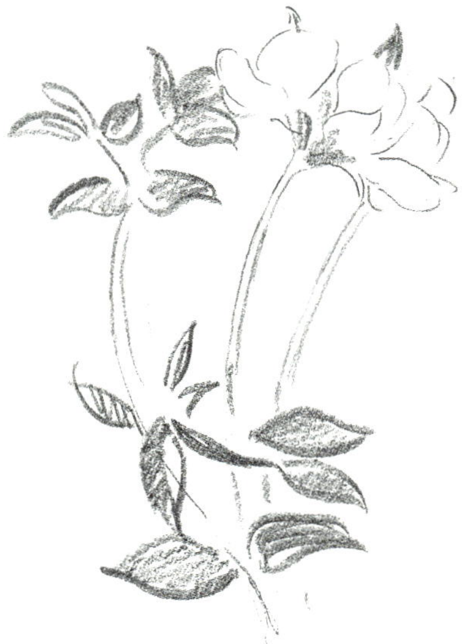

Benjamin Perkins

Les attributs des plantes

La peinture est une affaire très personnelle. En décrivant la manière dont je m'y prends pour peindre des fleurs sauvages et autres sujets semblables, ainsi que quelques techniques efficaces que j'ai perfectionnées, j'espère vous fournir des conseils utiles. Toutefois, s'il vous est plus naturel de peindre dans un style plus libre, ou si vous voulez développer vos propres techniques, allez-y sans hésitation. C'est par l'expérimentation que vous atteindrez un style qui convient à votre tempérament.

Chacune des peintures de ce chapitre est reproduite grandeur nature. Pour mon style de peinture, je préfère le papier apprêté à chaud, à cause de sa surface lisse qui permet d'ajouter des détails. Si vous avez un style plus libre ou si vous aimez travailler sur une surface humide, vous préférerez certainement le papier apprêté à froid ou le papier inégal.

J'utilise toujours des pinceaux en poils de martre de bonne qualité; j'ai découvert qu'un pinceau n° 2 répond à presque tous mes besoins et je garde aussi quelques pinceaux plus larges à portée de la main pour l'application des lavis. Pour réussir les détails, la pointe du pinceau doit être parfaite; même avec un pinceau en poils de martre de grande qualité, la pointe s'use rapidement. Après deux ou trois peintures, je dois changer de pinceau. Même s'ils sont coûteux, il n'y a rien de plus décevant que d'essayer de peindre avec un pinceau usé, ou encore un pinceau dont les poils se séparent. Vous pouvez toutefois utiliser les pinceaux usés pour peindre les surfaces moins détaillées.

Je peins pratiquement toutes mes compositions florales à l'intérieur, même si je fais parfois des esquisses à l'extérieur. La lumière du nord m'est indispensable. J'estime que la lumière directe du soleil, qui change constamment d'intensité, est très insatisfaisante. La lumière artificielle est aussi décevante, surtout lorsqu'on veut réussir un mélange de couleurs.

J'ai l'habitude de peindre de gauche à droite; je place donc toujours une feuille de papier sous ma main droite. J'évite ainsi d'étaler sur le papier les traits au crayon ou la peinture. Cela empêche aussi le papier de devenir gras, ce qui nuit à l'application uniforme de peinture.

J'ai une autre suggestion utile en ce qui concerne les fleurs. Toutes les espèces ne réagissent pas de la même façon; plusieurs, cependant, lorsqu'on les coupe et qu'on les met dans l'eau, se flétrissent et courbent la tête. Dans ce cas, il est préférable de ne pas commencer les esquisses tout de suite. Laissez les fleurs dans l'eau toute la nuit; le lendemain matin, elles devraient être regaillardies.

Jacinthes des bois

Papier: Whatman, 140 livres, apprêté à chaud (300 g/m^2)
Pinceaux: poils de martre n°s 2, 5

Au coeur de l'hiver, il est souvent difficile de trouver des sujets convenables. Cependant, par une journée glaciale du début de février, j'ai remarqué ces jeunes plants de jacinthes des bois. J'ai été frappé par le contraste entre leur couleur verte et fraîche et le fond de feuilles mortes. Les feuilles, en grande partie d'érable sycomore, m'ont aussi intéressé, surtout à cause de leurs formes recourbées. De plus, leurs couleurs comprenaient plusieurs nuances de brun.

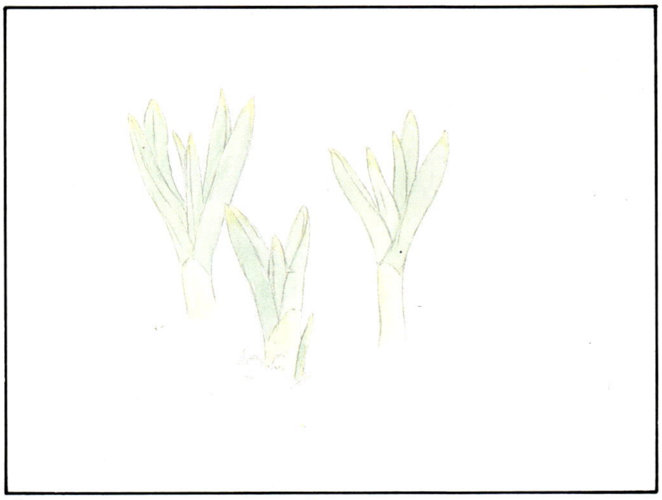
Étape 1

Étape 1

Je commence la peinture en déterminant l'emplacement des trois jacinthes des bois, puis je recouvre les feuilles d'un lavis fait d'un mélange de vert permanent clair et de bleu de cobalt; je me sers d'une combinaison de jaune de Naples et de blanc de Chine pour les enveloppes et les pointes des feuilles.

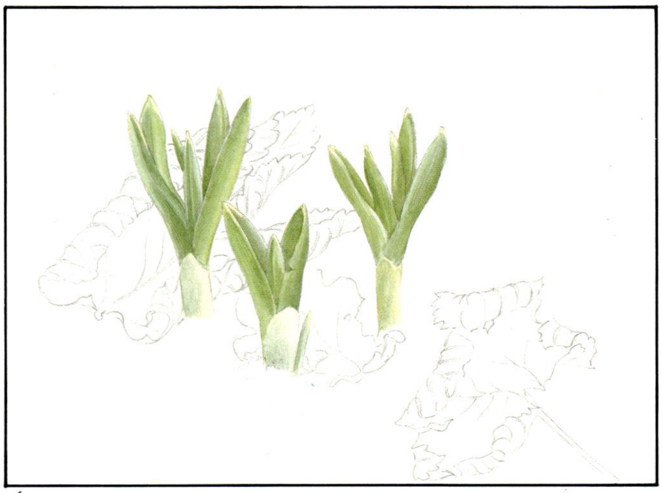
Étape 2

Étape 2

Tout en conservant par endroits des traces du lavis bleuâtre initial, je poursuis mon travail dans les feuilles; je commence avec du vert permanent clair et du jaune auréoline et je poursuis avec un mélange de vert permanent clair, de bleu de cobalt et de brun Van Dyck pour les ombres. À cette étape, je dessine les trois feuilles mortes, afin d'imposer déjà la ligne de la composition: une large diagonale de la partie supérieure gauche à la partie inférieure droite.

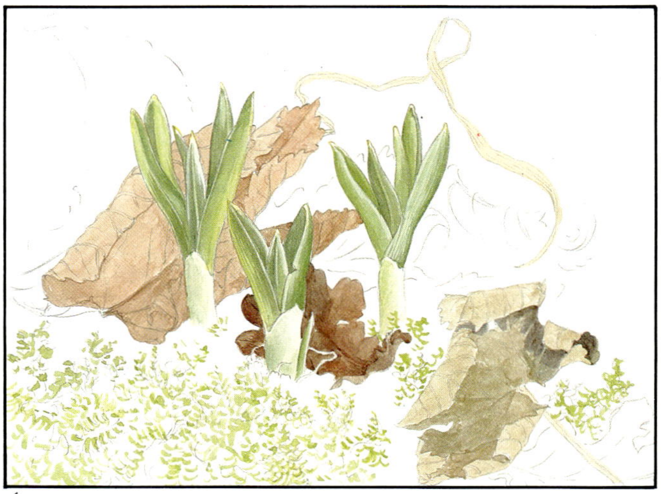
Étape 3

Étape 3

Je commence à peindre les feuilles avec des lavis pâles, en renforçant graduellement les couleurs et les ombres. Je préfère peindre une feuille à la fois, du début à la fin, choisissant et ajoutant à l'occasion d'autres feuilles à la composition (j'ai à mes côtés une boîte pleine de feuilles mortes pour cet usage). Je commence à définir la mousse au premier plan, en appliquant plusieurs petites touches d'un mélange pâle de vert permanent clair et de jaune auréoline.

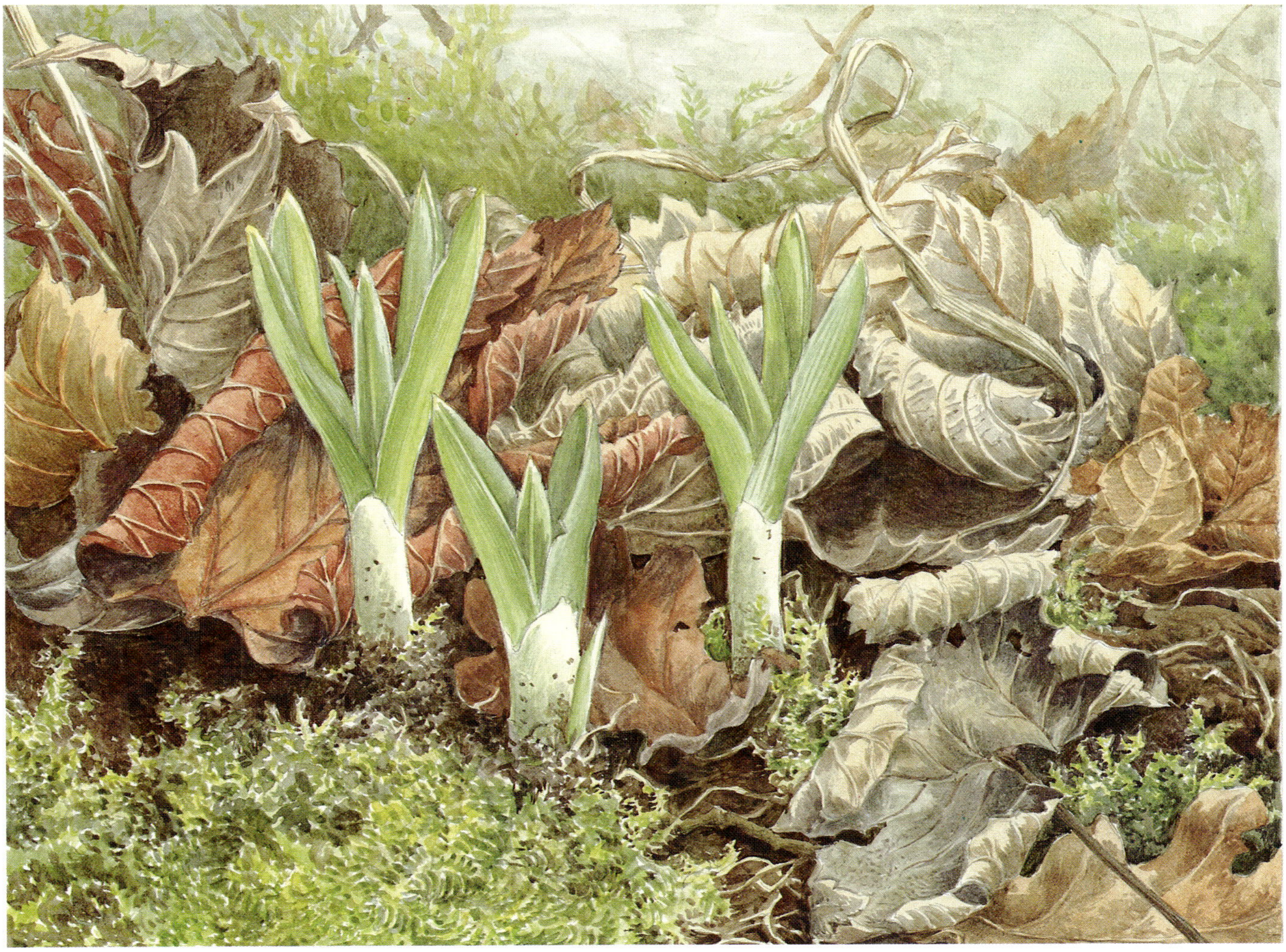

Étape 4 — le produit fini

Étape 4 — le produit fini

Peindre les feuilles est la partie la plus passionnante de cette composition. Je leur donne vie à l'aide de différents mélanges de couleurs. Pour la feuille rougeâtre derrière le plant de jacinthe de gauche, par exemple, je débute par un lavis terre d'ombre brûlée. J'ajoute ensuite du jaune cadmium sur l'intérieur de la feuille et je peins la partie extérieure recourbée à l'aide de terre d'ombre brûlée et de bleu de cobalt. Les veinures sont laissées de la couleur du lavis initial et les ombres sont précisées avec du rouge indien et de l'outremer français. Les ombres violacées à l'intérieur des feuilles sont définies avec un mélange de rouge vénitien et d'outremer français.

Je complète la mousse du premier plan en précisant la forme des frondes; j'augmente graduellement les nuances de vert et celles de vert mêlé à du brun et je les applique par petites touches. Pour la terre foncée sous les feuilles, j'utilise du sépia, que je mélange à du vert de Prusse pour les endroits les plus sombres. En dernier lieu, je choisis différents mélanges de couleurs déjà utilisées et j'applique un lavis sur les feuilles plus éloignées et sur l'arrière-plan.

Éclatement d'un bourgeon de châtaigne

Papier: Whatman, 140 livres, apprêté à chaud (300 g/m²)
Pinceaux: poils de martre n° 2

Il m'a semblé que l'éclatement d'un bourgeon de châtaigne était assez intéressant en soi pour ne pas nécessiter d'autre fond que le papier blanc. Pour ce type de sujet, une fois que l'esquisse au crayon est complétée, je peins chaque élément, du début à la fin, avant d'aborder le suivant.

Dans le cas présent, je commence par le groupe central d'écailles de bourgeons que je peins une à la fois. Je poursuis avec la petite branche et je termine par les jeunes feuilles. Chacun de ces éléments a une texture différente et intéressante.

Les écailles de bourgeons, vertes à la base et d'un brun lustré à la pointe, sont enduites de laque. Pour souligner leur forme convexe, on doit travailler les ombres et les courbes des stries longitudinales. Je réserve le blanc du papier par endroits pour représenter la lumière vive; j'ajoute également des touches de gouache blanche ici et là pour créer des reflets. Pour les surfaces d'un brun lustré, j'applique d'abord de la terre de Sienne brûlée, puis de la terre d'ombre brûlée mêlée à de la laque cramoisie.

Pour suggérer l'aspect rugueux de la petite branche, j'applique de très petites touches de peinture et j'intensifie les ombres. J'ajoute ensuite les petites excroissances ovales et je retouche les ombres. La couleur de la petite branche est intéressante. J'utilise un mélange de rouge indien et d'ocre jaune pour la partie éclairée du dessus, additionné de violet Winsor pour le reflet lumineux sous la branche; les ombres sombres du centre sont définies à l'aide d'un mélange de terre d'ombre brûlée et de violet Winsor.

Je recouvre les jeunes feuilles d'un duvet soyeux, qui leur donne une couleur argentée, en particulier en dessous et sur les tiges. Il y a un contraste intéressant entre les deux feuilles du bout de la branche; l'une montre son dessous pâle, tandis que l'autre laisse voir sa partie supérieure verte. Les grappes de bourgeons de fleurs rosâtres et verts ajoutent un autre point d'intérêt.

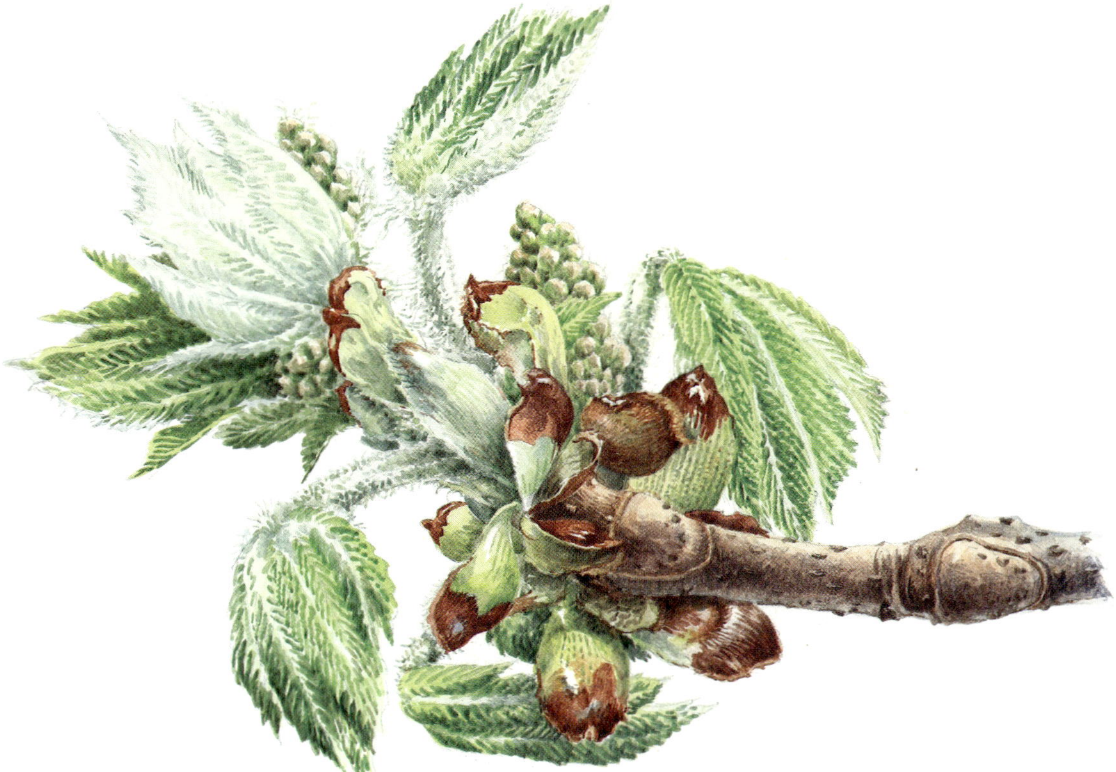

Coprins chevelus

Papier: Whatman, 140 livres, apprêté à chaud (300 g/m^2)
Pinceaux: poils de martre n° 2

Les coprins chevelus sont une espèce commune de champignons qui poussent en automne. Leur forme cylindrique, leur coloration blanc pur et leur aspect chevelu en font un sujet intéressant à peindre.

Étape 1 (page 88)

Les trois champignons — un jeune, un mature, un autre qui commence à pourrir — font une composition triangulaire simple. Je commence par les tracer avec un crayon H, en ajoutant dans les grandes lignes l'herbe environnante.

Étape 2

J'ajoute une feuille de chêne morte, qui apporte une autre touche colorée à l'ensemble. Je couvre l'arrière-plan d'un lavis vert permanent clair et terre d'ombre naturelle, appliqué inégalement par petits traits de pinceau, pour suggérer les brins d'herbe. Je peins ensuite les chapeaux et les pieds des champignons en blanc de Chine; je peins en terre d'ombre naturelle les lamelles qui recouvrent la partie supérieure des chapeaux, en conservant un côté très pâle pour représenter le reflet de la lumière.

Étape 3

Je m'attaque maintenant aux ombres des chapeaux à l'aide d'un mélange de bleu de cobalt et d'un peu de brun Van Dyck; j'applique un mélange de bleu de cobalt et de terre d'ombre brûlée sur les pieds des champignons. Les ombres immédiatement sous les chapeaux sont les plus sombres. Il est donc important de réserver du blanc sur le bout des lamelles chevelues qui recouvrent le chapeau. Même si la surface du chapeau est dans l'ombre, les lamelles font saillie et captent la lumière.

Étape 4

À partir de cette étape, je termine chaque élément un à un, en commençant par les champignons, suivis de l'arrière-plan. Pour réussir la texture fribreuse du chapeau, j'applique la peinture à l'aide de traits de pinceau fins et délicats. Pour les lamelles déliquescentes du chapeau du plus grand champignon, j'utilise de la peinture noire, ce qui m'arrive très peu fréquemment dans ce type de peinture.

Étape 5 — le produit fini (page 89)

J'ajoute des touches de violet Winsor et de terre d'ombre brûlée sur les ombres des chapeaux; j'intensifie les ombres les plus sombres en ajoutant du bleu de cobalt et du brun Van Dyck. Les détails, tels que les taches de saleté et les fentes des chapeaux, sont exécutés à l'aide d'un pinceau très fin et presque sec. En dernier lieu, je définis en touches plus libres la mousse, les brins d'herbe et les feuilles de trèfle. J'applique différentes nuances et intensités de vert pour créer des clairs et des ombres. Cette impression de lumière est accentuée par les ombres sur la feuille de chêne et l'ombre profonde sous-jacente.

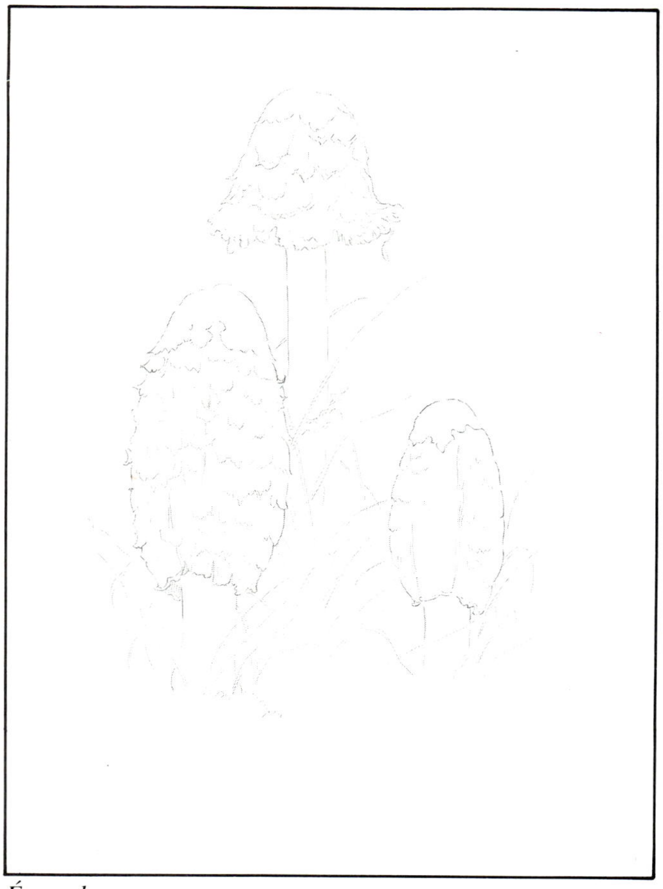

Étape 1

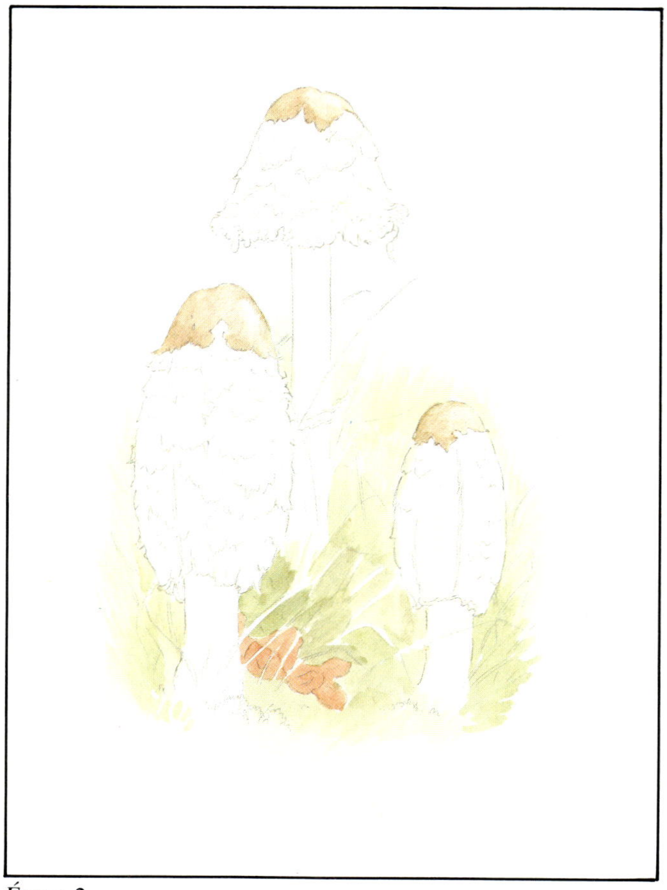

Étape 2

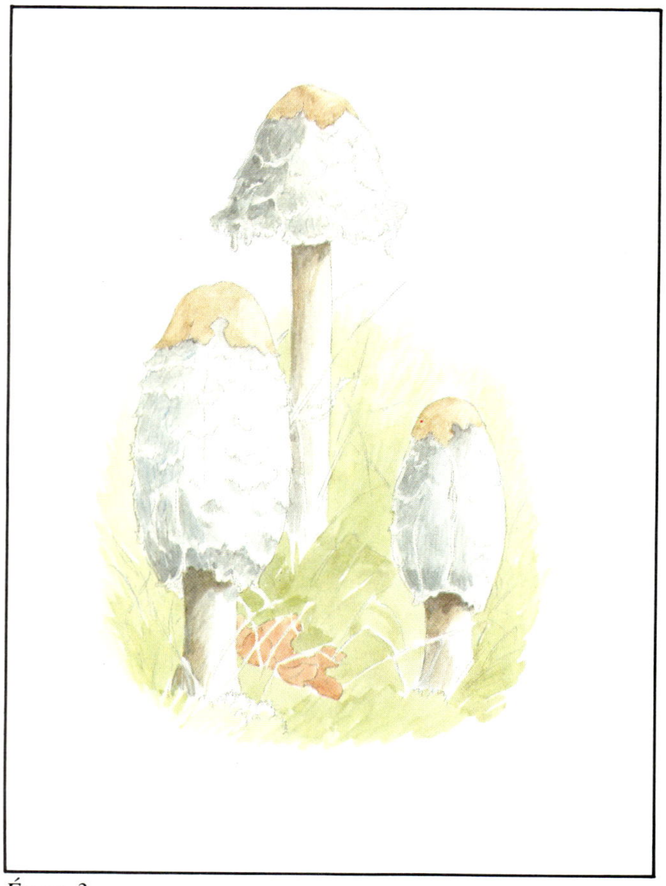

Étape 3

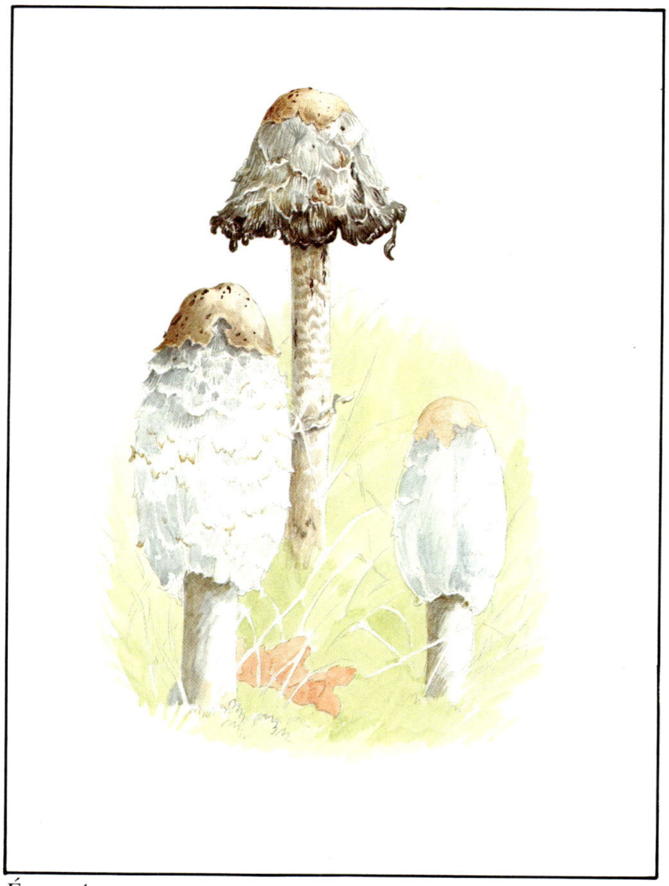

Étape 4

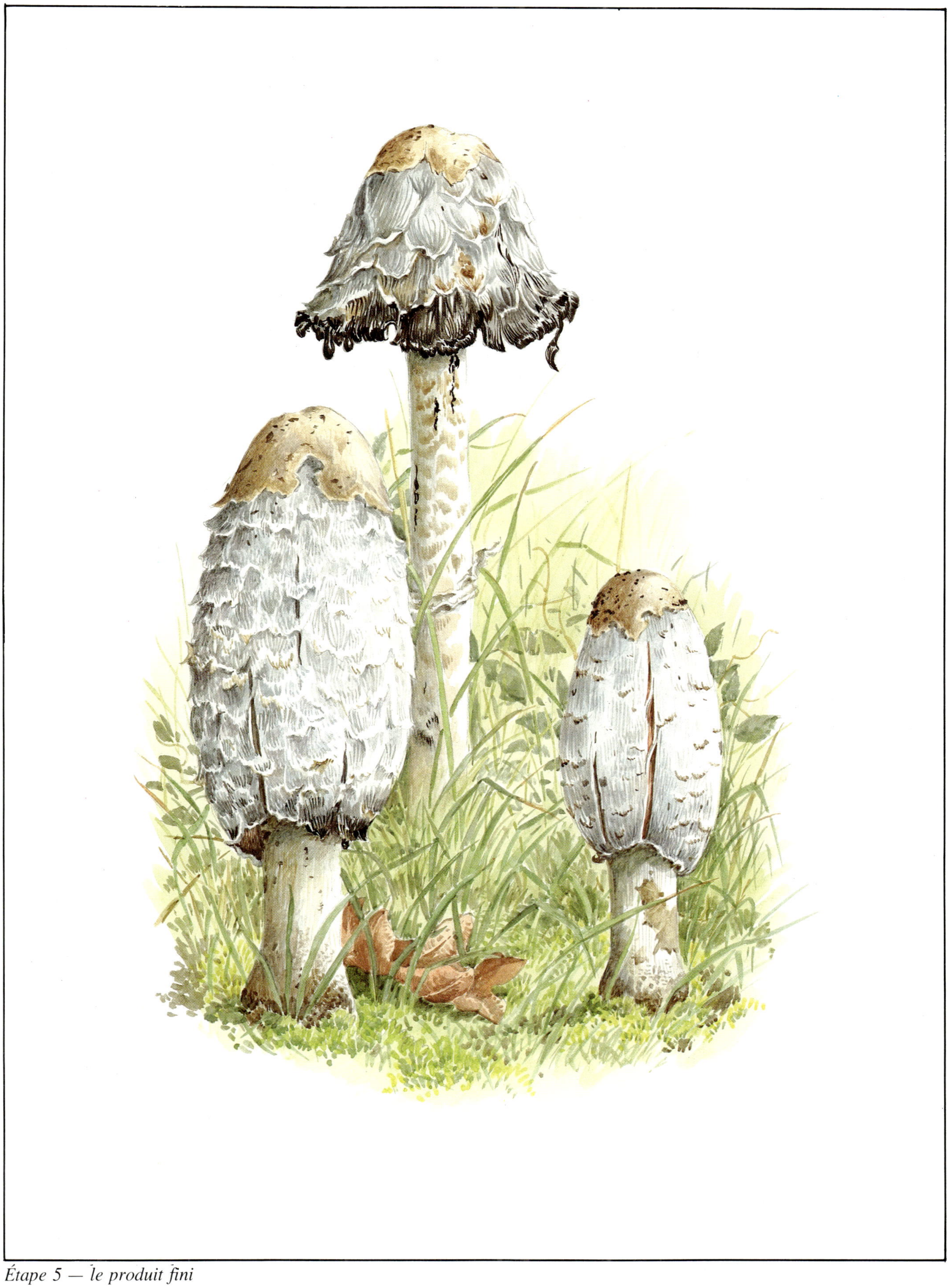

Étape 5 — le produit fini

Églantine

Papier: Whatman, 140 livres, apprêté à chaud (300 g/m^2)
Pinceaux: poils de martre n° 2

Pour faire ressortir les fleurs et les feuilles, j'ai choisi de peindre cette composition sur du papier blanc, sans lavis ni détails à l'arrière-plan. Les fleurs pâles sont en contraste avec les feuilles vert foncé sous-jacentes.

Les deux premières étapes illustrent de quelle façon j'ai amorcé les fleurs. Les deux autres étapes concernent les feuilles.

Fleurs — Étape 1

J'étends les lavis initiaux sur un pétale à la fois, de manière que les deux couleurs se fondent l'une dans l'autre. Je peins d'abord la base du pétale avec un mélange de jaune de Naples et de viridian que j'étends sous une forme très diluée sur toute la surface du pétale. Pendant que c'est encore humide (vous devez vous hâter si vous utilisez du papier apprêté à chaud), je remplis les bords externes des pétales de rose permanent. Le résultat est une douce transition du rose au jaune.

Fleurs — Étape 2

Je peins maintenant les anthères d'un jaune cadmium. Je rehausse également les extrémités roses des pétales à l'aide de traits fins de rose permanent plus concentré qui représentent les veinures. Finalement, j'applique un mélange de terre d'ombre naturelle et de viridian sur les surfaces ombrées qui entourent les étamines.

Feuilles — Étape 1

Les feuilles sont déjà recouvertes d'un lavis initial bleu-vert et les ombres ont été légèrement suggérées. Je développe les ombres avec plus de précision, et j'étends des lavis secondaires, là où c'est nécessaire, pour varier les tons. Il est important de réaliser que toutes les feuilles d'une même plante ne sont pas exactement de la même couleur; non seulement varient-elles intrinsèquement, mais certaines reflètent la lumière du soleil, d'autres la font transparaître et d'autres sont dans l'ombre d'autres feuilles.

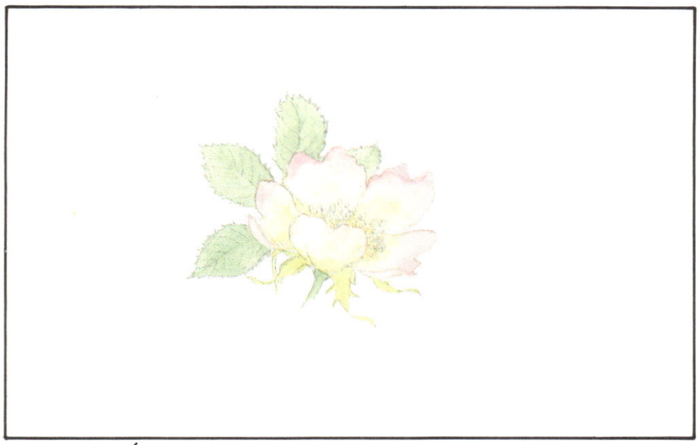

Fleurs — Étape 1

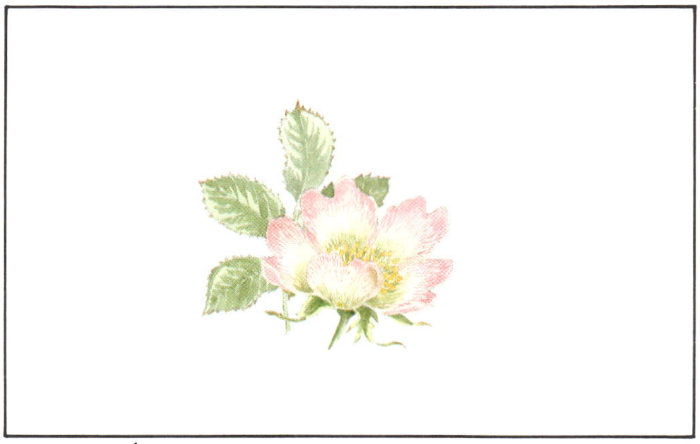

Fleurs — Étape 2

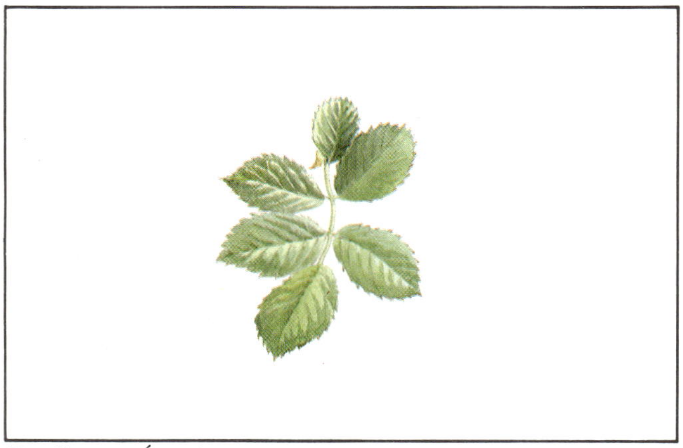

Feuilles — Étape 1

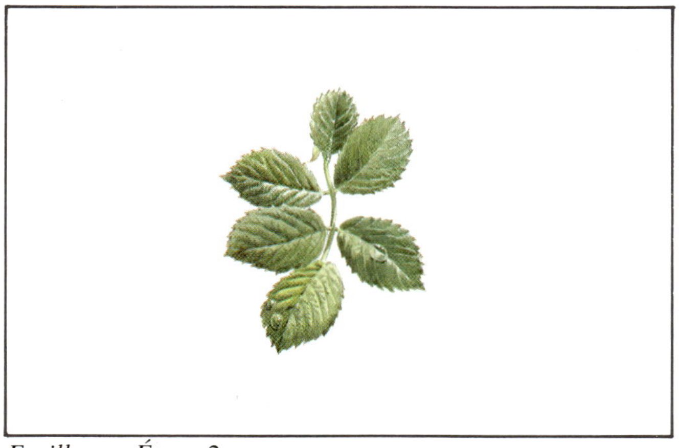

Feuilles — Étape 2

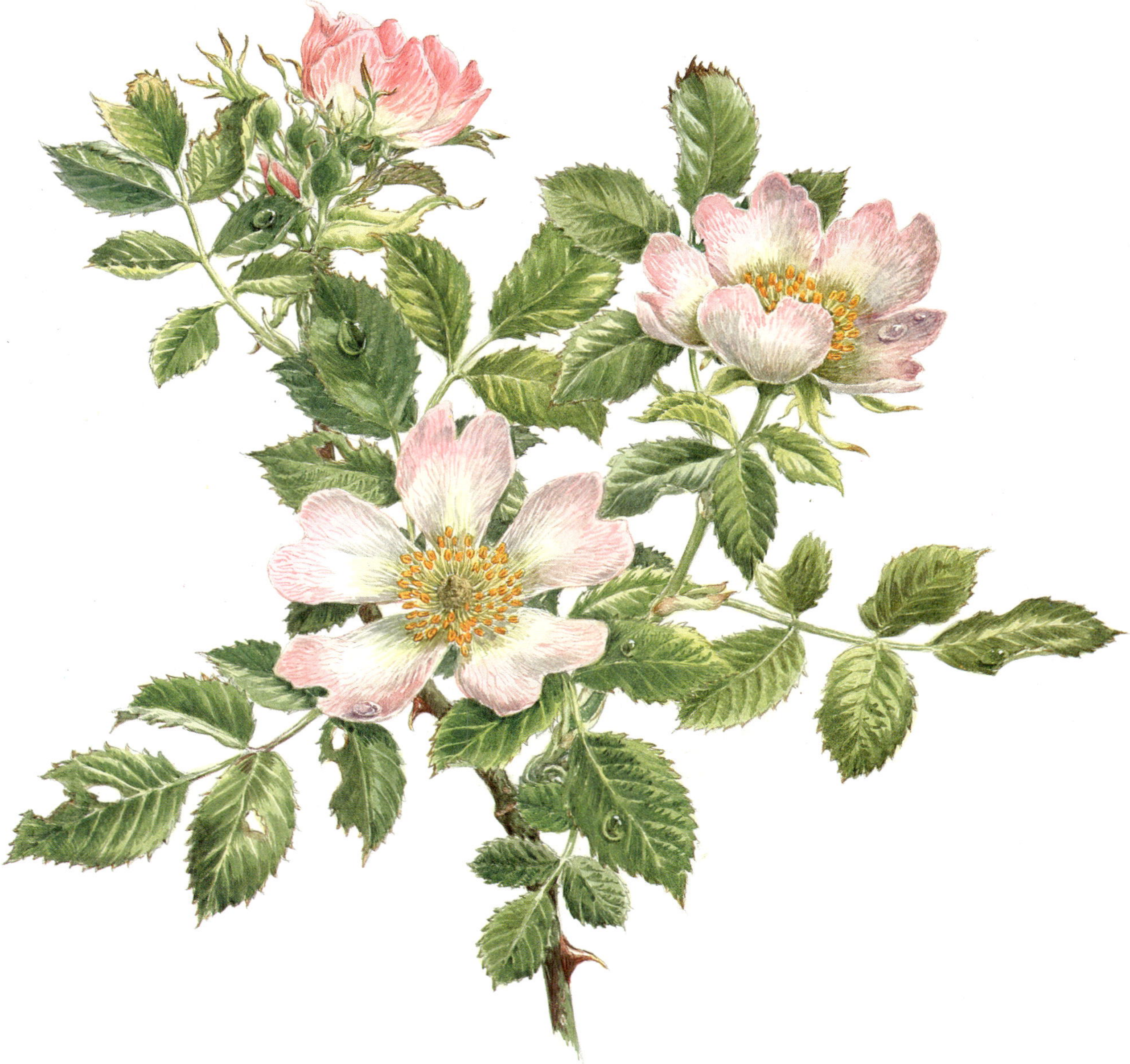

Le produit fini

Feuilles — Étape 2

Je renforce les ombres et j'ajoute quelques détails de veinures aux feuilles, là où c'est nécessaire. Je suis maintenant rendu aux gouttes de rosée (ou gouttes de pluie)! Je trouve qu'il est beaucoup plus efficace d'ajouter ces gouttes à cette étape tardive, plutôt que de les peindre dès le début. Elles ressortent mieux sur un fond plutôt sombre.

À l'aide d'un pinceau fin imbibé d'une petite quantité d'eau propre, je trace d'abord la gouttelette en faisant disparaître la couleur sous-jacente. Il faut nettoyer souvent le pinceau pendant cette opération. J'ajoute ensuite les ombres à l'intérieur de la gouttelette et l'ombre très sombre qu'elle projette sur la feuille. Je définis ensuite les reflets de lumière, en appliquant une touche légère de blanc à peine dilué (habituellement, j'utilise de la gouache).

Le produit fini

Afin de compléter mon travail dans les fleurs, j'ajoute un mélange de rose permanent, de bleu de cobalt et de brun Van Dyck qui sert à définir les parties ombragées à l'intérieur des pétales. Pour les ombres des anthères, j'utilise de la terre de Sienne brûlée. Je mélange ensuite de la terre d'ombre naturelle et du viridian pour renforcer la partie centrale ombragée et pour définir les pâles filaments des étamines.

Pour que les fleurs se dégagent bien de l'arrière-plan, je renforce les feuilles situées immédiatement sous les fleurs. (Remarquez une fleur pâle de votre jardin et découvrez qu'une illusion d'optique produit un effet semblable dans la nature.) Il faut cependant faire attention que cela ne résulte pas en une ligne foncée autour des bords des pétales. Le contour sombre doit être dégradé vers l'extérieur, et se fondre au vert de la feuille, sauf, bien entendu, si vous désirez obtenir une ombre dure.

Chèvrefeuille

Papier: Whatman, 140 livres, apprêté à chaud (300 g/m²)
Pinceaux: poils de martre nos 2, 5

Le charme du chèvrefeuille réside dans ses couleurs subtiles et variées et sa forme élégante et tourbillonnante. Les couleurs sont éphémères; on doit donc faire preuve de célérité avant qu'elles ne changent. Les bourgeons teintés roses ouvrent sur des fleurs blanches, qui deviennent rapidement jaune crème puis jaune-orange riche avant de tomber.

Pour la démonstration, j'utilise une seule fleur qui commence à peine à passer du blanc au jaune. Mon but est de vous montrer comment développer les couleurs et, en particulier, comment réussir à faire ressortir des organes aussi délicats que les étamines et le pistil sur un fond de feuille verte. Vous pouvez repeindre le fond d'un blanc opaque; personnellement, je ne crois pas que cette méthode donne de bons résultats, même si c'est plus facile.

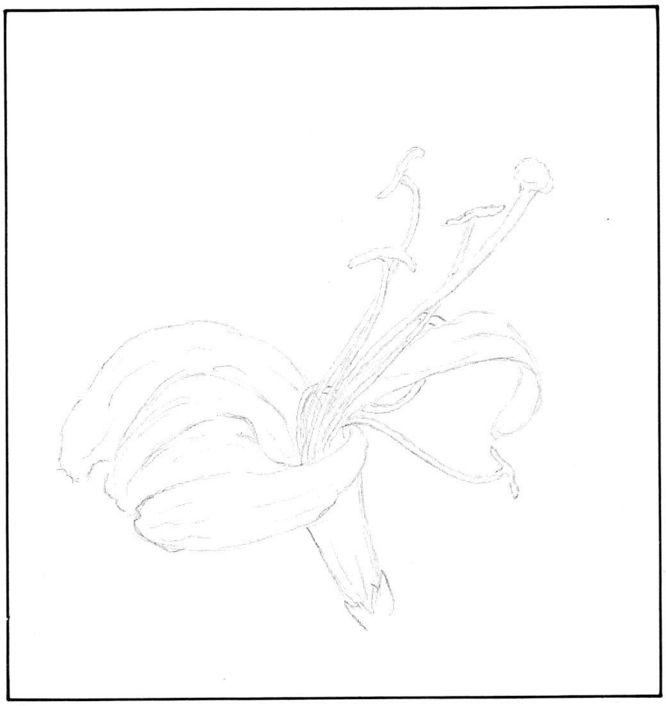

Étape 1

Étape 1

Je trace légèrement la fleur avec un crayon H.

Étape 2

Pour la fleur, les couleurs de base sont le blanc de Chine et le jaune de Naples, avec une petite touche de citron cadmium. Les filaments des étamines sont blancs et, pour les anthères, j'utilise du orange de chrome et du jaune cadmium.

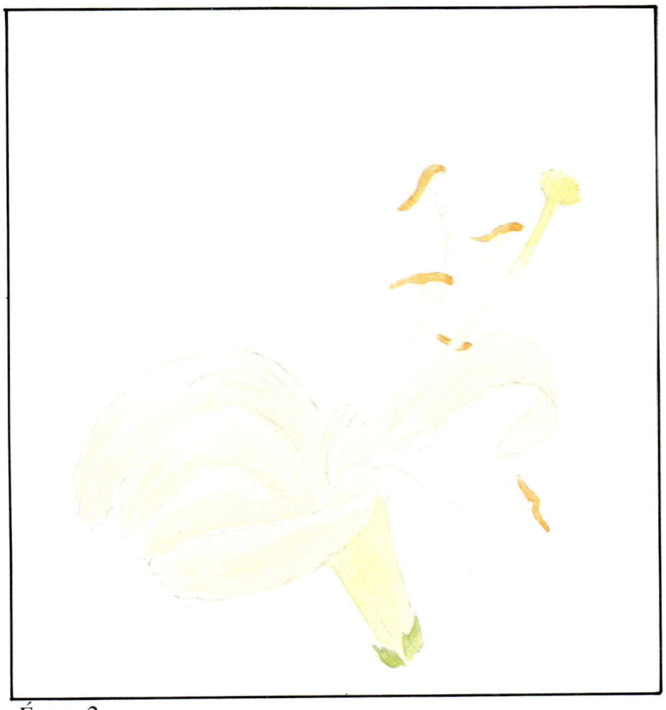

Étape 2

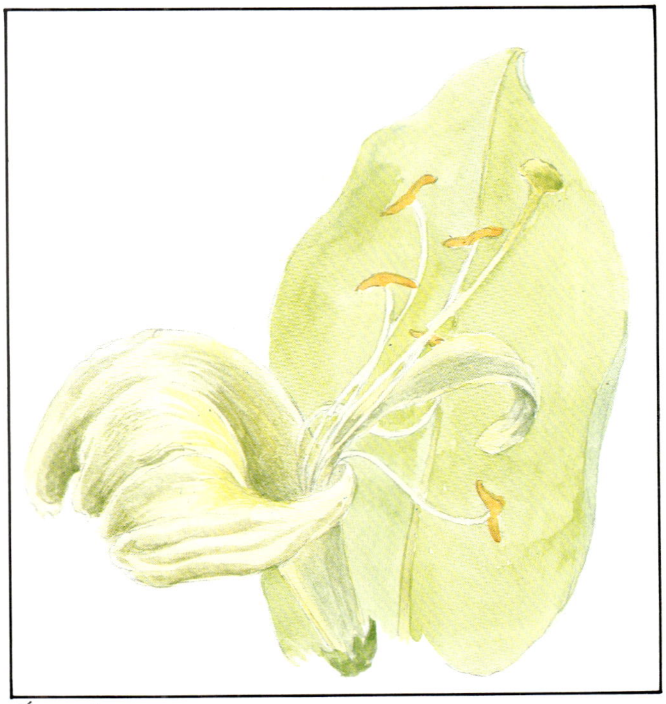

Étape 3

Étape 3

Je définis les ombres sur la fleur avec du viridian et de la terre d'ombre naturelle, en ajoutant du bleu de cobalt pour les endroits plus sombres. Les traits de pinceau suivent la courbure naturelle, les plis et les veinures de la fleur. J'accentue la couleur de la gorge de la corolle avec un peu plus de citron cadmium. À cette étape, j'étale un lavis uni vert pâle sur la feuille à l'arrière-plan: je me sers d'un pinceau fin pour ne pas appliquer trop de peinture sur les filaments étroits.

Étape 4

Je renforce graduellement la couleur de la feuille. J'utilise des verts plus foncés et je définis les veinures de la feuille en laissant apparaître le lavis initial. En dernier lieu, je précise les formes des étamines et du pistil là où c'est nécessaire et j'ajoute les ombres sur les anthères.

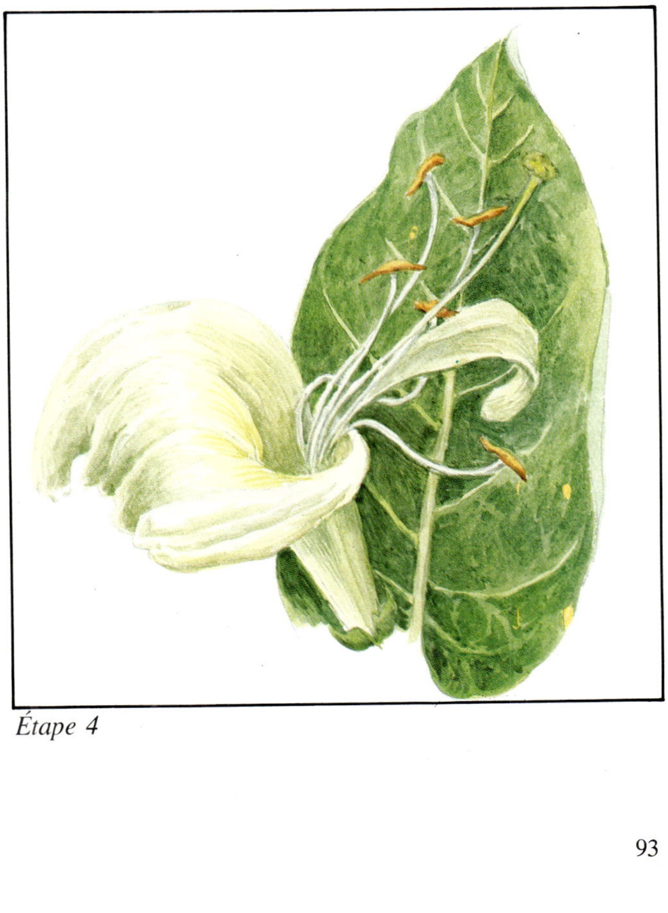

Étape 4

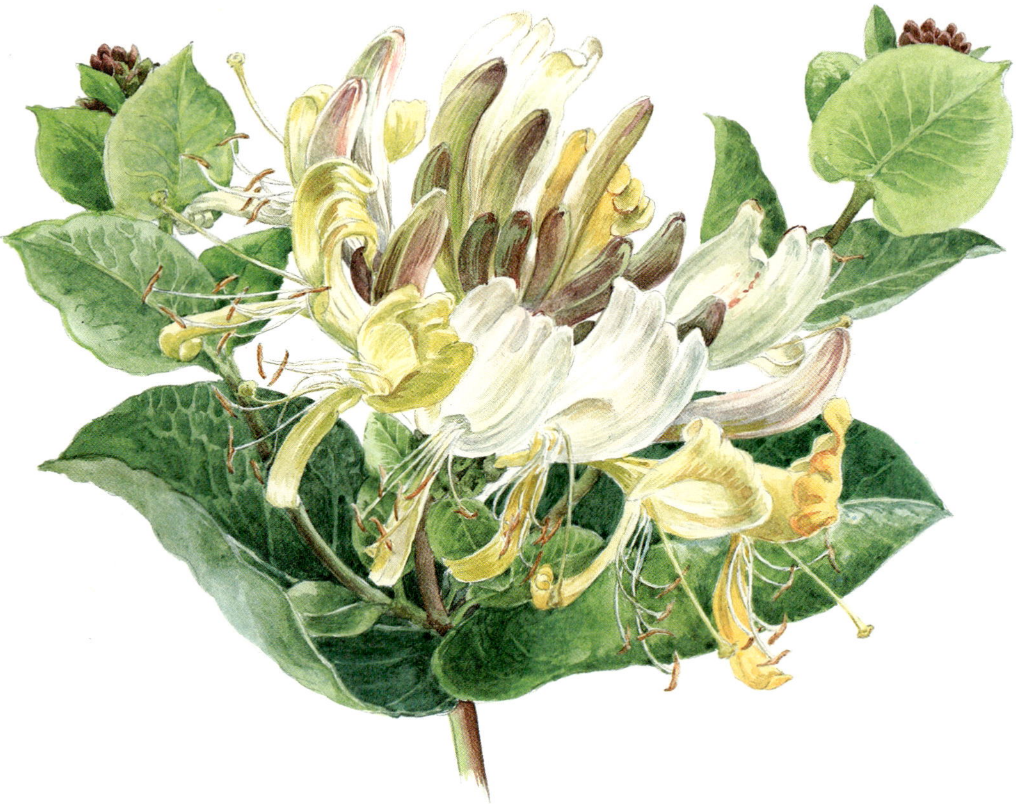

Le produit fini

Pour cette composition, je répète le processus décrit auparavant, même si aucune des fleurs groupées en inflorescence n'est tout à fait pareille. Non seulement leur couleur est-elle différente selon leur phase de croissance, mais chacune est exposée à une lumière différente, créant ainsi des ombres diverses. Évidemment, il est important de connaître dès le départ la direction de la source de lumière. En plus des contrastes entre les clairs et les ombres, il y a aussi le contraste des fleurs pâles sur les bourgeons sombres au centre du bouquet et sur le feuillage vert en dessous et de chaque côté.

Violettes

Les violettes croissent dans les bois ou à l'ombre des haies et sur les bords d'un pré. Elles fleurissent tôt dans l'année, avant qu'il n'y ait trop de compétition d'autres plantes plus grosses et plus communes; c'est pourquoi on trouve habituellement leurs fleurs délicates — dont la tige fine rappelle un cou de cygne — et leurs petites feuilles en forme de coeur sur un fond de mousse, de petites branches, de feuilles mortes et de terre nue.

J'estime que la meilleure méthode consiste à dessiner et à peindre d'abord les violettes elles-mêmes, puis à ajouter l'arrière-plan. De cette façon, vous évitez qu'il y ait trop de confusion dans le dessin au crayon. Cela veut dire aussi que vous pouvez arranger l'arrière-plan de telle sorte que les tiges et les fleurs ressortent avantageusement.

Les violettes sauvages existent dans une grande variété de coloris: pourpre, bleu-violet, magenta, rose et blanc pur. Pour cette composition, j'ai réussi à obtenir la nuance exacte de bleu-violet, en ajoutant du bleu de cobalt à du violet Winsor.

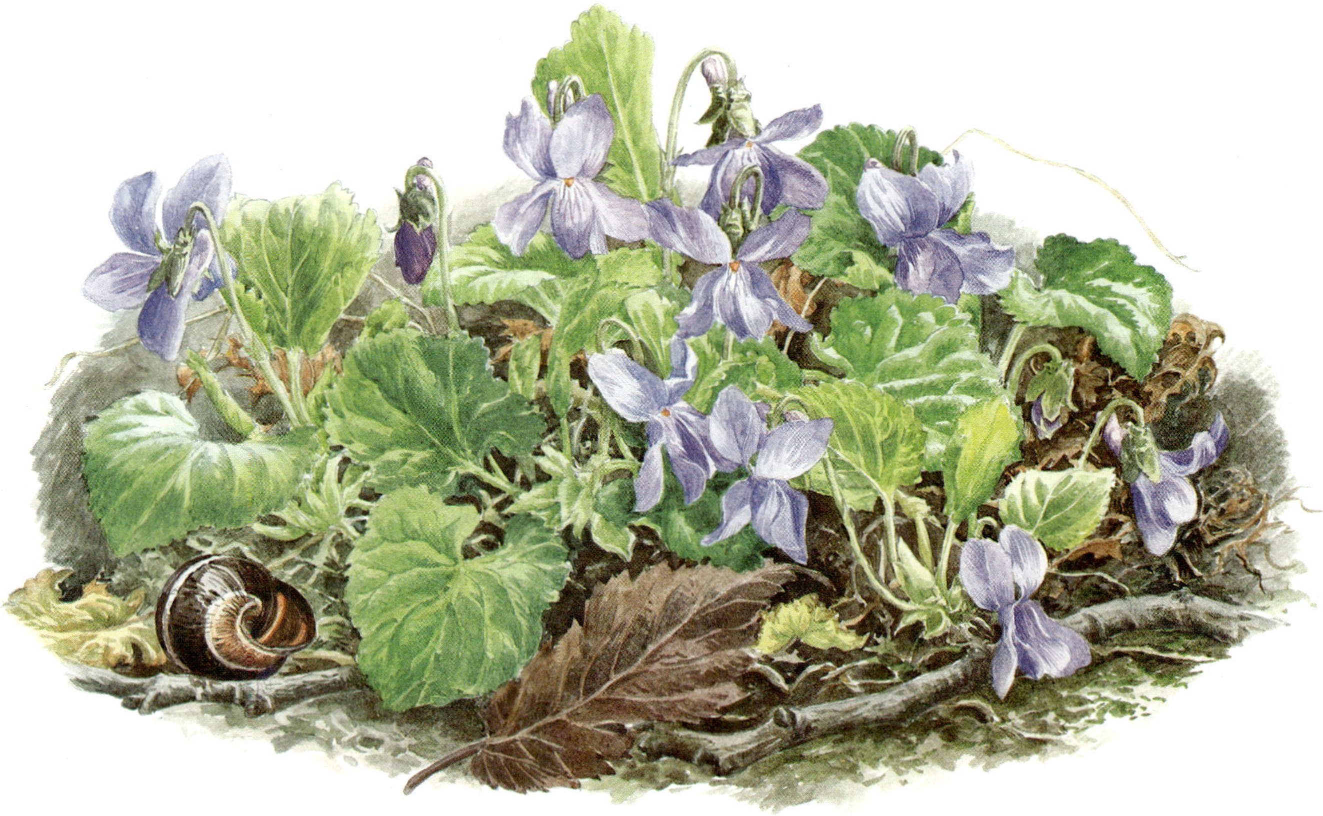

Coquelicots

Papier: Whatman, 140 livres, apprêté à chaud (300 g/m^2)
Pinceaux: poils de martre n°s 2, 5

La place dominante de cette composition est occupée par les coquelicots à la couleur éclatante, à la texture délicate et aux formes gracieuses. Les brins d'herbe, à part quelques-uns au premier plan, ont été ajoutés à la fin, d'une manière plus impressionniste et de façon à ne pas distraire l'oeil des coquelicots qui sont le point central.

Étape 1 (page 97)

Puisque les coquelicots sont le principal élément de la composition, je les situe en premier lieu. Je détermine également l'emplacement du bourgeon qui, à cause de la touche écarlate, deviendra un élément important de la peinture. Tout comme les herbes et les feuilles de coquelicots du premier plan, le brin d'herbe qui traverse en avant des fleurs ajoute au réalisme de la composition. Il n'est pas tout à fait vertical, ce qui suggère une brise légère venant de la gauche.

Je recouvre tout, sauf les coquelicots, d'un lavis ocre jaune et jaune de Naples. On doit réserver le blanc du papier pour les coquelicots écarlates, afin d'obtenir le plus d'éclat possible. Ce lavis peut vous sembler couvert de taches; le résultat final ne sera toutefois pas affecté.

Étape 2 (page 98)

Je peins ensuite les feuilles de coquelicots et les brins d'herbe avec différentes nuances de vert et de terre d'ombre. La tête des herbes en forme de queue de renard sont un mélange de vert permanent clair et de terre de Sienne naturelle.

Étape 3 (page 99)

Suite à l'application d'un second lavis bleu-vert au bas de la composition, je couvre les coquelicots d'un lavis initial, fait de rouge cadmium avec une touche de laque écarlate ici et là et de jaune cadmium intense. Les coups de pinceau partent du centre vers les bords des pétales, ce qui imite la direction des plis naturels. Remarquez que j'applique la peinture en différentes intensités, pour créer l'effet des clairs et des ombres. Je mélange un peu de gomme arabique à la peinture pour conférer aux pétales leur aspect soyeux.

Étape 4 — le produit fini (page 100)

Je complète les pétales des coquelicots en trois étapes; premièrement, j'applique du rouge cadmium pour représenter les plis et les rides délicats; ensuite, je renforce les ombres avec de la laque cramoisie; pour terminer, j'ajoute les ombres les plus sombres à l'aide d'un mélange de laque cramoisie et d'outremer français. Durant tout ce processus, je mélange de la gomme arabique à la peinture.

J'ajoute maintenant les détails, tels que les anthères bleu-noir du coquelicot le plus haut, les poils rougeâtres qui couvrent les tiges des coquelicots et les écailles du bourgeon ainsi que l'herbe du premier plan. En dernier lieu, je trace les herbes à l'arrière-plan avec un mélange de bleu de cobalt et de terre d'ombre naturelle. Ceci peut être fait à main levée si vous êtes sûr de vous; autrement, vous pouvez, à l'avance, tracer légèrement les formes au crayon.

C'est la méthode que j'ai utilisée pour peindre cette composition. Un autre artiste pourrait cependant préférer finir l'arrière-plan, en conservant les corolles de coquelicots pour la fin.

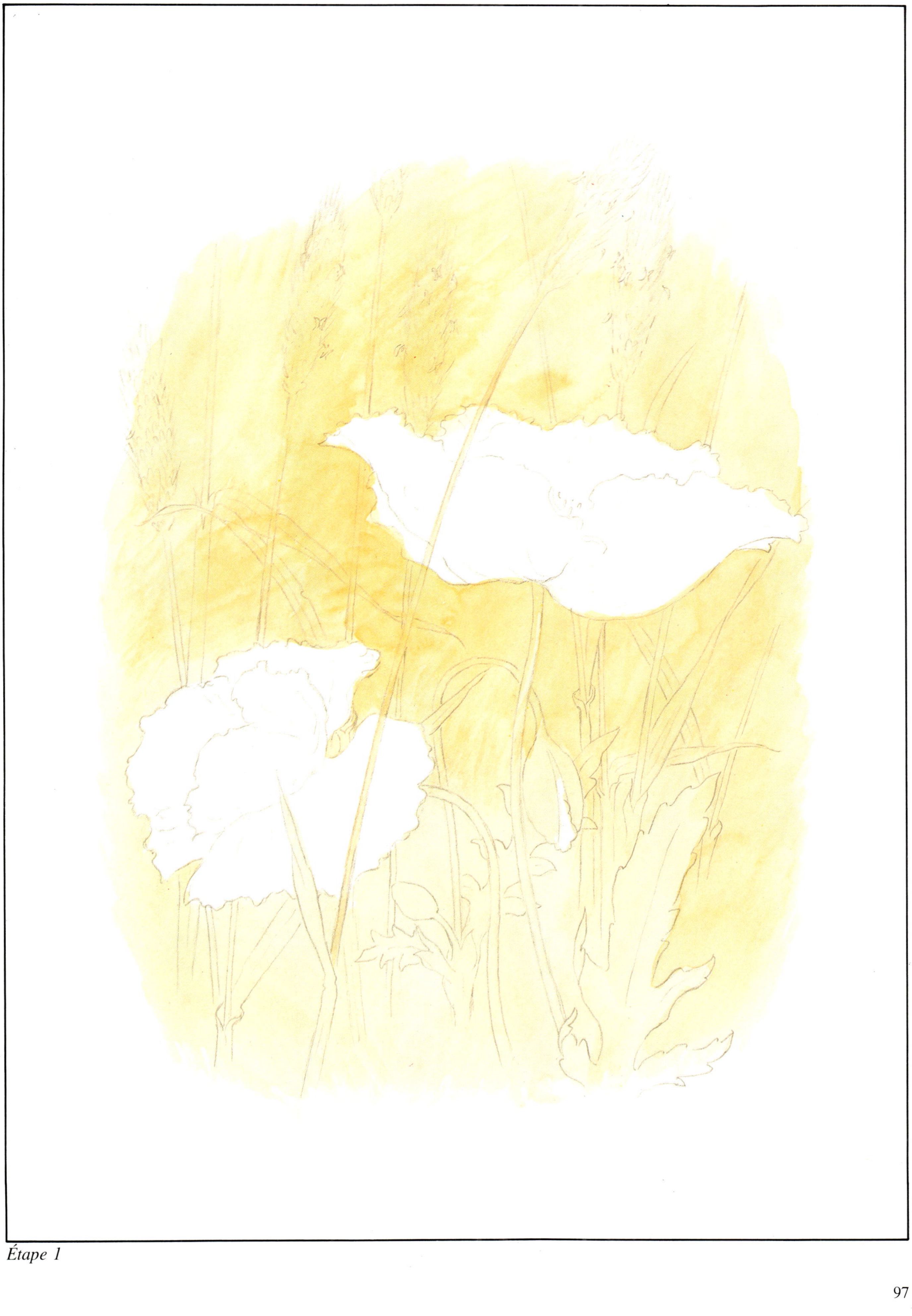

Étape 1

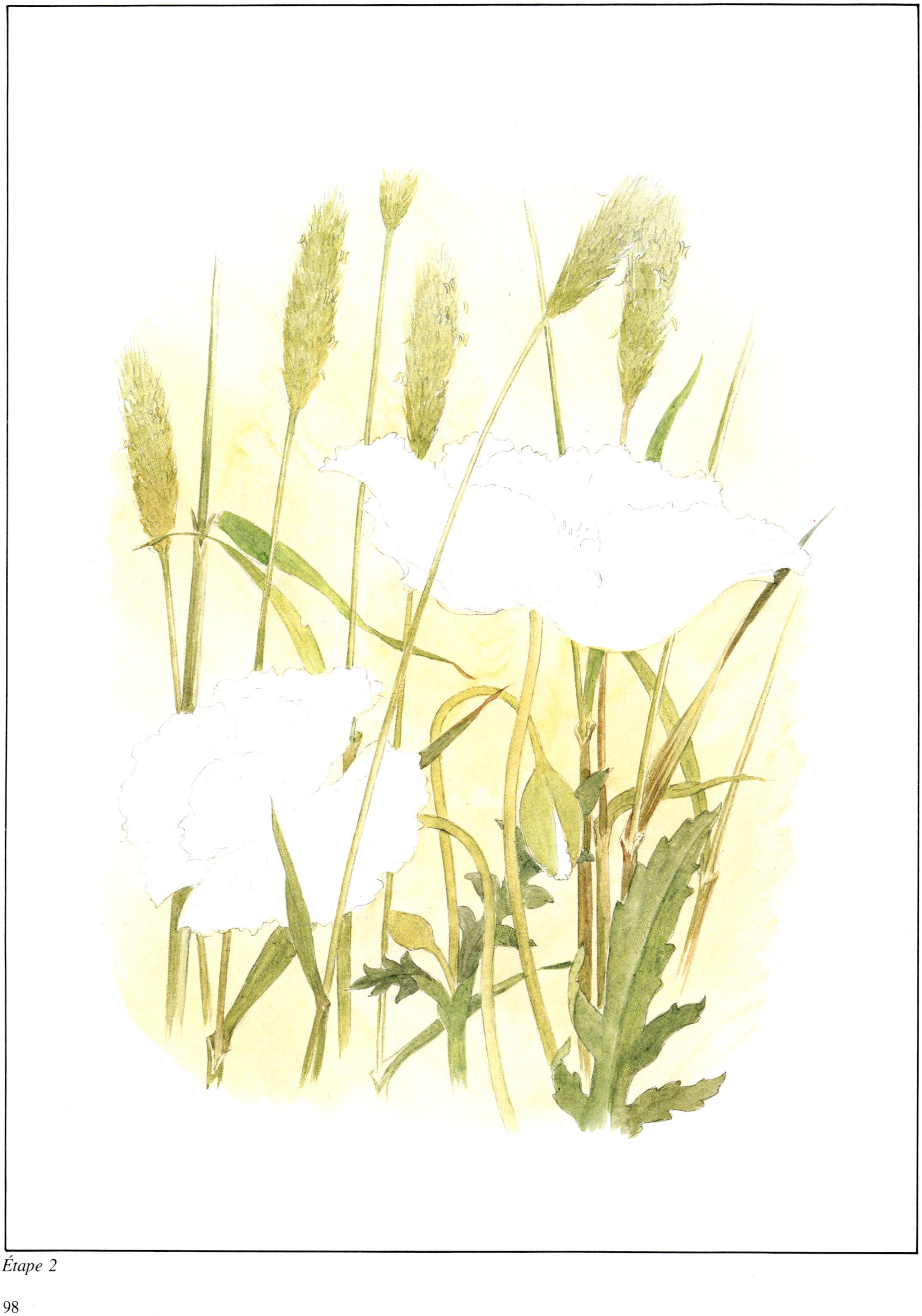

Étape 2

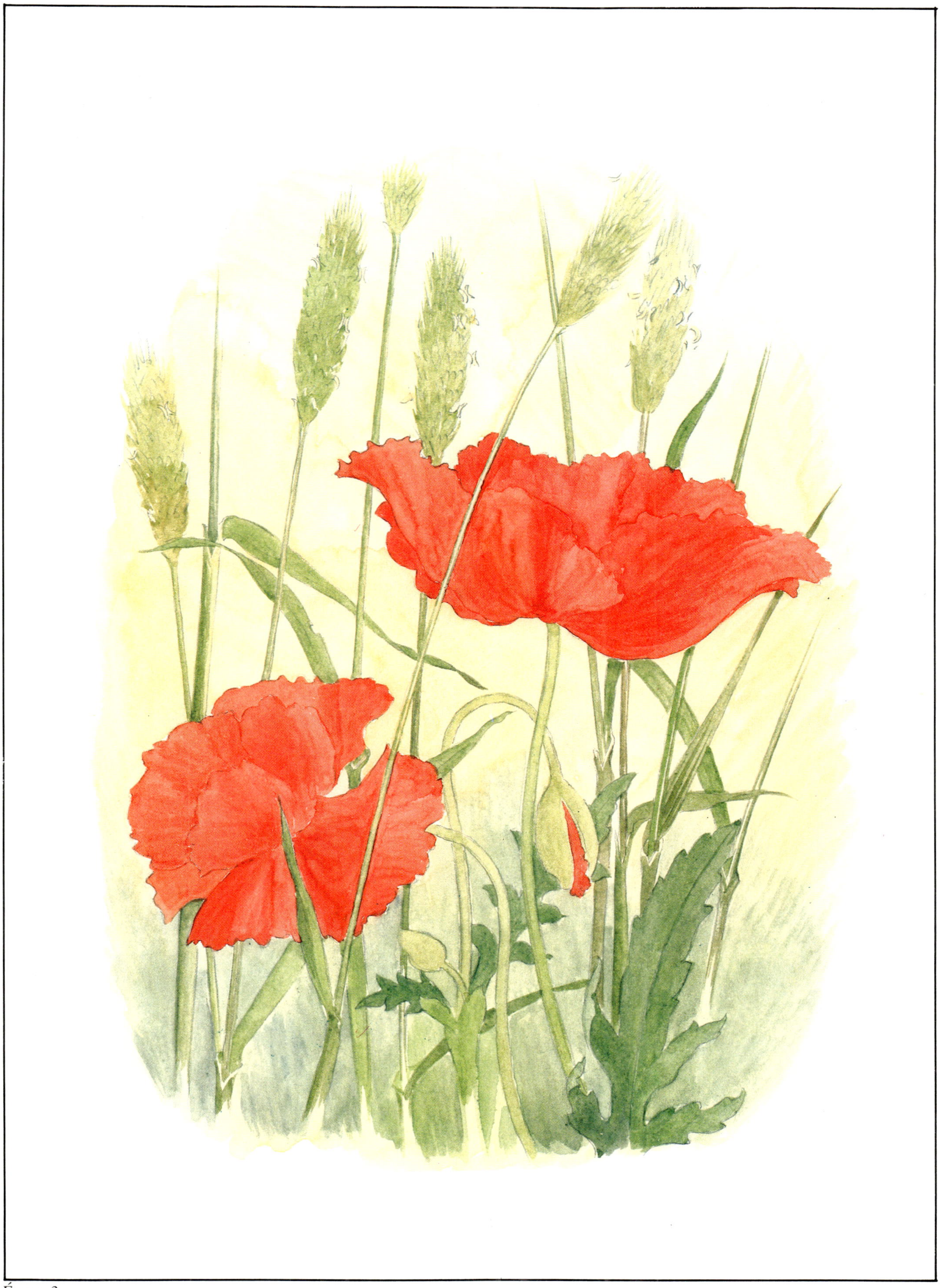

Étape 3

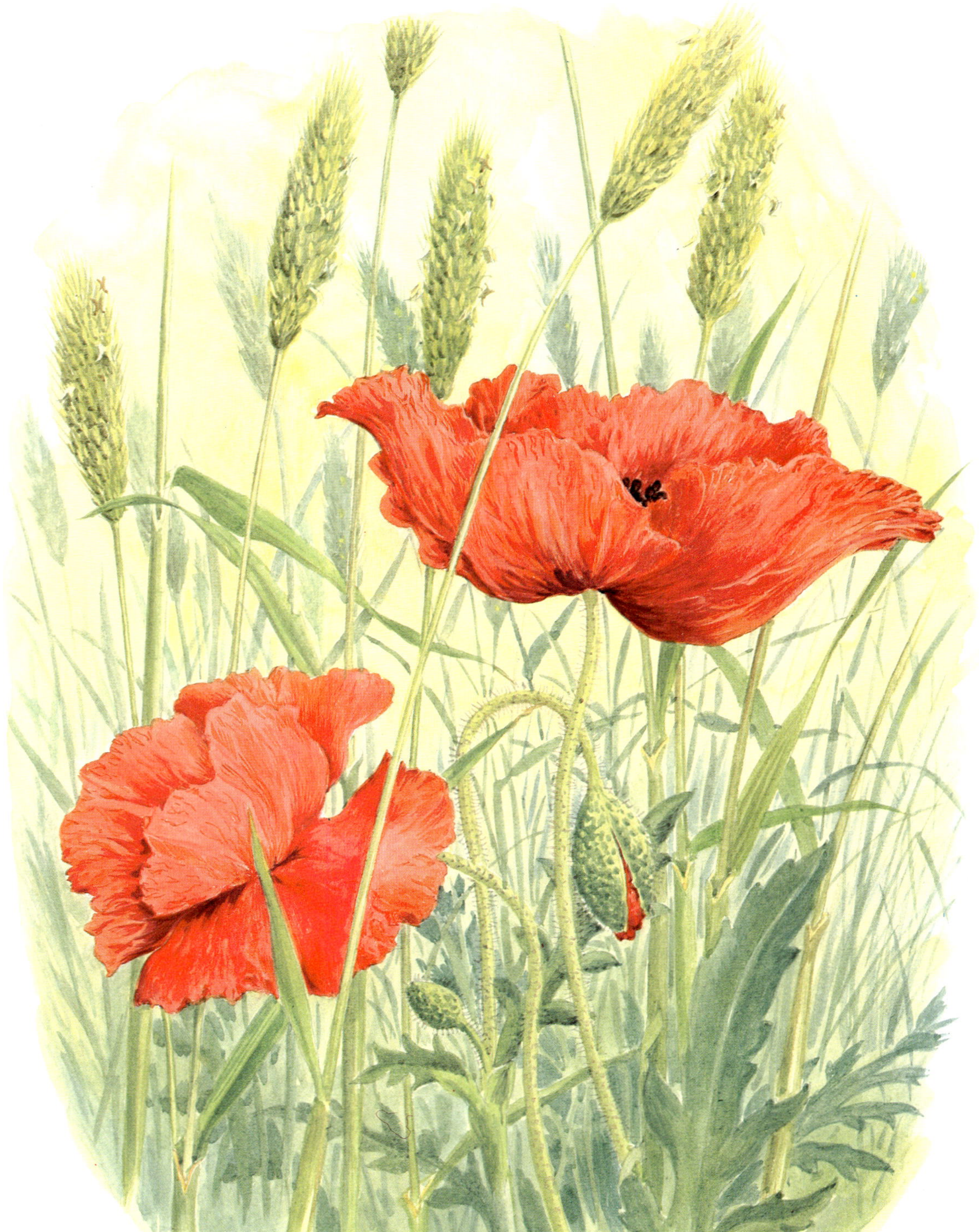

Étape 4 — le produit fini

Perce-neige

Papier: Whatman, 140 livres, apprêté à chaud (300 g/m^2)
Pinceaux: poils de martre n°s 2, 5

On retrouve souvent les perce-neige sur le bord d'un bois ou sur un talus ombragé. Il me semble donc tout naturel de peindre ses fleurs blanc pur et ses feuilles bleu-vert sur un fond sombre. À cette fin, j'ai appuyé la touffe de perce-neige sur des feuilles de lierre sombres dans la partie supérieure et des feuilles de chêne mortes dans la partie inférieure; on a ainsi l'impression que les fleurs poussent à la base d'un mur de jardin.

Une fois qu'on les a mises en pot et qu'on les rentre à l'intérieur, les perce-neige croissent très rapidement. On doit donc les dessiner et les peindre le plus vite possible. Dans ce cas, j'ai terminé de peindre les perce-neige avant de dessiner ou de peindre n'importe quel autre élément de l'arrière-plan. J'avais cependant en tête un plan très net des éléments qui composeraient l'arrière-plan, ainsi que leur disposition. J'ai ensuite remis les perce-neige au jardin et elles ne s'en portent pas plus mal.

Pour illustrer clairement le processus, j'ai choisi de ne représenter qu'une seule perce-neige.

Étape 1 (page 102)

Après avoir tracé la perce-neige au crayon, je commence, comme toujours, par étendre les lavis initiaux dans les couleurs les plus pâles. Sur les pétales, je me sers de blanc de Chine, qui paraît plutôt crème sur le papier blanc, mais qui deviendra d'un blanc éblouissant lorsque l'arrière-plan sombre sera complété.

Étape 2

Les feuilles de la perce-neige sont bleu-vert dans la partie supérieure, avec les pointes ivoire; elles deviennent d'un vert jaunâtre près de la base de la plante, où elles sont enfermées dans une pâle enveloppe membraneuse. Je renforce graduellement les couleurs: bleu de cobalt et jaune auréoline pour la base; pour le reste des feuilles, un peu de vert permanent clair avec soit du bleu céruléen mélangé avec du blanc ou, pour les ombres plus sombres, du gris de Payne et du blanc. Les touches de pinceau suivent les veinures verticales des feuilles. Pour réussir les ombres sur les pétales blancs, je me sers d'un mélange d'outremer français et de brun Van Dyck.

Étape 3

Une fois que la perce-neige est terminée (sauf pour quelques retouches finales), je dessine au crayon les éléments de l'arrière-plan et je les recouvre d'un lavis pâle. Dans le cas des feuilles de lierre, le lavis consiste en un mélange dilué de bleu de cobalt et de jaune auréoline. Il reste visible sur les veinures des feuilles quand j'applique une deuxième couche de vert plus foncé (du vert permanent clair avec de la terre d'ombre brûlée et du vert de Prusse).

Étape 4

Quelques-unes des feuilles de lierre sont violacées entre les veinures; pour réussir cet effet, je me sers de laque cramoisie et d'outremer français. Pour la terre et les ombres derrière les feuilles de lierre, je mélange du sépia chaud, tantôt avec du vert de Hooker, tantôt avec du vert de Prusse, particulièrement pour les ombres très sombres. Au fur et à mesure, j'ajoute la mousse, les racines et les tiges.

Étape 5 — le produit fini (page 103)

Je retouche chaque élément avec précaution: j'ajoute des touches de couleur; je renforce les ombres là où c'est nécessaire afin d'accentuer un contraste; je gratte la peinture par endroits pour créer des reflets de lumière; je précise les bords de toutes les feuilles et, en particulier, des pétales. Parce que je veux que les fleurs blanches ressortent de l'arrière-plan obscur, je m'applique à renforcer les alentours immédiats. Si vous revenez à l'étape 3, vous constatez l'importance de ces retouches: la fleur, qui apparaît sur un fond vert pâle, est presque perdue de vue. Si vous examinez les perce-neige dans leur cadre naturel, vous remarquerez que l'éclat de leurs fleurs blanches semble créer une atmosphère d'obscurité à l'arrière-plan.

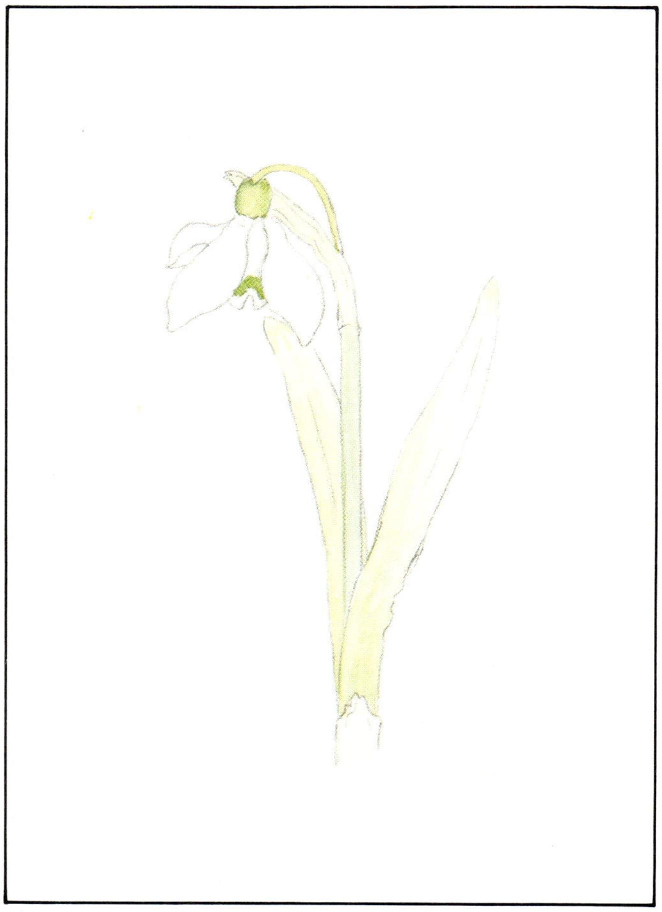
Étape 1

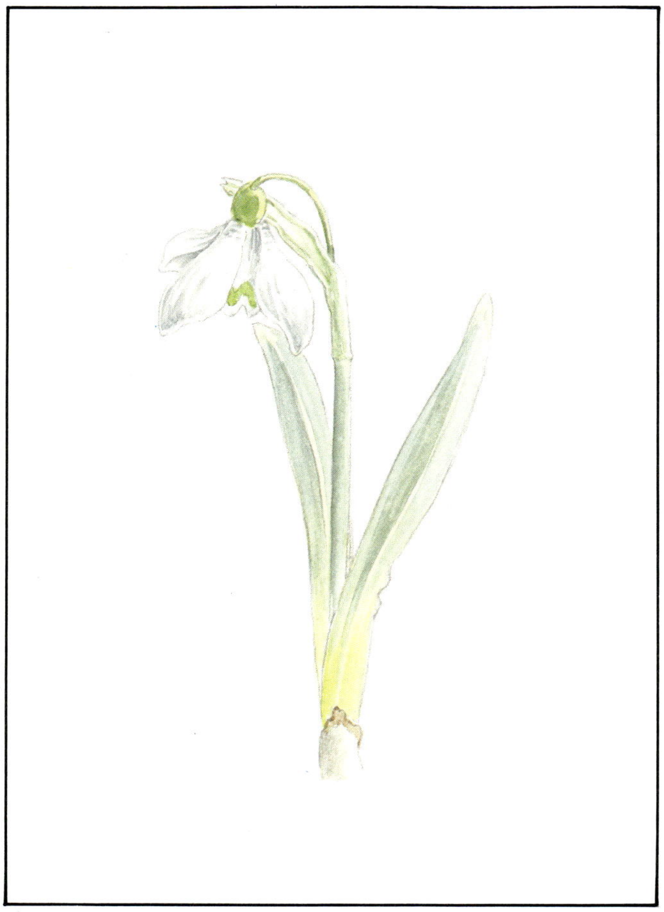
Étape 2

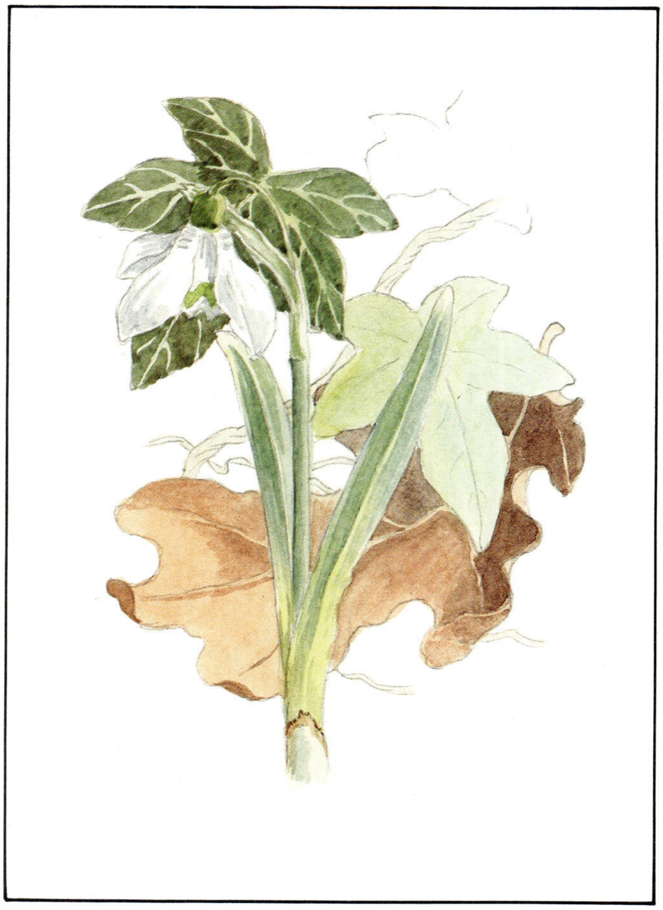
Étape 3

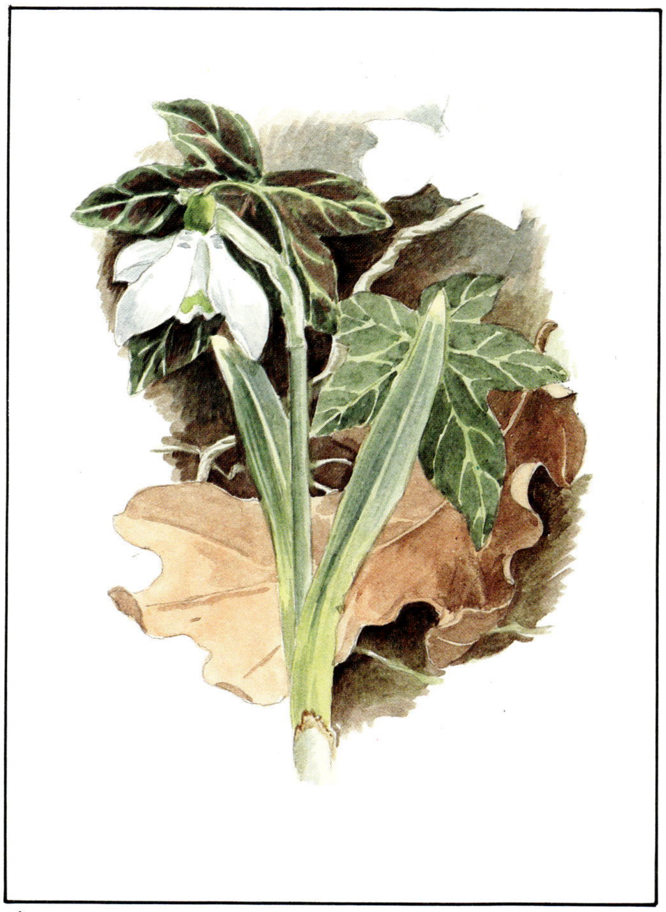
Étape 4

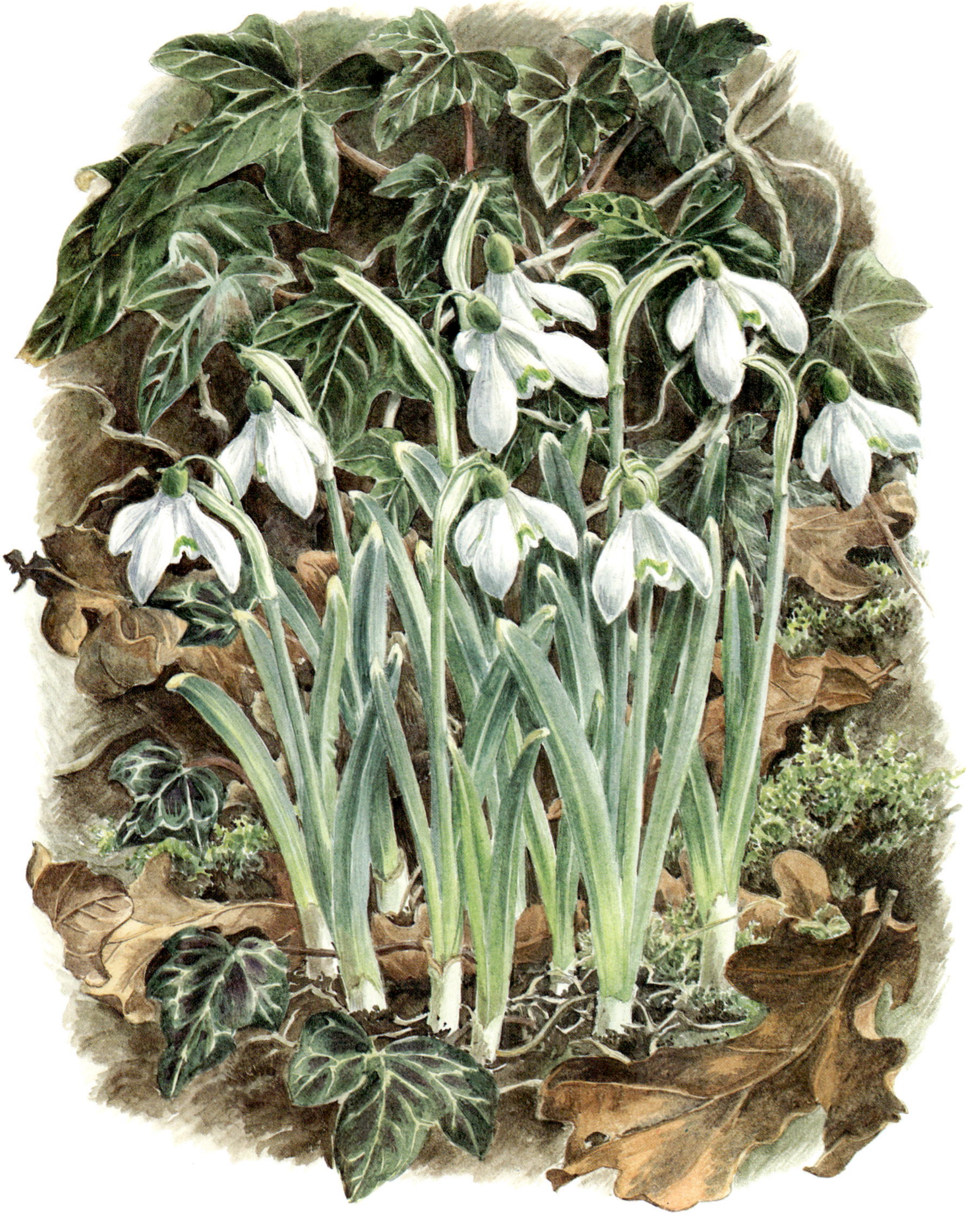

Étape 5 — le produit fini

Fleurs sauvages mélangées

Papier: Whatman, 140 livres, apprêté à chaud (300 g/m²)
Pinceaux: poils de martre ° 2

J'ai choisi trois variétés de fleurs sauvages pour cette composition simple: le trèfle pied-de-poule, l'ortie blanche et la vesce jaune. Sauf pour une petite touche de rouge, les couleurs sont le vert, le blanc et le jaune. Ces fleurs sont intéressantes à plusieurs points de vue: les tiges en fleurs et les tiges feuillues des vesces avec leurs vrilles en hélice.

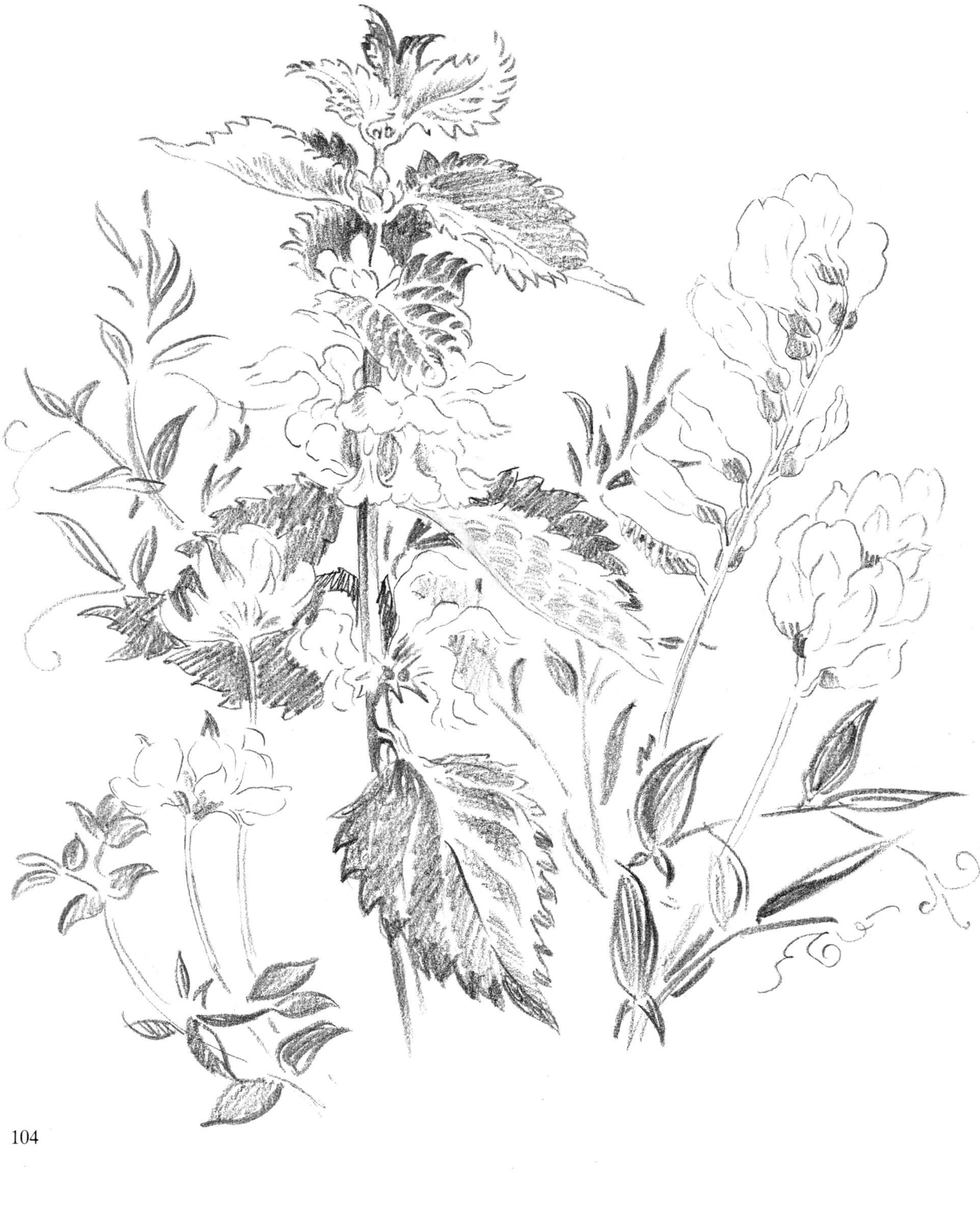

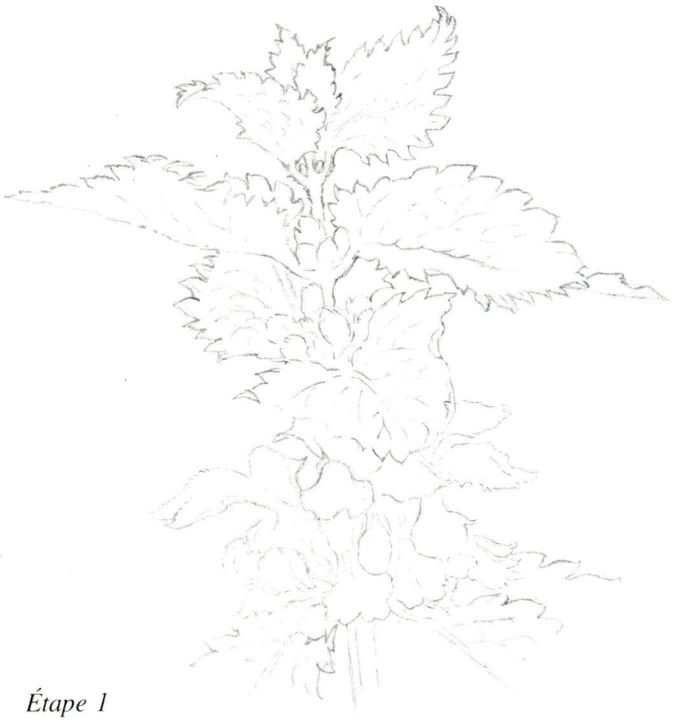

Étape 1

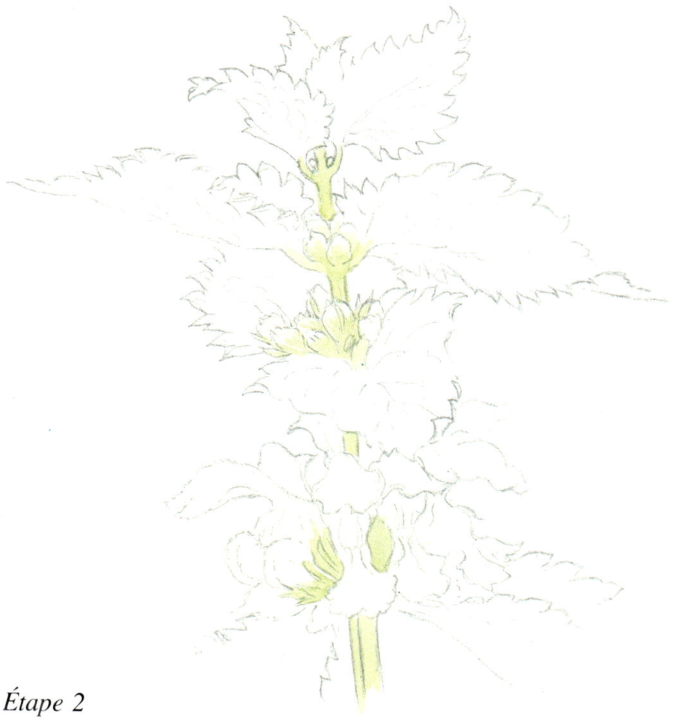

Étape 2

Dessin

Je commence par faire une esquisse préliminaire, afin de déterminer la disposition des éléments et les proportions des clairs et des ombres. Pour cette esquisse, je me sers d'un crayon un peu plus tendre (HB) que celui que j'utilise pour tracer avant de peindre. Quand je peins de grands tableaux de ce type, avec une plus grande diversité de fleurs sauvages, il est impossible d'en planifier à l'avance la composition, à cause du facteur temps et de la croissance continue des plantes. Je dessine et je peins plutôt un spécimen à la fois, en ajoutant les autres au fur et à mesure que je précise la composition.

Étape 1 — Une seule fleur

Pour faire la démonstration, j'ai choisi de montrer seulement l'ortie blanche, pour que vous puissiez suivre chaque étape dans le moindre détail. Le dessin initial est fait avec un crayon H. Même s'il est plus difficile à effacer, ce crayon, si le besoin s'en fait sentir, a l'avantage d'être moins salissant qu'un crayon HB.

Étape 2 — Une seule fleur

Encore une fois, j'applique les couleurs les plus pâles en premier. Dans ce cas, je choisis un vert pâle (viridian avec terre d'ombre naturelle et jaune auréoline) pour les tiges et les sépales, et un blanc de Chine mélangé à une très petite quantité de jaune de Naples pour les fleurs.

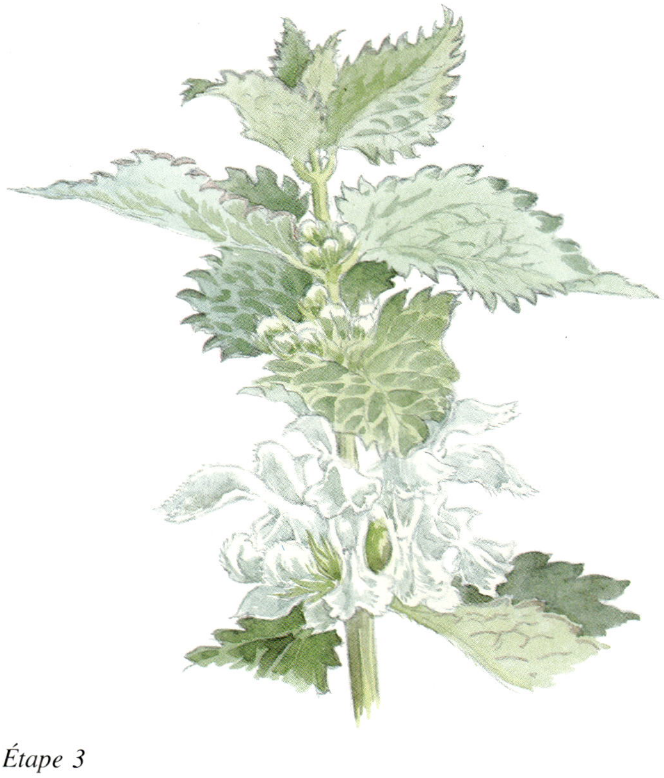

Étape 3

Étape 3 — Une seule fleur

J'applique les lavis préliminaires sur les feuilles — chacune de nuance différente — et je peins la bordure dentelée d'un ton violacé. Je commence à définir les clairs et les ombres. Je crée les ombres sur les fleurs blanches à l'aide d'un mélange de bleu de cobalt et de terre d'ombre naturelle.

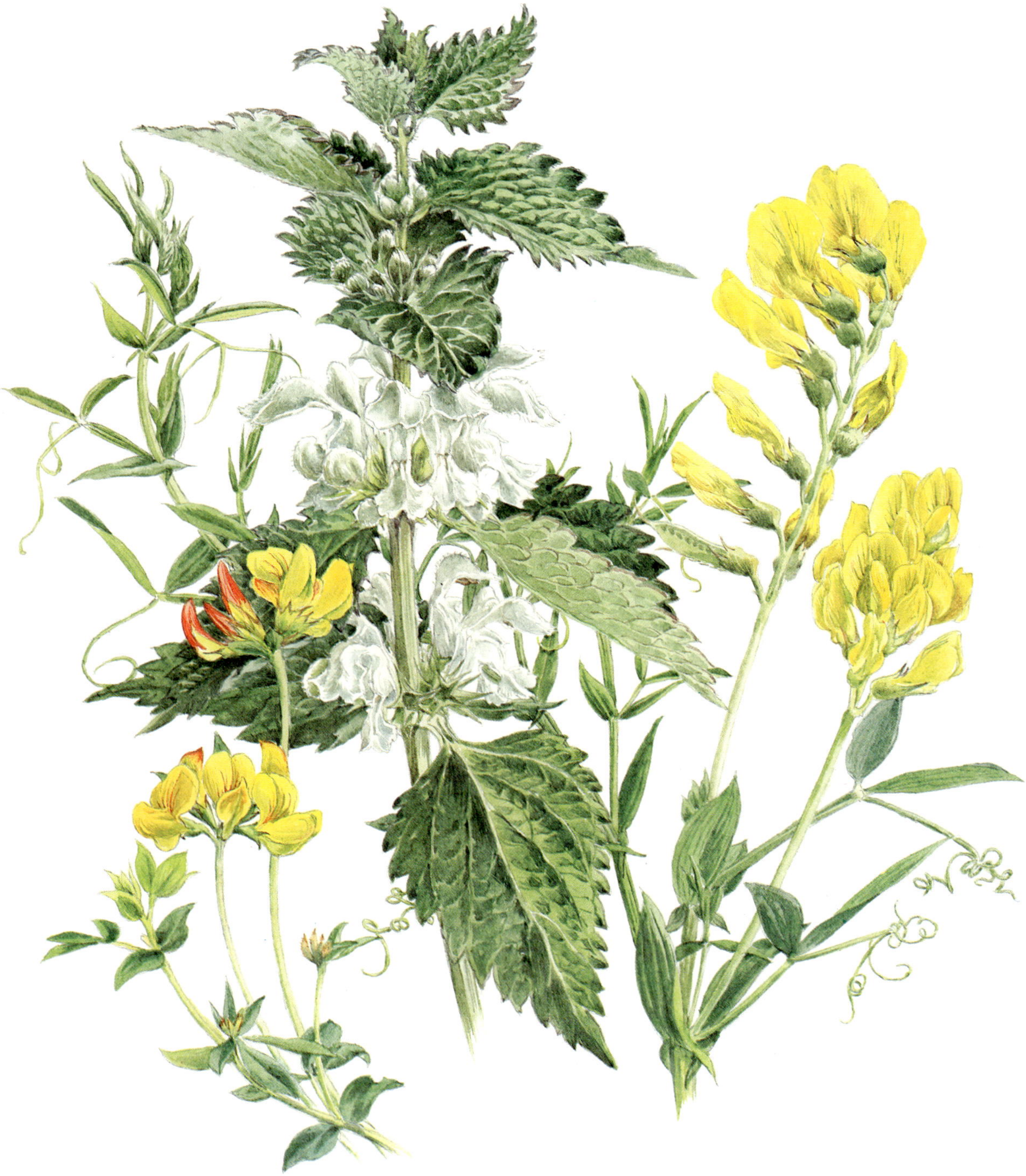

Le produit fini

Comme touches finales, j'ajoute des détails tels que les veinures des feuilles et des fleurs et les points sombres des sépales. Je continue de renforcer les ombres, jusqu'à ce que je sois satisfait du contraste. Dans ce cas, je me suis basé principalement sur les ombres pour faire ressortir les fleurs blanches, plutôt que de les peindre sur un fond sombre (voir les perce-neige à la page 103). Remarquez que même les plus petits éléments du dessin, les vrilles de la vesce par exemple, nécessitent des ombres; elles paraîtraient autrement plates et sans vie. Pour les réussir, vous devez utiliser un pinceau très fin; pour quiconque a une vue moins que parfaite, une loupe peut aussi s'avérer utile.

Collybie à pied velu

Papier: Whatman, 140 livres, apprêté à chaud (300 g/m^2)
Pinceaux: poils de martre n°s 1, 2

Plusieurs espèces de champignons font des sujets attrayants pour le peintre. Le collybie à pied velu, une espèce hivernale commune en Angleterre, pousse sur l'écorce des arbres morts et possède plusieurs caractéristiques qui sont louables pour l'artiste. Il croît en touffes denses selon une composition souvent remarquable, et les chapeaux couleur marron clair, ainsi que les lamelles d'un jaune pâle, contrastent bien avec les pieds velus d'un brun violacé.

Il faut retirer avec soin la touffe convoitée, car ces champignons sont très fragiles. Après les avoir apportés à l'atelier et disposés selon votre goût, faites-en une esquisse immédiatement. Tous les champignons, s'ils sont conservés à une température chaude et sèche, s'assècheront et se flétriront rapidement; entre les séances de peinture, rangez-les à l'extérieur, de préférence dans une remise ouverte. L'humidité naturelle de l'air devrait préserver leur apparence fraîche pendant plusieurs jours.

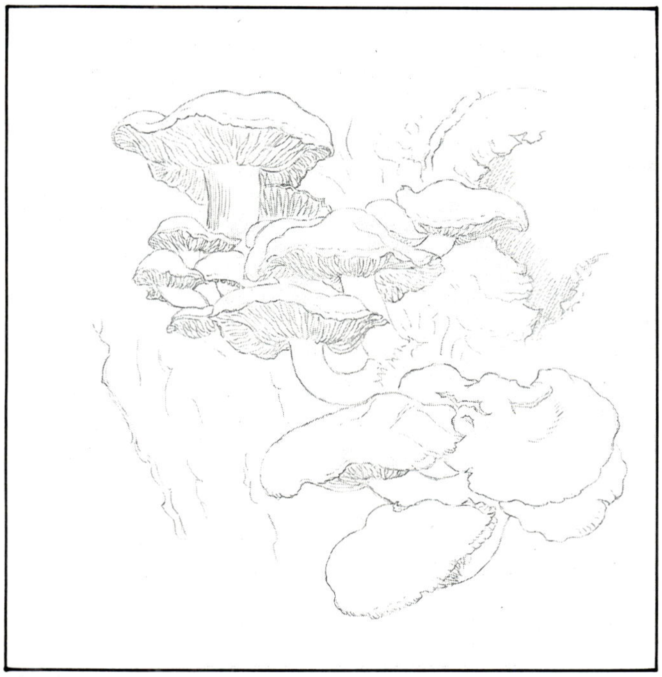

Étape 1

Étape 1

La première étape consiste à choisir la composition. Il n'y a aucune raison de ne pas améliorer la nature en enlevant ou en ajoutant un champignon pour équilibrer l'ensemble. Je dessine ensuite légèrement au crayon la touffe de champignons, y compris les détails importants tels que les lamelles. À cette étape, je trace seulement quelques-uns des éléments les plus importants de l'arrière-plan, tels que le gros noeud dans le coin supérieur droit.

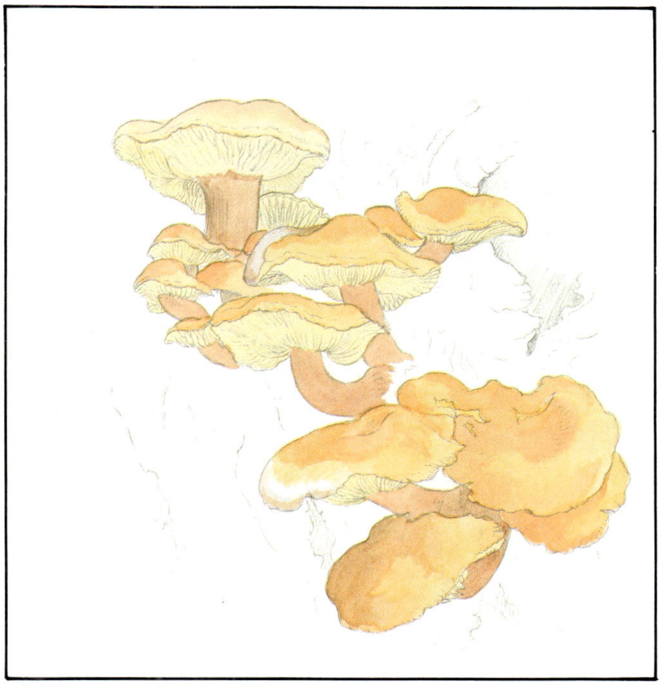

Étape 2

Étape 2

J'applique ensuite les premiers lavis pâles, qui consistent dans les couleurs les plus claires de chaque partie du champignon. Je peins les chapeaux ocre jaune (sauf pour quelques endroits en violet Winsor). Pendant que c'est encore humide, j'ajoute du rouge clair sur les parties centrales sombres. J'étends des lavis très dilués sur les lamelles et les pieds avec, respectivement, du jaune de Naples et de la terre de Sienne brûlée. Je me sers d'un pinceau en poils de martre n° 2.

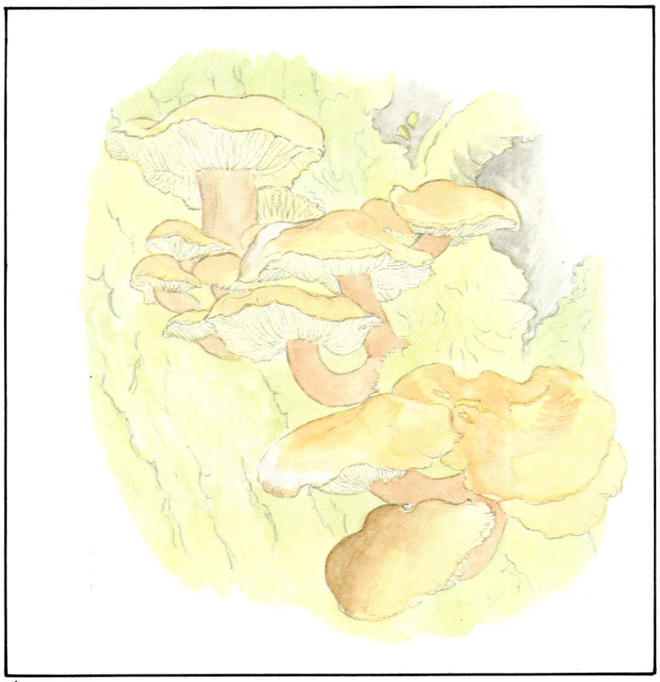

Étape 3

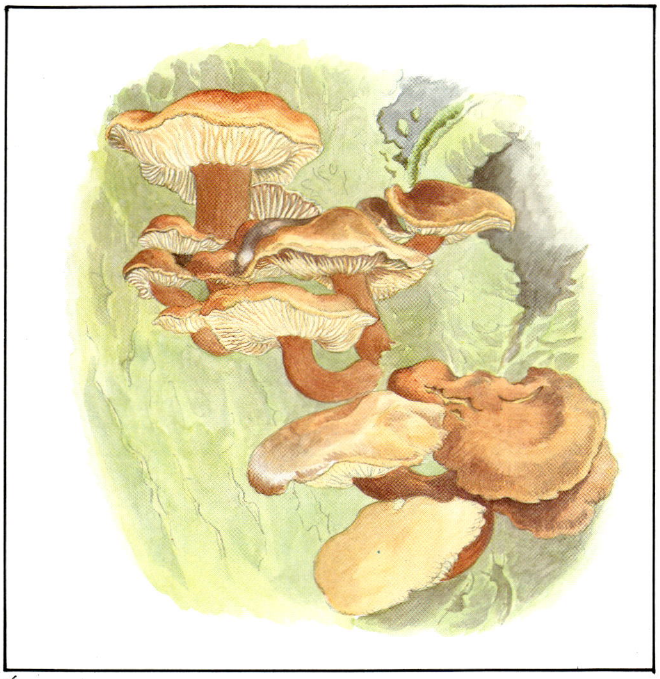

Étape 4

Étape 3

Je couvre l'arrière-plan d'un pâle lavis vert de Hooker mélangé à du jaune auréoline, qui est la couleur de base des algues qui tapissent l'écorce. Peut-être préférez-vous appliquer ce lavis dès le départ, comme vous le feriez certainement pour un paysage. Pour ma part, dans des peintures de ce genre, je le fais au dernier moment.

Étape 4

À partir de maintenant, j'utilise une brosse plus sèche et un pinceau plus petit (n° 1) pour les détails plus fins, tels que les lamelles. Je renforce les couleurs graduellement, par couches successives. J'éclaircis les parties pâles des chapeaux avec de l'ocre jaune plus concentré et du jaune cadmium; j'enrichis les parties sombres avec du rouge clair et ensuite avec un mélange de rouge clair ou de terre de Sienne brûlée et de violet Winsor. Je peins les lamelles ocre jaune et rouge clair et je donne une deuxième couche de terre de Sienne brûlée sur les pieds. L'arrière-plan, qui est plutôt d'un vert éclatant, est adouci à l'aide d'un lavis secondaire vert de Hooker et violet Winsor; on conserve le vert éclatant à certains endroits pour suggérer la lumière du soleil.

Étape 5 — le produit fini

À l'étape finale, je continue de renforcer les couleurs jusqu'à ce qu'elles atteignent l'intensité désirée. J'ajoute des ombres, dont quelques-unes de nuance verte, particulièrement sous le bord du chapeau. Diverses applications de violet Winsor, de laque cramoisie, d'outremer français et de sépia chaud contribuent à rendre aux pieds leur couleur riche et profonde et leur texture velouteuse.

Une fois que les champignons sont terminés, je dessine les fissures et les craquelures de l'écorce (les fissures les plus larges révèlent le bois d'un brun rougeâtre). En dernier lieu, et c'est très important, je définis les ombres principales avec essentiellement du brun Van Dyck, de la terre de Sienne brûlée, du violet Winsor et de l'outremer français. Ces touches finales animent et éclairent la composition; elles créent une troisième dimension, comme vous pouvez le constater en comparant cette étape à la précédente.

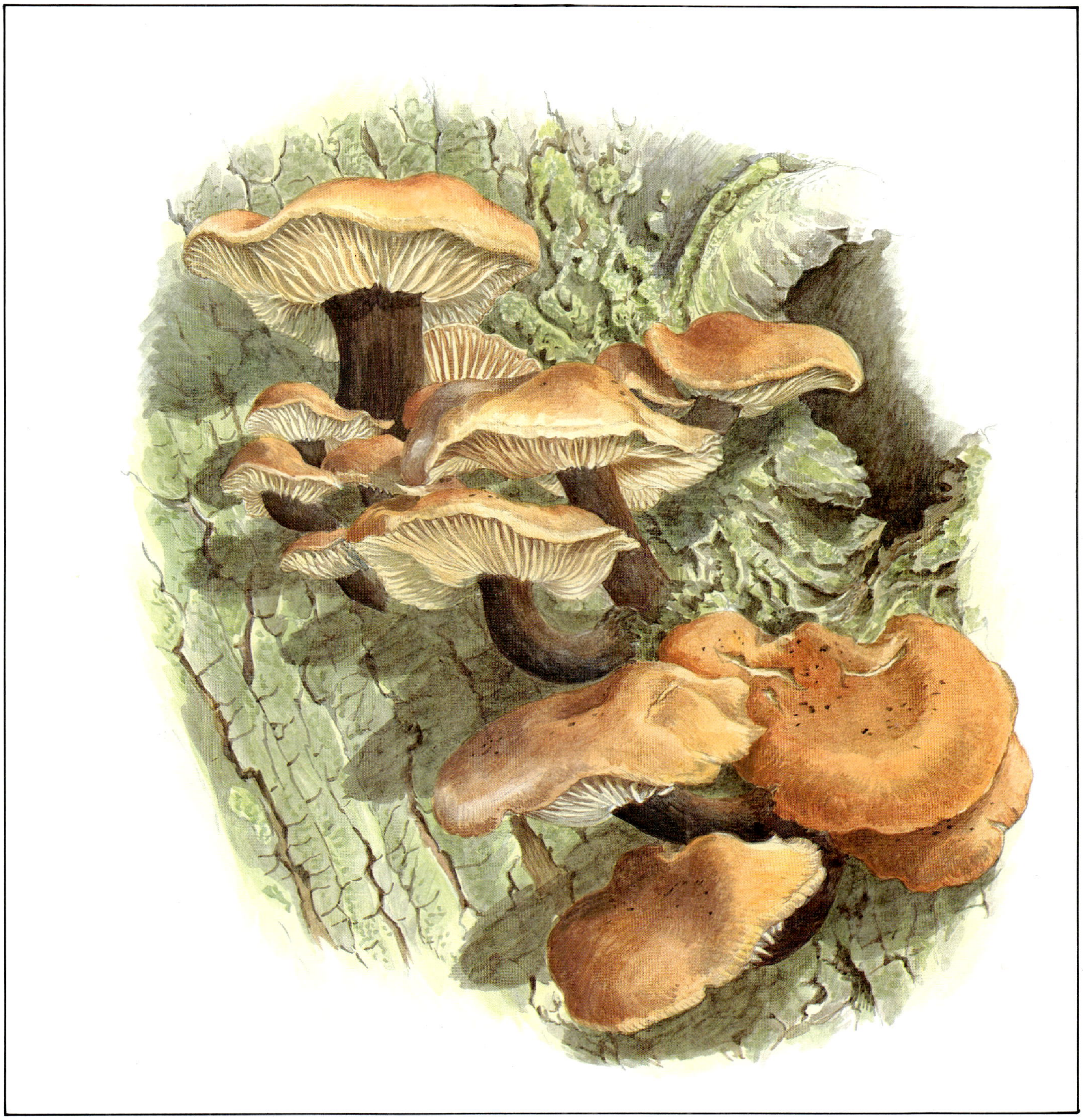

Étape 5 — le produit fini

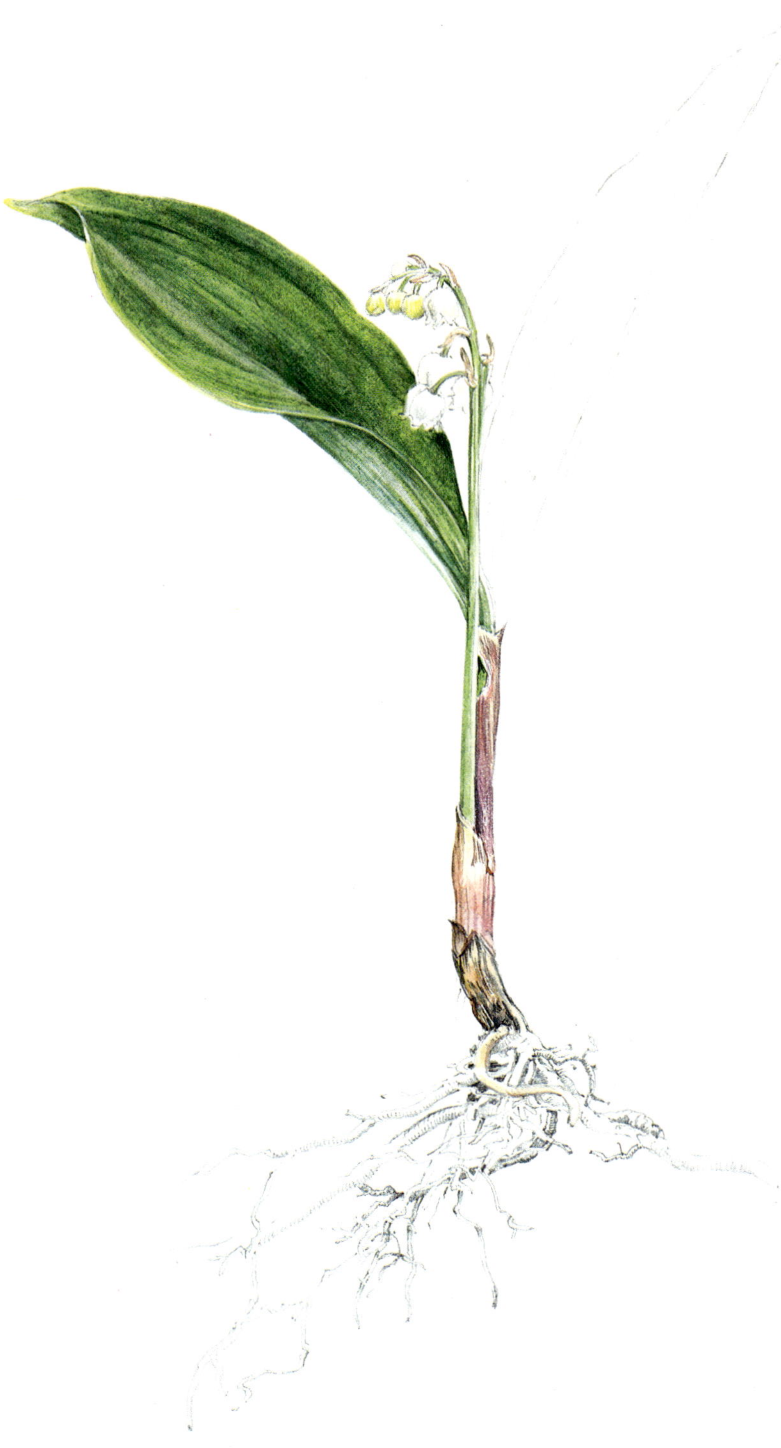

Rosanne Sanders

Les thèmes

J'ai commencé à peindre des fleurs quand je vivais dans un petit appartement de Londres, sans jardin ni balcon pour y déposer un pot de fleurs. C'était peut-être un désir subconscient de retourner à la campagne et au joli jardin où j'ai grandi; c'était fort probablement parce que je pouvais apporter des fleurs à la maison pour les peindre, même en plein milieu de l'hiver. Quelle qu'en soit la raison, c'est depuis ce temps-là que je peins des fleurs.

J'ai cependant toujours préféré peindre les fleurs sauvages, dont la beauté modeste est insurpassable, même par leurs séduisantes soeurs du jardin. Il n'y a rien de comparable à la découverte fortuite d'une tache de fleurs sauvages qui croissent et fleurissent dans des endroits inattendus.

Je puise une bonne partie de mon inspiration lors de mes promenades, même si je vois plus de choses que je n'en pourrai jamais peindre. Récemment, j'ai visité une réserve naturelle près de la côte et mon oeil était constamment attiré par les nombreux spectacles de cette fin d'après-midi ensoleillé: du tronc tordu d'un arbre, aux feuilles d'iris émergeant des sombres eaux saumâtres; du soleil qui les fait étinceler, aux herbes délicates et fleuries. Peu importe où vous êtes — sur le site d'un immeuble désaffecté, dans un parc local, ou dans votre propre jardin — vous trouverez toujours quelque chose d'intéressant à peindre.

J'aime travailler les thèmes — par exemple, les saisons de l'année — plutôt que les sujets individuels. Il est aussi très intéressant de choisir une portion d'une haie, d'un bois ou d'un jardin et de faire quatre peintures illustrant la faune et la flore de chaque saison. J'ai aussi fait des peintures circulaires d'arbres et d'arbustes qui laissent voir la progression annuelle du bourgeon à la fleur, à la feuille, aux baies.

L'esquisse est de la plus haute importance, car elle forme l'oeil merveilleusement. Si vous avez du temps libre, prenez un bloc et un crayon et dessinez quelque chose. Soyez complètement égoïste et donnez la première place au dessin et à la peinture, si c'est ce que vous voulez. Quand j'ai commencé à peindre, j'ai trouvé difficile d'expliquer aux autres que je voulais peindre: il n'était pas facile de justifier le temps consacré sans récompense aucune. Il y a tant de choses à faire qu'il vous sera impossible de réussir si vous n'êtes pas déterminé.

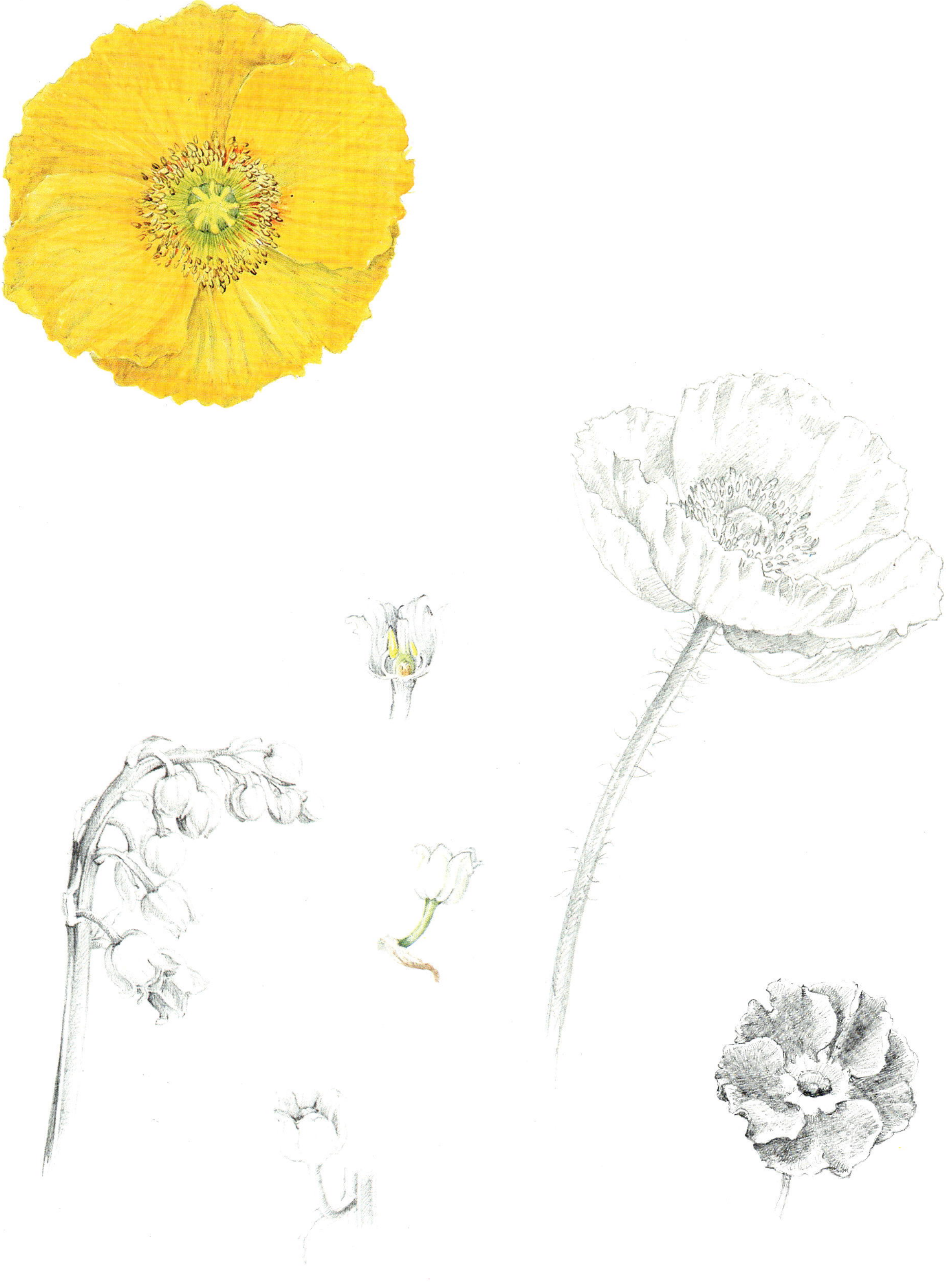

Le papier

L'un des aspects les plus décisifs en peinture, et particulièrement en peinture naturaliste, est de trouver le papier qui réponde à vos besoins. Ce qui convient à une personne peut, bien entendu, ne pas convenir à l'autre; il est donc sensé d'essayer le plus de sortes de papier possible, afin d'en connaître les qualités. Cependant, achetez toujours un papier de bonne qualité, à la portée de votre bourse. Les papiers de qualité inférieure, même s'ils sont bons pour le dessin, vont se détériorer et se décolorer rapidement. Le papier chiffon fait à la main est ce qu'il y a de mieux. Les vieux papiers de lin sont magnifiques, mais les papiers d'aujourd'hui ne sont malheureusement pas comparables. Toutefois, il existe des papiers moulés qui sont acceptables, dont le papier Arches qui est, de façon régulière, très satisfaisant.

Tenez toujours compte du poids du papier. Les papiers plus légers doivent être étirés afin d'éviter les plis lors de l'application de lavis; ce n'est pas le cas pour les papiers plus lourds, à moins que vous ayez de très larges surfaces à couvrir. Les papiers plus lourds sont aussi plus faciles à manipuler, spécialement si le travail doit être reproduit. (Rappelez-vous qu'on doit toujours tenir le papier des deux mains, aux coins opposés. Si vous le saisissez par le bas, avec le pouce, vous pourriez laisser un pli ou une empreinte.) Même si la planche à dessin règle le problème de déformation, elle n'est pas conseillée si le travail doit être reproduit, car vous devrez retirer le papier de la planche.

La surface du papier est importante. Il en existe trois catégories: apprêté à chaud, apprêté à froid, et brut; même dans ces catégories, les surfaces diffèrent considérablement. Le papier apprêté à chaud est recommandé pour un travail de menus détails, surtout s'il doit être reproduit. Le papier apprêté à chaud me convient parfaitement, car je peins habituellement sur une surface très sèche — en fait, je «dessine» avec de la peinture. Le papier apprêté à froid est idéal pour l'application des lavis, et vous pouvez y reproduire les détails parfaitement. Même s'il confère à la peinture un style vivant, il n'est pas conseillé d'utiliser du papier brut si vous devez reproduire votre travail. Le papier très brut ne convient pas à la peinture naturaliste.

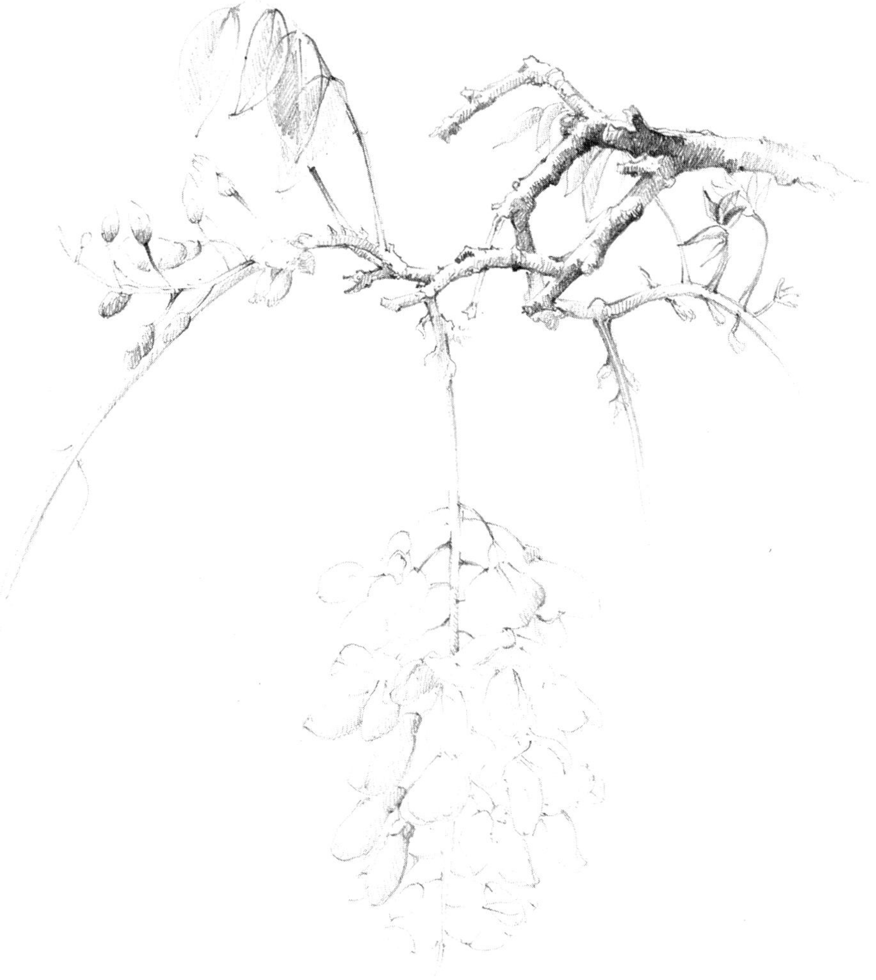

Stokenham

Format: 7½ x 11 pouces (190 x 280 mm)
Papier: Fabriano, 140 livres, brut (300 g/m^2)
Pinceaux: poils de martre nos 1, 2

Nous sommes privilégiés dans le sud-ouest de l'Angleterre, et sur la côte du Devon en particulier, de pouvoir encore trouver une grande variété d'espèces de fleurs sauvages. Même en hiver, certaines fleurs persistent, mais durant l'été les talus en sont recouverts. La peinture des pages 116 et 117 représente quelques espèces qui poussent le long du chemin qui mène au village de Stokenham.

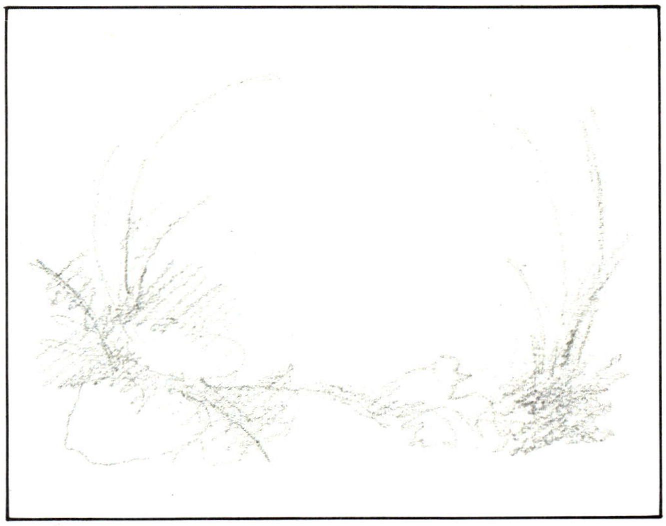

Esquisse de la forme de base

Travail préliminaire

Je veux faire une esquisse du village à partir du chemin. Pour conférer à la peinture un aspect de troisième dimension, je décide de l'entourer d'une bordure de fleurs. Après avoir tracé la forme de base, je choisis des fleurs du chemin, les plus grosses et les plus denses pour la partie inférieure et les plantes longues et grimpantes pour les côtés.

À titre d'essai, je choisis un papier brut. Le résultat est assez vivant et je ne crois pas que la texture du papier ait été un obstacle à l'exécution des détails.

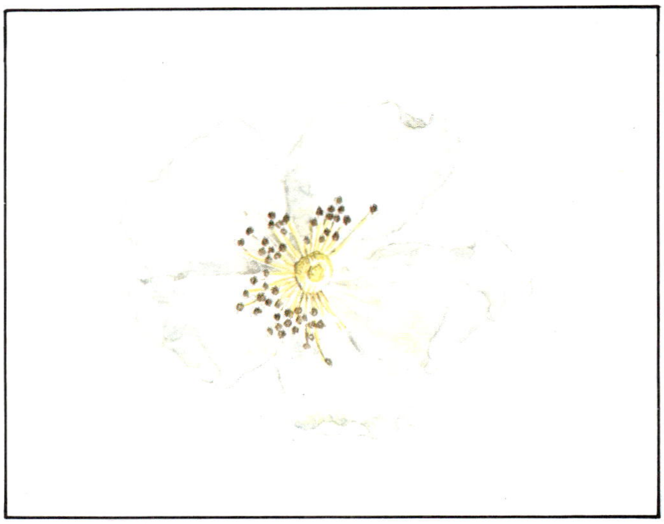

Rose blanche (étape initiale)

Roses blanches

Même lorsqu'on les peint sans feuilles ni fleurs à l'arrière-plan, on ne doit jamais dessiner des fleurs blanches d'un trait foncé. Les ombres doivent être très délicates, de peur que la fleur semble sale et lourde. Pour les ombres, on doit mélanger les gris avec soin, car ils seront altérés par les couleurs qu'ils refléteront. Si vous y regardez de près, il y a une richesse de couleurs dans le gris — certains gris, par exemple, sont chauds, d'autres sont froids.

Je commence par peindre les ombres de la rose et je réserve de petites raies de papier pour représenter les étamines. Je forme les gris à l'aide d'un mélange de rouge clair, de bleu de cobalt et de jaune citron; le violet de cobalt et le bleu céruléen donnent un gris légèrement jaune qui transmet la réflexion des étamines. Je peins ensuite le centre de la fleur et les étamines et j'accentue quelques-uns des filaments d'une touche de terre d'ombre naturelle.

Plus tard, comme vous pouvez le constater dans le produit fini, j'ajoute des feuilles derrière les roses pour les mettre en relief.

Fleurs de chèvrefeuille

À cause de leur nature complexe, je préfère dessiner les fleurs de chèvrefeuille avec soin avant de les peindre. Je laisse les étamines en blanc et je peins les feuilles, puis j'ajoute ensuite une ombre de gris d'un côté.

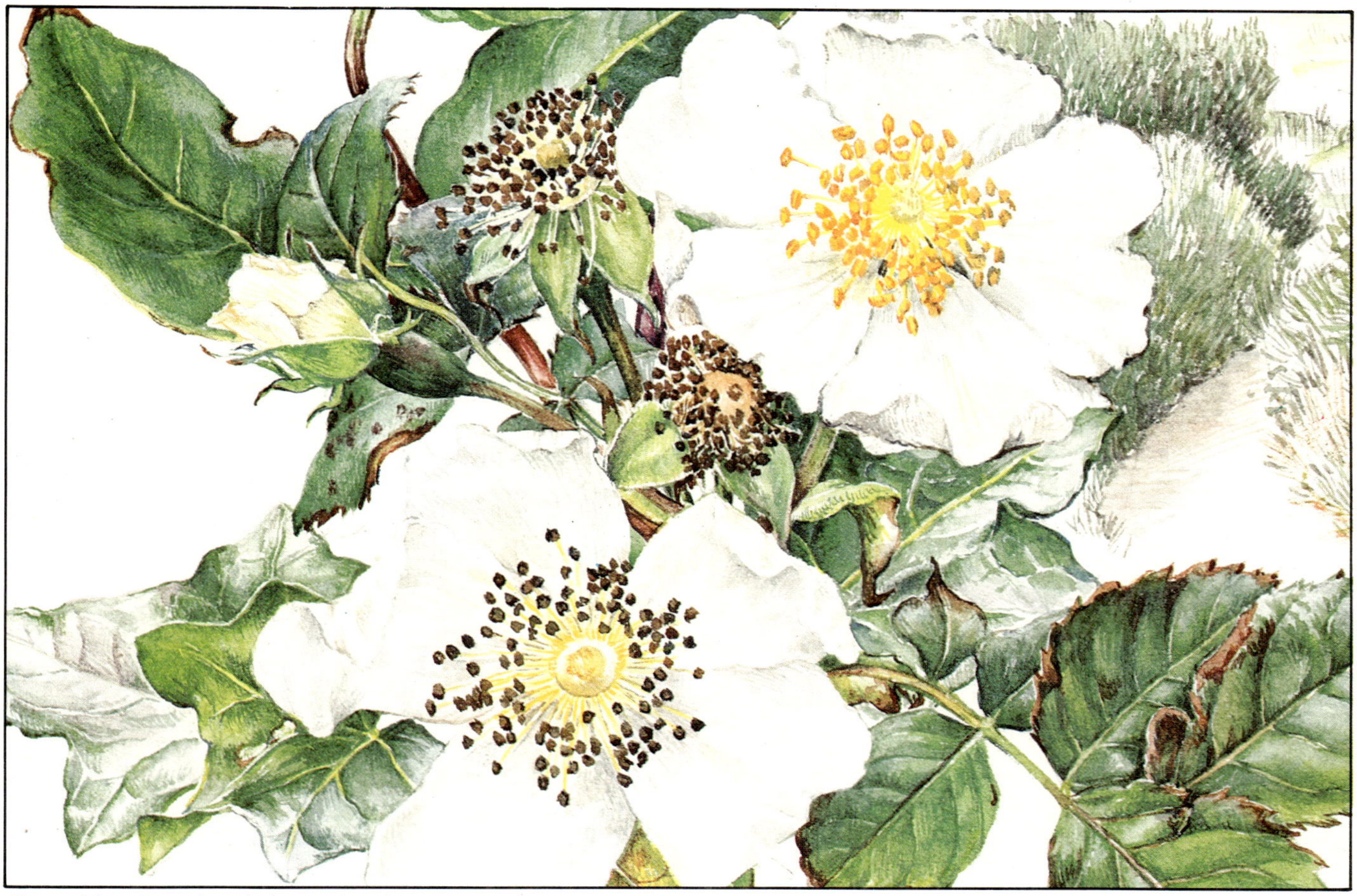

Roses blanches (détail du produit fini)

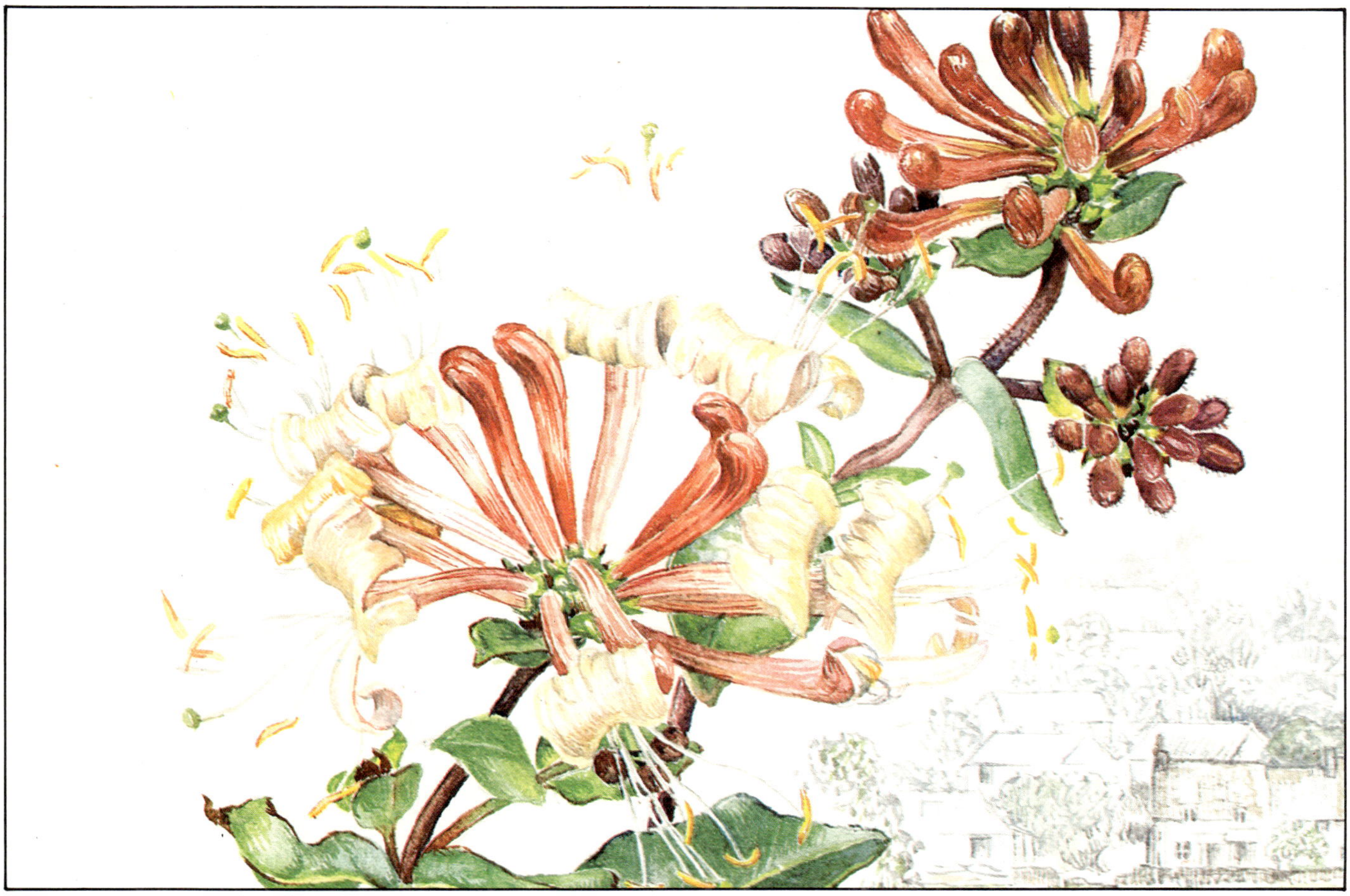

Fleurs de chèvrefeuille (détail du produit fini)

Le produit fini

Une fois que la bordure de fleurs est peinte, je fais l'esquisse du village vu du chemin. Même si je peux le faire à partir d'une photographie, il est plus facile d'observer les détails sur la peinture, afin d'en établir la position. Je veux que le talus vert et la haie apparaissent juste derrière la rose blanche, et que le chemin aboutisse au centre de la peinture, attirant l'oeil vers l'intérieur. Je dessine la scène en gris, mélange de bleu de cobalt et de rouge clair, en ajoutant plus de brun-vert ou d'ocre au premier plan.

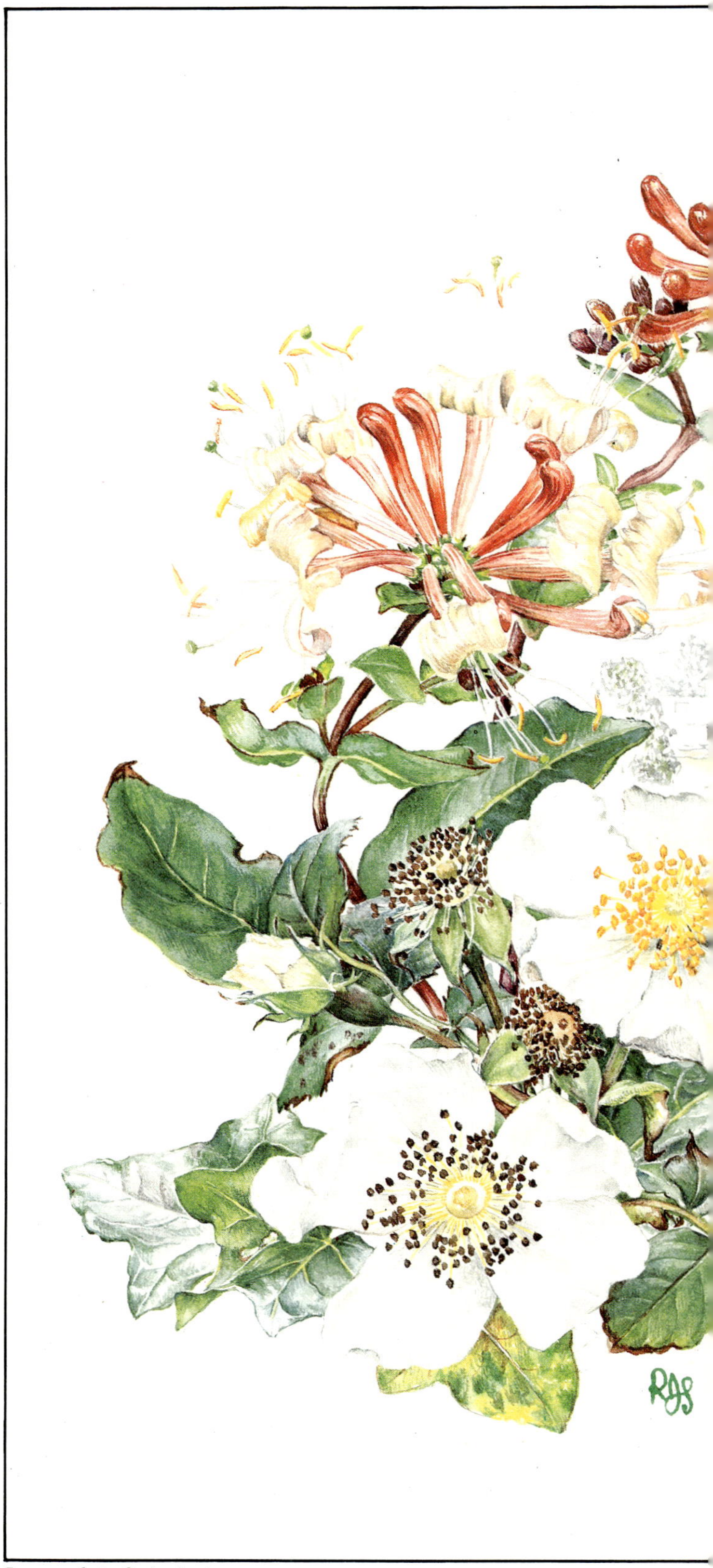

Le produit fini

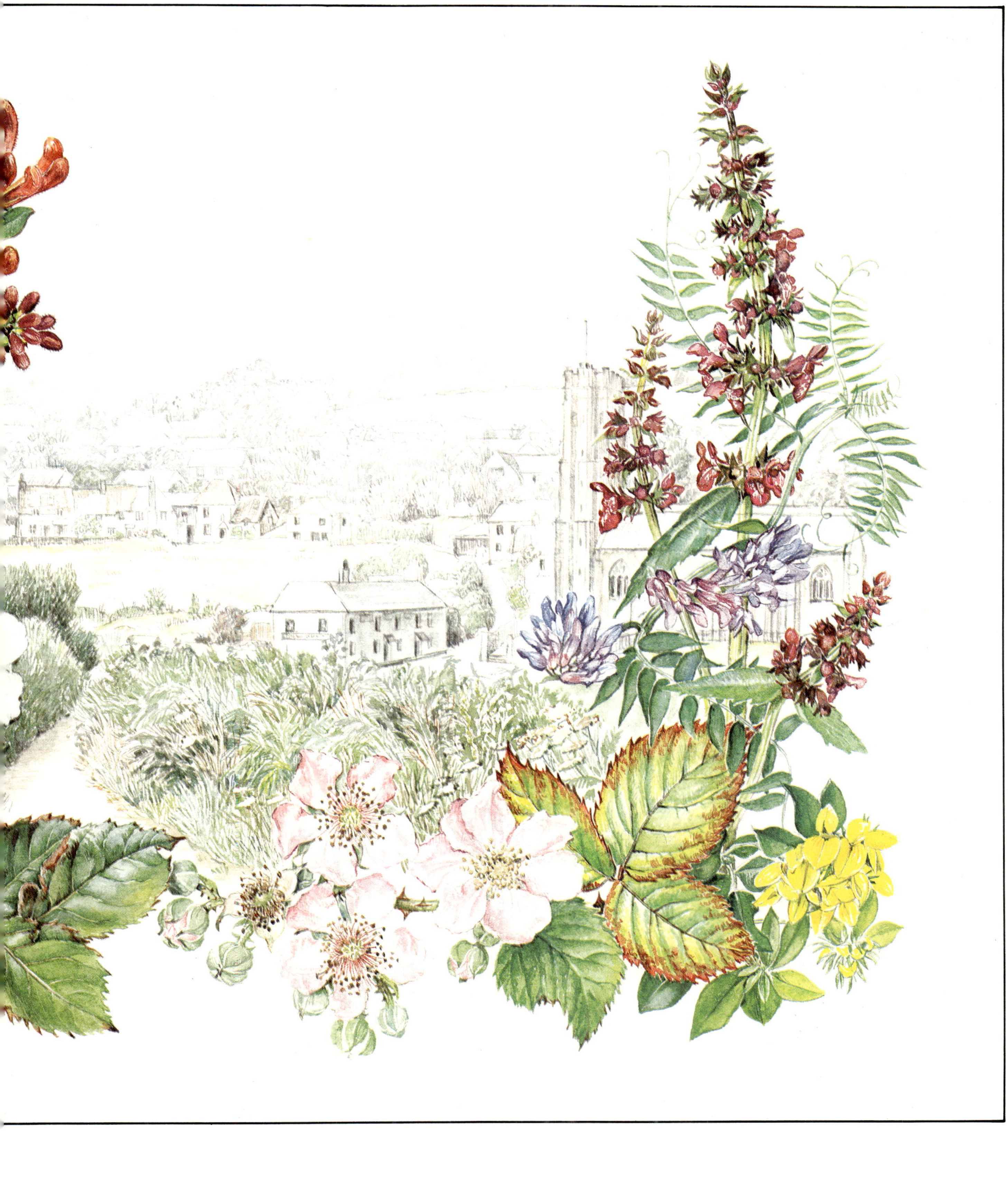

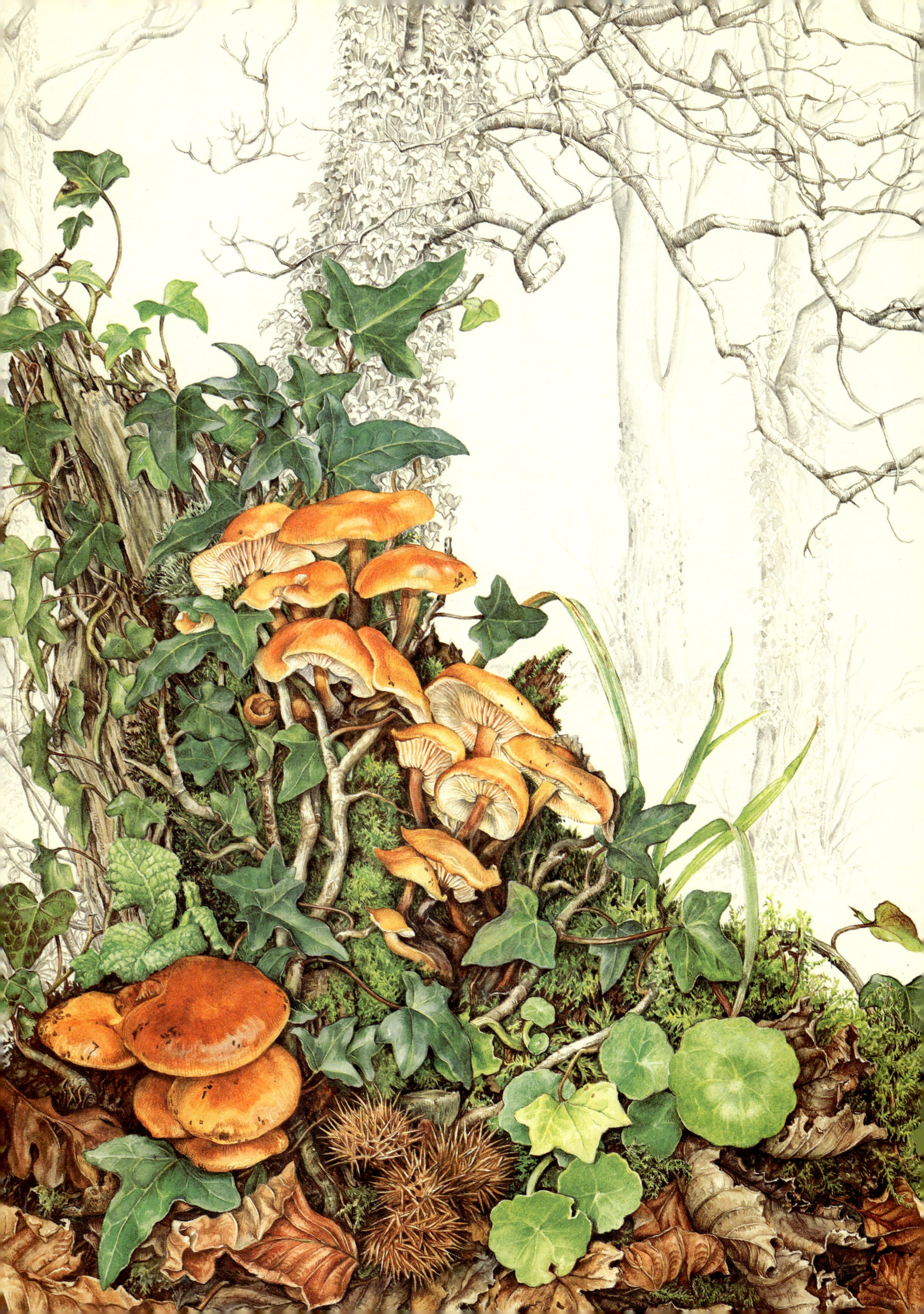

La souche

Format: 13¾ x 9¾ pouces (350 x 248 mm)
Papier: Whatman, fait à la main, 80 livres (150 g/m²)
Pinceaux: poils de martre nos 1, 2

C'est en hiver, lors d'une promenade dans les bois, que j'ai découvert ces champignons qui poussaient sur une souche d'orme pourrie. On appelle ce champignon d'hiver collybie à pied velu ou *Flammulina velutipes*. Sa couleur crée un contraste magnifique avec le lierre et la mousse qui recouvrent la souche. J'ai toujours aimé peindre des champignons à cause de leurs formes et de leurs couleurs intéressantes.

J'ai d'abord détaché de la souche une touffe de champignons avec un peu de lierre et de mousse, quelques feuilles mortes et autres plantes environnantes que j'ai rapportés à mon atelier. J'ai créé cette composition en partant des champignons et en disposant d'autres éléments selon ma fantaisie. J'ai ajouté d'autres feuilles et d'autres plantes, ainsi qu'un bout de bois mort qui représente l'arrière de la souche. J'ai dessiné les arbres en dernier lieu.

Tout comme pour les autres peintures, j'ai d'abord peint les feuilles et les champignons et j'ai combiné les espaces de mousse et de petites branches. On peut réussir de deux façons les reflets de lumière sur les champignons: par transparence, soit en réservant le blanc du papier par endroits et en laissant le lavis se fondre tout autour, soit en grattant la peinture par la suite. Pour créer l'aspect lustré sur la partie inférieure gauche, j'ai ajouté une touche de violet de cobalt. Je n'utilise jamais de blanc pour créer des reflets de lumière, car il tue l'effet.

Il m'a fallu deux semaines pour compléter cette peinture.

Perce-neige (page 120)

Format: 9¼ x 6 pouces (235 x 155 mm)
Papier: Arches, 140 livres, apprêté à chaud (300 g/m²)
Pinceaux: poils de martre nos 1, 2

Près de la maison, il y a un petit bocage ou taillis qui, tôt dans l'année, est recouvert de lierre et de perce-neige. Le vert sombre du lierre rehausse à la perfection le blanc pur des fleurs. C'est ainsi qu'on peut le mieux les admirer.

J'ai pris des photographies du bocage pour me rappeler le plan d'ensemble; à cette période de l'année, c'était beaucoup trop froid pour pouvoir s'asseoir dans les bois pour peindre. Les perce-neige sont un sujet que je peins fréquemment; j'en ai donc fait pousser en pot que je peux rentrer à l'intérieur comme modèle. Si vous avez des perce-neige dans votre jardin, vous pouvez toujours déterrer une large bande de terre et la remettre en place une fois que la peinture est terminée.

Après avoir esquissé les éléments de la composition, je commence à peindre le premier plan et je poursuis progressivement vers l'arrière.

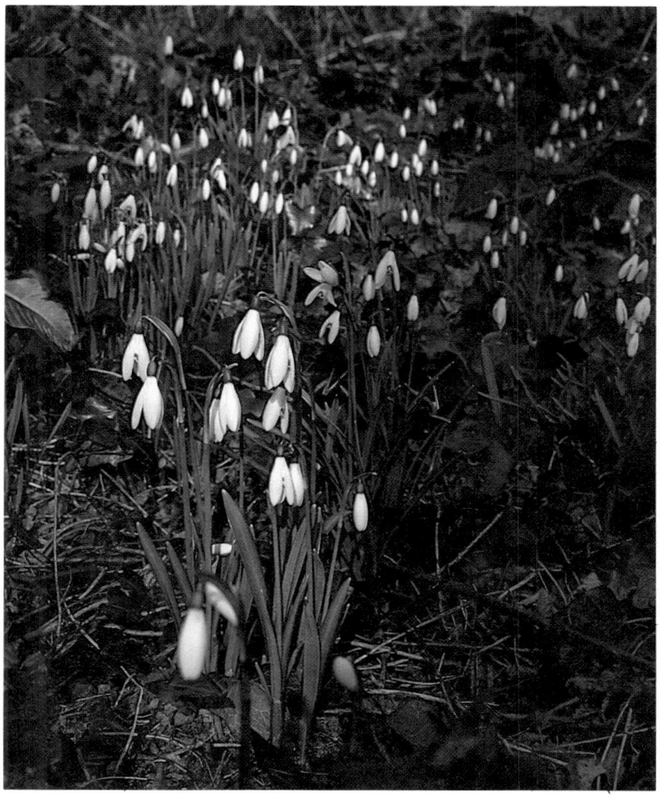

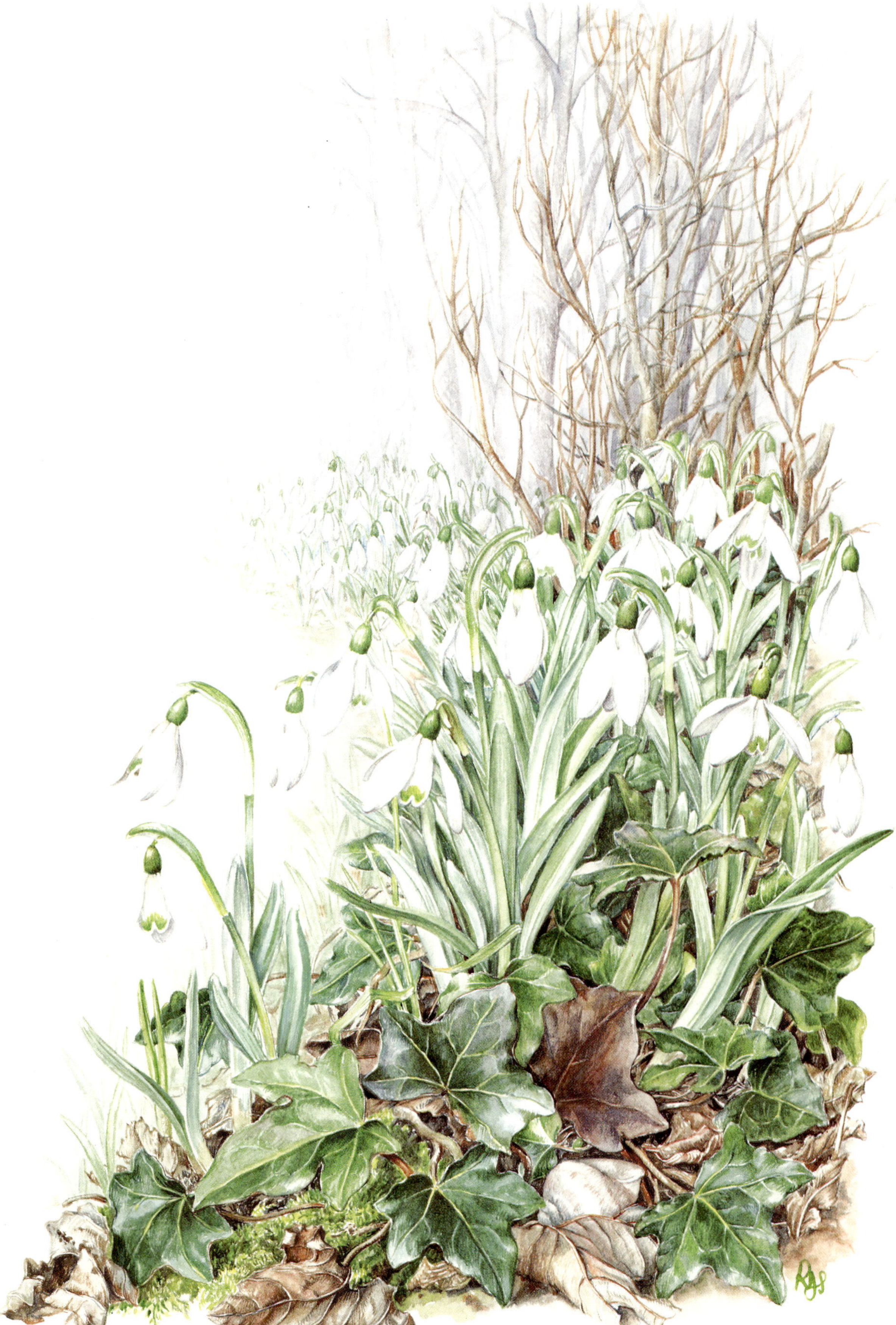

Falaises en été

Format: Cercle de 8 pouces de diamètre (20 cm)
Papier: Arches, 140 livres, apprêté à chaud (300 g/m^2)
Pinceaux: poils de martre n° 1

Pour peindre la nature, il est essentiel de marcher: vous devez vous promener parmi les fleurs ou autres sujets que vous désirez peindre, et les observer dans leur environnement naturel. En tant qu'artiste, il est intéressant de découvrir des mondes fascinants dans une petite portion de haie ou de talus. J'ai effectivement tendance à voir ma «campagne» quelques pieds carrés à la fois. Je suis toujours étonnée de constater que la nature, laissée à elle-même, trouve un juste équilibre de couleurs et de formes.

Dans le Devon, les falaises qui jalonnent les rivages sont tapissées de fleurs estivales, telles que des jacinthes des bois et des vesces. J'ai peint ce tableau circulaire au mois de juin; j'ai choisi le géranium maculé, la vesce sauvage, l'orpin blanc, la scabieuse et la bruyère et la bruyère de montagne pour leurs couleurs qui s'harmonisent bien.

Étape 1

Je découpe une ouverture circulaire de 8 pouces (20 cm) dans un carton mince et je place le papier sous ce carton de montage. En plus de délimiter la surface à peindre, le carton sert à protéger les bords du papier.

Je glisse ensuite un papier de brouillon sous le carton de montage et je fais une esquisse préliminaire. Il est utile d'avoir une photographie ou une esquisse de la scène à l'arrière-plan, de manière à pouvoir agencer le dessin avec le paysage. Je ne procède pas toujours ainsi, mais cela s'avère efficace pour déterminer la composition d'ensemble. Il est important de définir où sera la masse de la peinture et d'ajouter des plantes à cet endroit pour augmenter la densité. Je préfère que la masse soit d'un côté ou de l'autre, mais non au milieu. C'est à partir de ce point que les lignes devraient être réparties.

Étape 2

Je dessine légèrement les plantes avec un crayon 2H; durant cette opération, je m'assure que la pointe est toujours bien aiguisée. Il n'est pas nécessaire d'aller dans les détails, tenez-vous-en aux formes et aux tiges principales.

Étape 1

Étape 2

Étape 3 (détail)

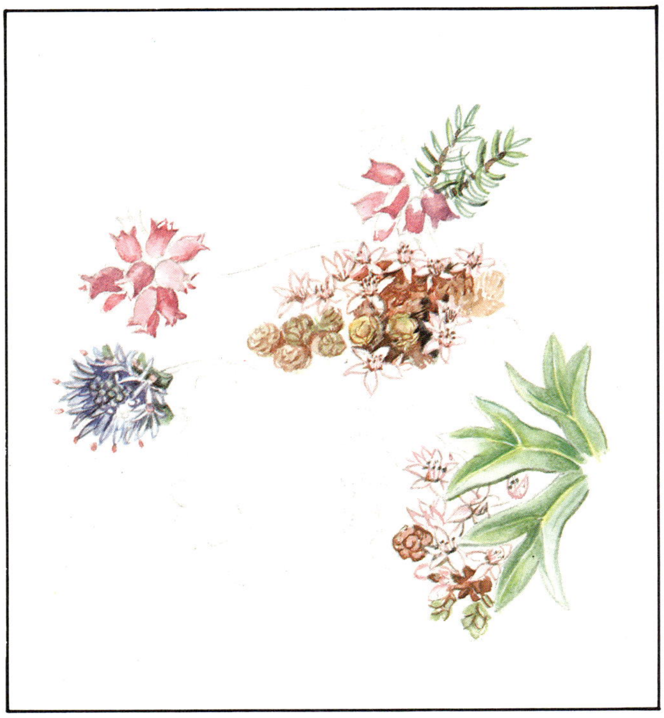

Étape 4 (détail)

Étape 3

Je commence par la fleur qui risque de se faner en premier — en l'occurrence le géranium. L'illustration démontre que je progresse dans le sens des aiguilles d'une montre, jusqu'au dernier pétale. Sur les pétales, j'étends un léger lavis rose permanent mélangé à un peu de bleu de cobalt, en réservant le blanc du papier par endroits pour les reflets. Avec un pinceau propre et légèrement mouillé, j'estompe le rose des pétales pour qu'il se fonde graduellement au blanc du papier. Une fois sec, je peins les veinures et les parties foncées, à l'aide d'un mélange plus soutenu de la même couleur, que j'estompe à nouveau. J'étends un peu de cobalt par endroits. Une fois sec, j'accentue les veinures avec un mélange de cramoisi alizarine et d'un peu de cobalt. Je peins le centre de la fleur et j'estompe le tout.

Pour les feuilles, je choisis un léger lavis de vert Winsor mêlé à de l'ocre jaune, en réservant le blanc du papier pour les veinures et les reflets. J'estompe la couleur dans le blanc, tel que je l'ai fait pour les pétales. Je peins ensuite les parties plus sombres avec un mélange plus soutenu et j'estompe le tout avec un pinceau propre. En dernier lieu, je définis les veinures avec du jaune pâle et, une fois sec, je renforce légèrement la partie ombrée des veinures.

Étape 4

Quand le géranium est terminé, je peins l'orpin, en commençant par les fleurs sur lesquelles j'applique un rose très léger qui définit les étamines. Je peins aussi les feuilles les plus pâles et les bourgeons de la couleur appropriée, en ajoutant des nuances plus foncées par endroits. Je remplis ensuite les espaces de brun-rouge ou de vert et, avec un ton plus sombre, je dessine la forme des feuilles. Finalement, avec un mélange de terre de Sienne brûlée et d'outremer français, je couvre les endroits les plus foncés et je mets les fleurs en valeur.

Pour la scabieuse, je peins d'abord les anthères roses et je dessine les pétales avec du bleu de cobalt mélangé avec un peu de rose permanent. Je dessine le centre de la fleur avec une nuance de la même couleur. Une fois sec, je peins les endroits sombres et je mets en valeur les pétales avec de l'outremer français mélangé à un peu de rose permanent; je peins ensuite les sépales verts.

J'utilise du rose permanent avec une touche de bleu de cobalt pour la bruyère. Je peins les surfaces foncées et je réserve le blanc du papier pour les reflets, en estompant à l'aide d'un pinceau propre comme précédemment. J'accentue la couleur de quelques fleurs et je dessine les feuilles en vert. J'étends sur chaque feuille un lavis plus pâle, quelque peu jaunâtre; une fois sec, je peins les tiges entre les feuilles. Je couvre de vert foncé le côté endroit de quelques feuilles.

Étape 5 — le produit fini

Une fois que les fleurs sont peintes, j'étends une feuille de papier à tracer sur la peinture et je travaille le dessin de l'arrière-plan. Je dessine la scène à l'aide d'un pinceau fin n° 1 et d'un gris mélangé à du bleu de cobalt et à du rouge clair. Les falaises éloignées sont d'un gris bleu; cette couleur se réchauffe graduellement en approchant du premier plan, au fur et à mesure que j'ajoute plus de rouge clair.

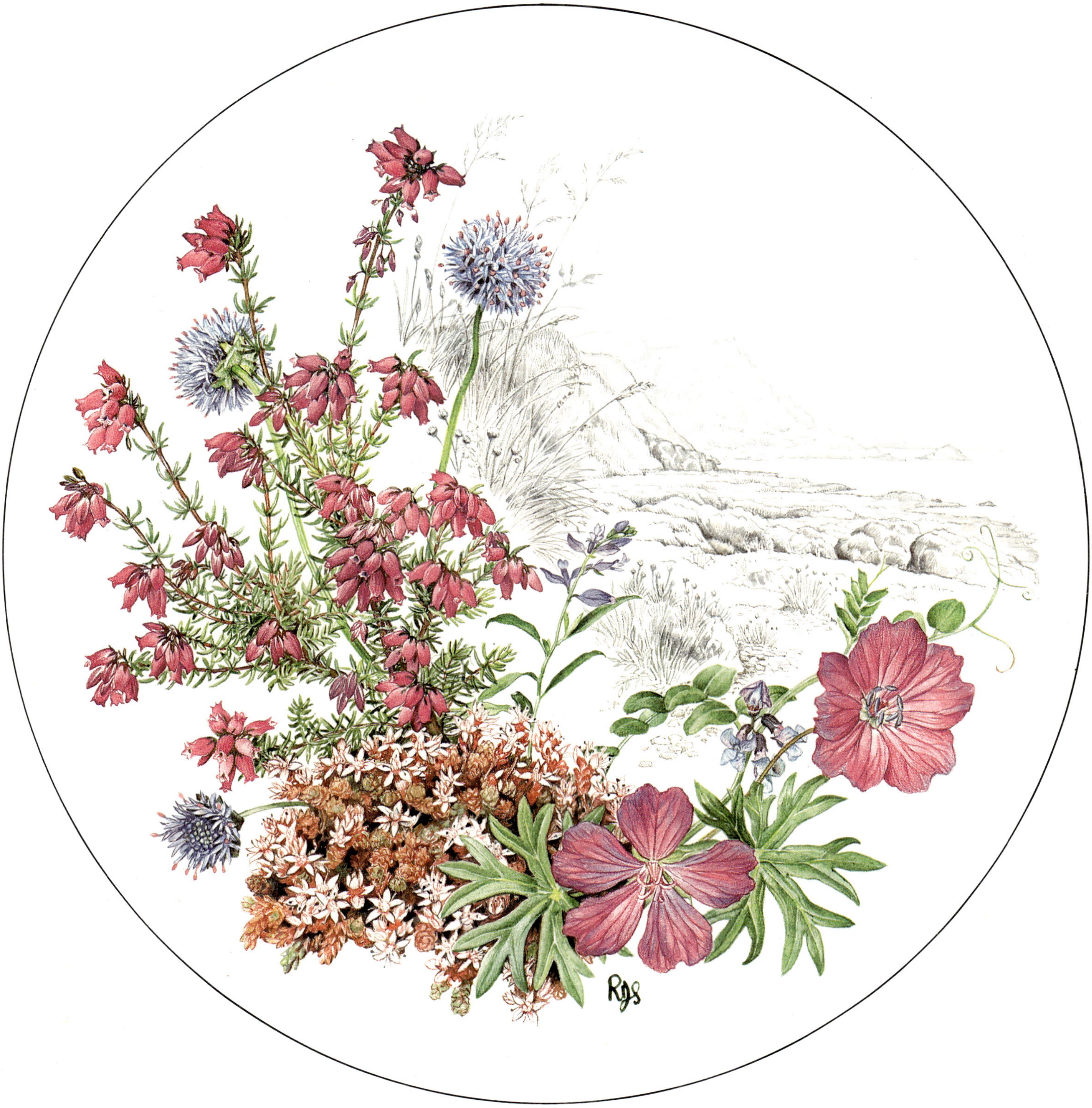

Étape 5 — le produit fini

Boisé d'automne

Format: 6¼ x 9 pouces (157,5 x 222,5 mm)
Papier: Arches, 140 livres, apprêté à chaud (300 g/m^2)
Pinceaux: poils de martre nos 0, 1, 2

Je voulais reproduire des feuilles et des fruits d'automne. La saison était très avancée. Près de la maison, il y a un petit bois où j'espérais trouver ce que je cherchais. Au milieu du bois, sous des lauriers et des chênes, j'ai trouvé une variété de petits champignons poussant à travers un lit de feuilles. J'en ai choisi quelques-uns que j'ai déposés dans un panier, avec quelques feuilles de chêne, une très belle feuille de laurier, du lierre et quelques petites branches.

Lorsque je peins un sujet commun, qui n'est ni rare ni menacé d'extinction, je préfère le faire à l'intérieur, d'après nature. En automne et en hiver, la température est souvent trop froide et trop humide pour permettre de s'installer dehors durant de longues heures à la fois, tandis qu'en été, je trouve qu'il est difficile de se concentrer. De plus, je trouve cela inconfortable, car j'aime bien m'asseoir très près de mon sujet.

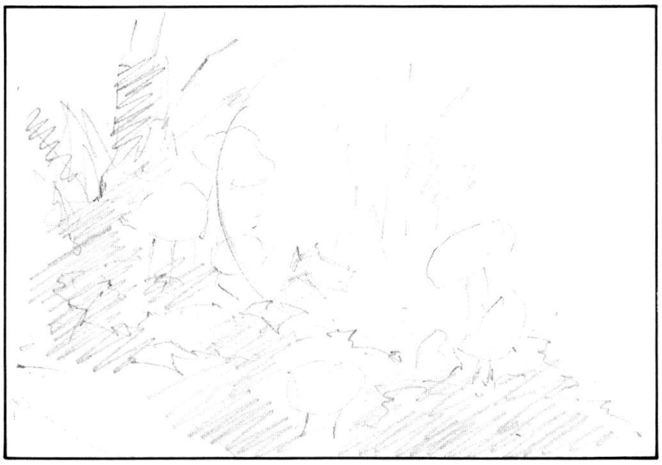

Plan initial des parties ombragées et détaillées. Je veux remplir le premier plan de feuilles, tout en conservant une forme ovale à l'arrière-plan.

Composition

Les champignons sont le point de mire de cette composition. J'en ai amassé plusieurs petits et je choisis deux groupes de couleurs différentes et un spécimen au coloris unique. Je les dispose sur un plateau, en dispersant autour les feuilles et les petites branches, pour ressembler au modèle initial.

Je dessine les trois groupes de champignons sur des feuilles de papier-calque séparées et je place ces dernières sur une feuille de papier vierge aux mêmes dimensions que la peinture. Je veux remplir le premier plan de feuilles, tout en conservant une forme ovale à l'arrière-plan, où je veux peindre le bois en camaïeu.

Une fois que j'ai obtenu l'arrangement désiré sur papier-calque et que j'ai disposé les champignons sur le plateau en conséquence, j'étends une autre feuille de papier-calque par-dessus le premier et j'esquisse sommairement les feuilles. Je broche toutes ces feuilles sur le papier de soutien et je conserve ce dessin à titre de référence.

Dans le champignon le plus haut, vous pouvez voir se fondre les couleurs des lavis légers. Prenez note également que les reflets et le bord entre le chapeau et le pied du champignon sont laissés en blanc. On peut voir, sur le champignon de gauche, l'addition de peinture plus sèche; le sens des coups de pinceau suggère les sillons du chapeau.

Pour le groupe de champignons de gauche, j'utilise du violet de cobalt, du bleu de cobalt, du jaune citron et de la terre d'ombre naturelle. Pour le champignon du centre, je me sers du violet de cobalt, du bleu de cobalt et de la terre de Sienne naturelle, ainsi que du violet Winsor pour les bords plus sombres. Pour le groupe de droite, j'utilise du violet de cobalt, du rouge clair et de la terre de Sienne naturelle.

Je garde les champignons dans des tons pâles, car il me sera toujours possible de les foncer plus tard, si nécessaire, uen fois que l'arrière-plan sera complété. Je ne définis pas la base des pieds, de manière à pouvoir fondre les couleurs plus tard.

Étape 1

Une fois que les trois groupes de champignons sont dessinés, j'applique un léger lavis en conservant le blanc du papier par endroits pour créer les reflets. Je renforce graduellement la couleur en appliquant de la peinture plus sèche en touches fines et en couches superposées. Pour créer l'effet tridimensionnel, je suis au pinceau la forme du sujet.

Étape 2

Je commence au bas du premier plan, n'importe où. Selon le même procédé que précédemment, je dessine d'abord d'un trait fin la structure principale de la feuille. J'étends ensuite un lavis de base, en réservant le blanc du papier pour les reflets et les veinures.

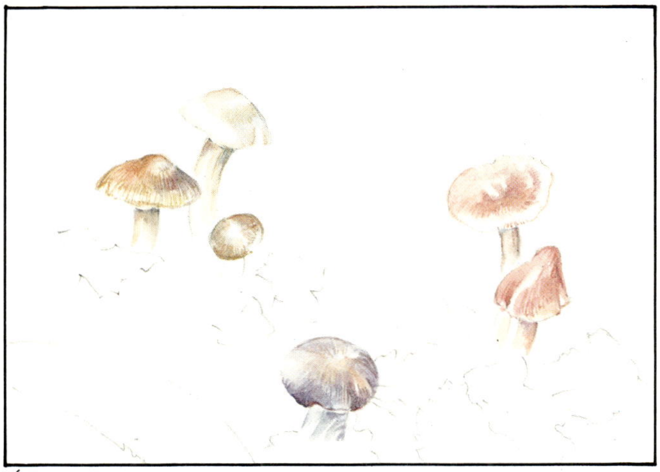

Étape 1

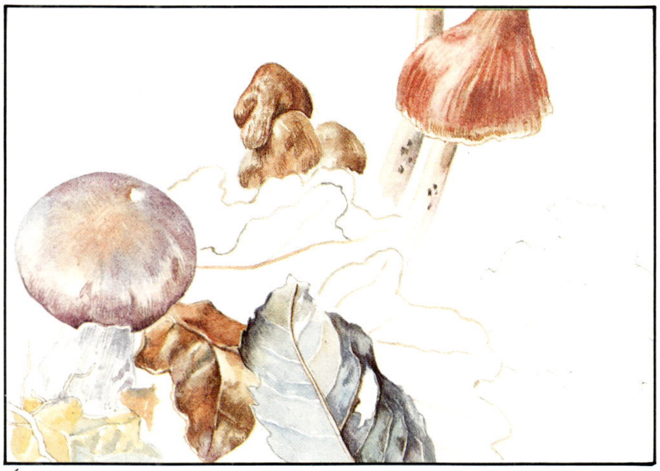

Étape 2 (détail)

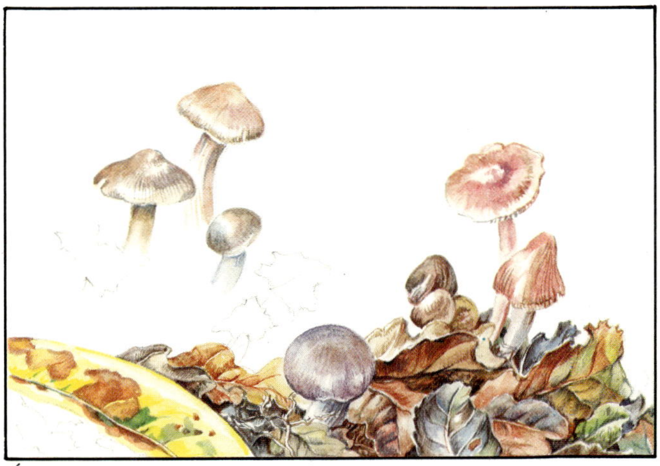

Étape 3

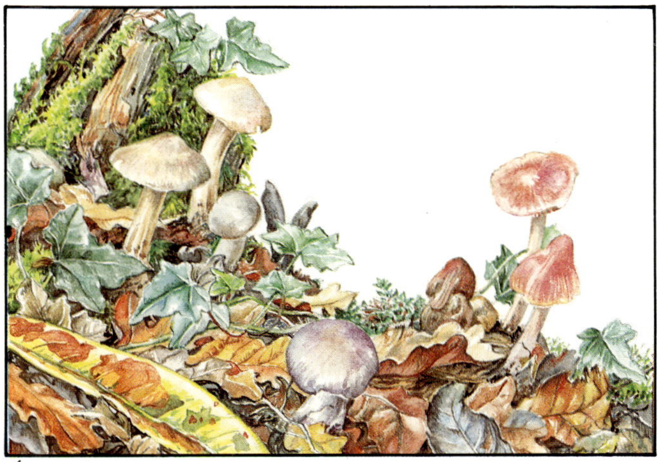

Étape 4

Étape 3

Je poursuis mon travail au premier plan, feuille par feuille, et en peignant au fur et à mesure les espaces entre les feuilles. Ceci me donne plus de flexibilité. On peut remplacer les feuilles lorsqu'elles semblent trop sèches. On peut aussi les vaporiser avec de l'eau.

Pour les feuilles au premier plan, ma palette est composée de terre de Sienne naturelle, de terre d'ombre naturelle, de bleu de cobalt, de violet de cobalt, de rouge clair, d'outremer français, de jaune auréoline et de terre de Sienne brûlée. Je me sers aussi de jaune cadmium, de citron cadmium et de jaune citron pour la feuille de laurier.

Habituellement, j'estime qu'il est préférable de mélanger un noir, plutôt que d'utiliser une préparation qui peut paraître plutôt morne. L'outremer français et la terre de Sienne brûlée est un bon mélange. Ici, cependant, j'utilise une touche de noir de fumée pour renforcer les *petites* surfaces d'ombre.

Étape 4

Quand j'ai terminé de peindre le premier plan, les feuilles du plateau sont sèches et ternes. J'en ramasse d'autres, ainsi que du lierre et un bout de souche recouverte de mousse. Une fois que je les ai disposés sur le plateau, je poursuis mon travail comme précédemment. Les autres couleurs que j'utilise sont le viridian, le vert Winsor mélangé à de la terre d'ombre naturelle et du bleu phtalo.

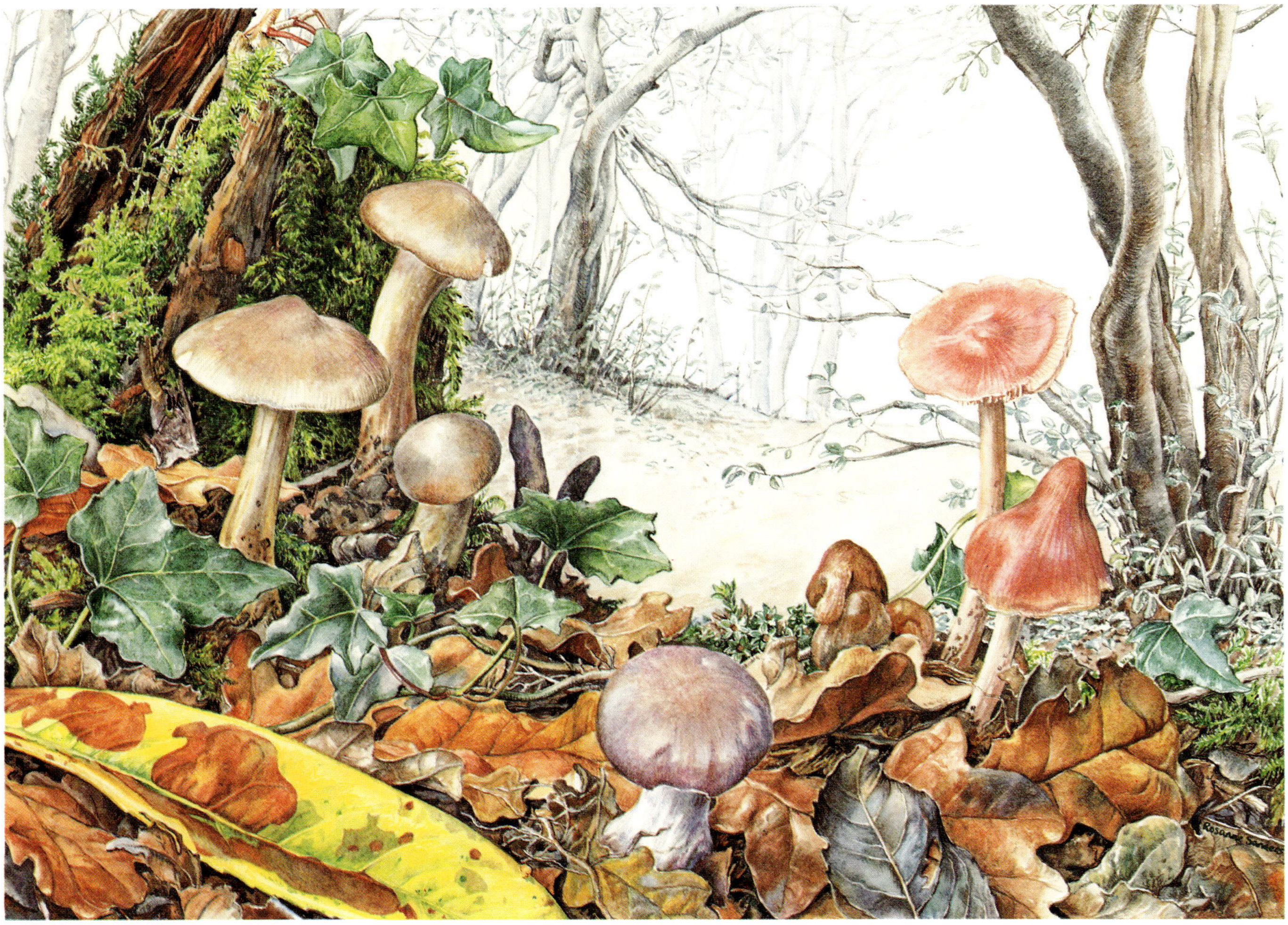

Étape 5 — le produit fini

Étape 5 — le produit fini

Une fois que j'ai terminé les détails, je me rends dans les bois et je complète l'arrière-plan *in situ*, après avoir fait des esquisses préliminaires sur du papier-calque placé sur la peinture. Les gris clairs sont un mélange de bleu de cobalt et de rouge clair; les gris sombres, un mélange d'outremer français et de terre de Sienne brûlée, avec un peu de viridian.

Campanules

Format: 11 ½ x 8 ¾ pouces (292 x 222 mm)
Papier: Arches, 140 livres, apprêté à chaud (300 g/m²)
Pinceaux: poils de martre n° 1

Quelle que soit la saison, on peut toujours trouver des plantes dans les haies ou dans le jardin. Ce peut être de la mousse ou des fougères, des feuilles mortes ou des champignons, des herbes ou des fleurs sauvages. Dans le Devon, au printemps, le choix est embarrassant. Les talus sont couverts de primevères, de fougères, de violettes et de chélidoines, suivies de campanules, d'ail sauvage, de digitales et, à l'occasion, d'orchidées sauvages, pour n'en nommer que quelques-unes.

Pour cette peinture, j'ai choisi quelques-unes de ces fleurs printanières et j'ai essayé de reproduire cette profusion qu'on observe souvent dans les haies. Ma palette est composée de citron cadmium, de jaune cadmium pâle, de jaune auréoline, d'ocre jaune, de terre de Sienne naturelle, de rouge clair, de terre de Sienne brûlée, de rose permanent, de cramoisi alizarine, de bleu de cobalt, d'outremer français, de violet Winsor et de vert Winsor (*jamais* seul, toujours mélangé avec de l'ocre jaune, du rouge clair, de la terre de Sienne naturelle ou du jaune auréoline avec une touche de rouge clair).

Étape 1

Je commence par esquisser un massif de fougères langue-de-cerf et quelques campanules sur du papier brouillon. Je veux avoir une idée générale de la forme de ces plantes et des grandes lignes de la composition.

Étape 2

Je peins les sujets principaux, en prenant garde de ne pas trop les accentuer à cette étape. On pourra toujours les renforcer plus tard, mais, s'ils sont déjà trop foncés, on perdra l'effet de profondeur et tout deviendra trop sombre. Je ne peins pas la base des tiges, afin de pouvoir les intégrer plus tard aux autres plantes.

En exécutant votre propre peinture, pensez à la façon de d'équilibrer les couleurs, afin de ne pas retrouver toutes les couleurs intenses du même côté. Vous pourriez même faire une esquisse de couleur préliminaire, afin de préciser votre intention.

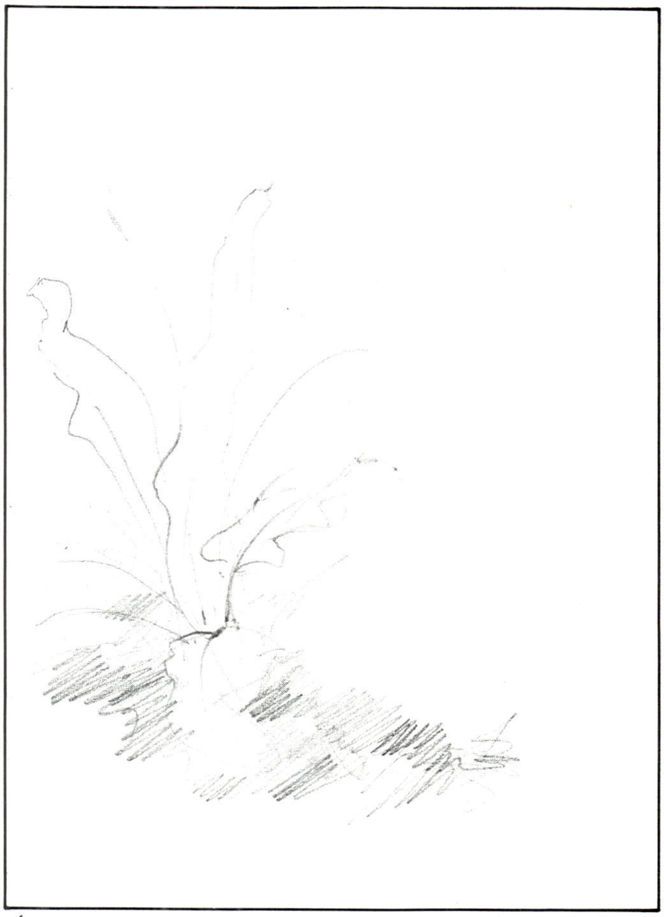

Étape 1

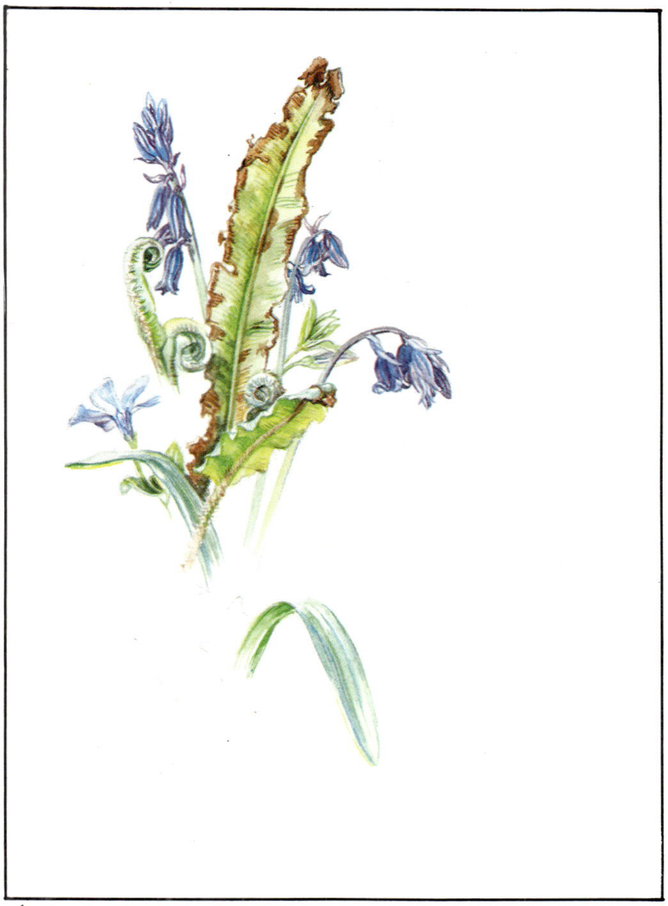

Étape 2

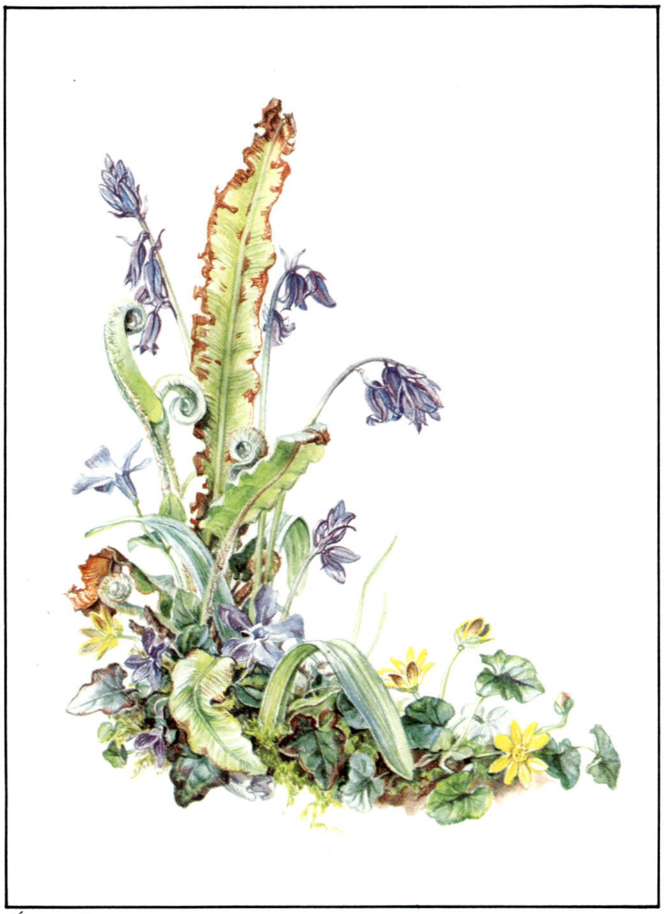

Étape 3

Étape 3

Pour faire suite à mon plan initial (voir Étape 1), je travaille de la même façon que s'il s'agissait d'un groupe de plantes isolées. Toutefois, lorsque j'arrive à cette étape, je change d'idée et je décide de peindre jusqu'au bord du papier (voir le produit fini, page 131). J'estime que cela rendra la peinture plus naturelle et moins «figée». Ce n'est pas grave de changer d'idée en cours de route; l'important c'est d'obtenir une représentation la plus réelle et la plus vivante possible.

Étape 4 — le produit fini (page 131)

Examinez le détail du produit fini à la page 129, afin d'établir le rapport entre les clairs et les ombres. Lorsqu'il y a une touche sombre sur une feuille au premier plan, comme on peut le voir sous la feuille de campanule recourbée, la feuille derrière est plus claire. Si, d'un autre côté, la feuille du premier plan est d'une teinte claire, celles qui sont derrière semblent plus sombres. S'il y a deux taches sombres ensemble, il y a presque toujours un petit rayon de lumière sur l'une ou l'autre, ce qui crée un effet de profondeur.

À titre personnel, étudiez les feuilles d'une plante d'appartement. Examinez attentivement le contraste entre les clairs et les ombres. Remarquez le rapport qui existe entre ces deux valeurs et pourquoi une feuille semble être devant une autre.

Cela vaut la peine d'étudier les peintures et la technique de Redouté, ce grand peintre naturaliste français, pour son habileté à rendre l'aspect de profondeur.

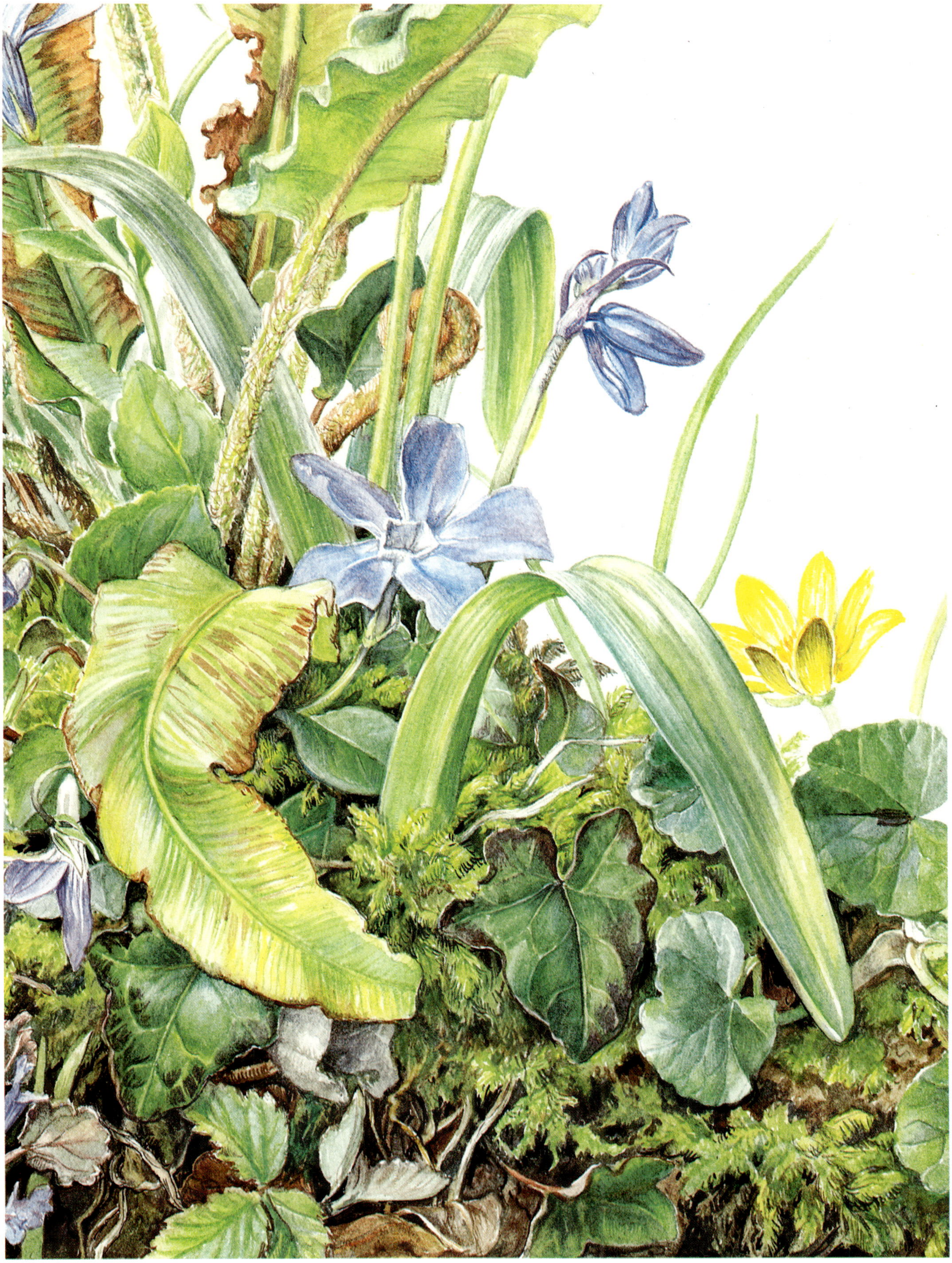

Étape 4 — le produit fini (détail)

Études de campanules

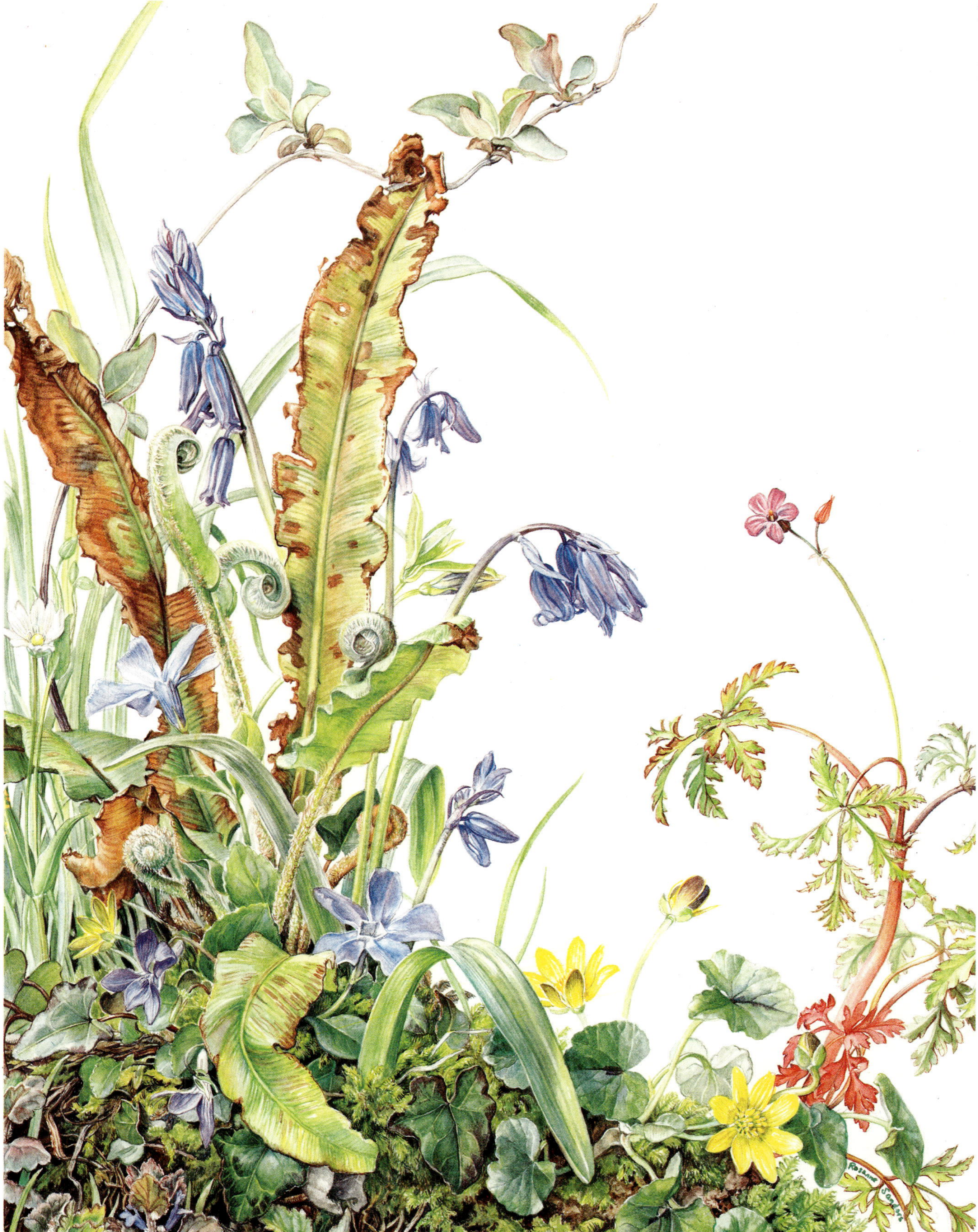

Étape 4 — le produit fini

Thème saisonnier — L'automne

Format: 11¾ x 8½ pouces (345 x 212 mm)
Papier: Arches, 140 livres, apprêté à chaud (300 g/m²)
Pinceaux: poils de martre nos 0, 1, 2

Cette peinture fait partie d'une série de quatre sur le thème des saisons. Il s'agit encore du chemin qui passe devant ma maison; la bordure est composée de fleurs et de plantes automnales avec, au centre, une vue du chemin. Je n'établis pas un plan très précis, sauf pour déterminer les dimensions extérieures et l'ovale du centre. Je choisis une base assez riche et, de là, j'essaie d'équilibrer les couleurs.

Je peins les baies en premier, puis le feuillage au-dessous, et enfin le bout de bois où poussent les champignons. Je peins ensuite les deux coins supérieurs d'où les plantes rampantes descendent. Ne pas trop surcharger au départ; il sera toujours temps d'ajouter les deux feuilles derrière les baies ainsi que l'herbe du côté gauche. Je dessine les feuilles ou les tiges là où j'aimerais qu'elles apparaissent jusqu'à ce que je sois certaine de l'endroit.

Si le papier est de bonne qualité, et si la couleur n'est pas trop salissante, comme le vert permanent clair, on peut enlever la peinture, sur une feuille par exemple, pour laisser apparaître une tige sur le devant. Pour enlever la peinture, utilisez un pinceau et de l'eau propre; ensuite, une fois sec, peignez la tige. Sur la page ci-contre, la feuille de droite est peinte d'un mélange de vert Winsor, d'ocre jaune et d'une touche de jaune auréoline; même si la peinture n'est pas disparue complètement, j'ai quand même pu peindre la tige sans problème.

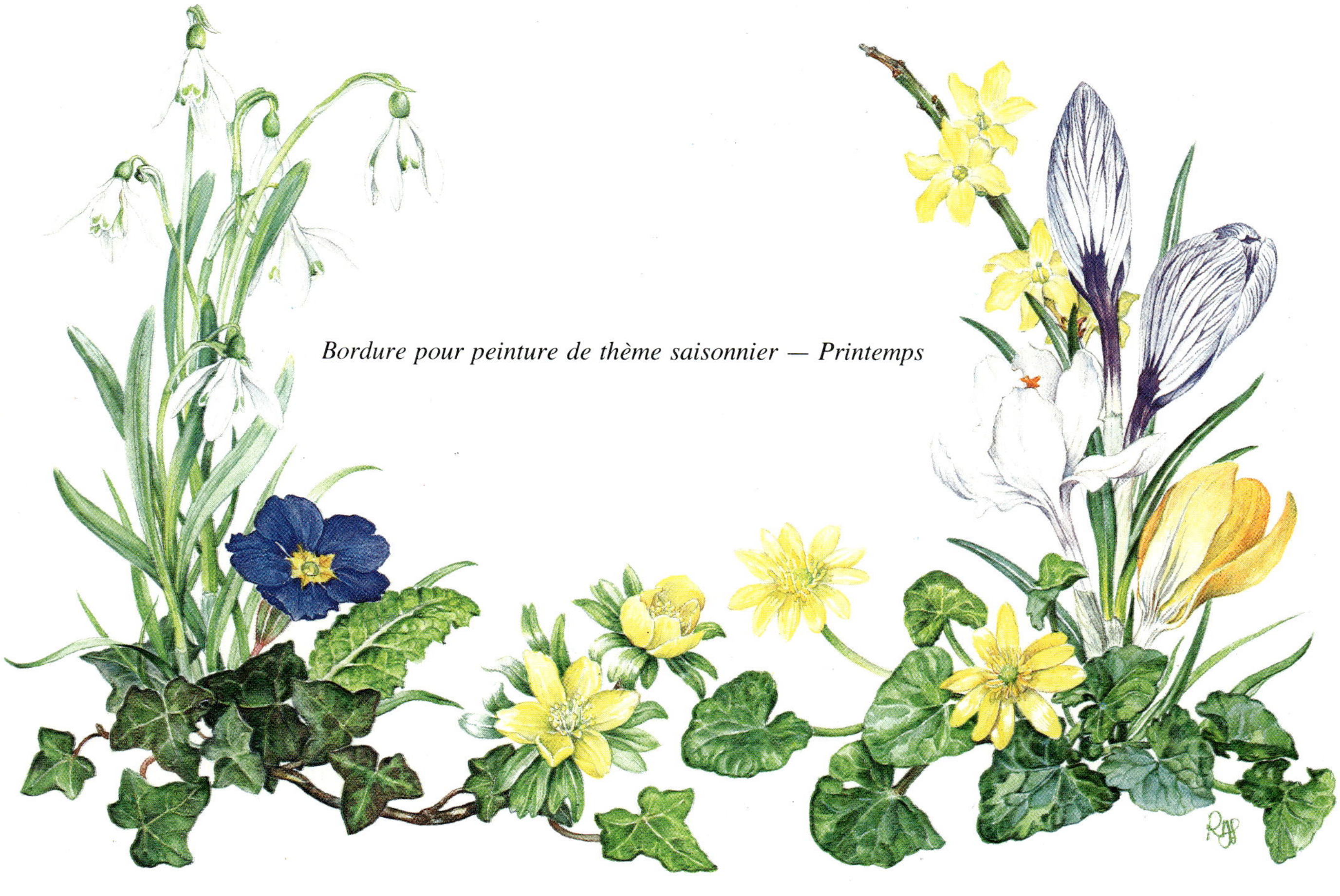

Bordure pour peinture de thème saisonnier — Printemps

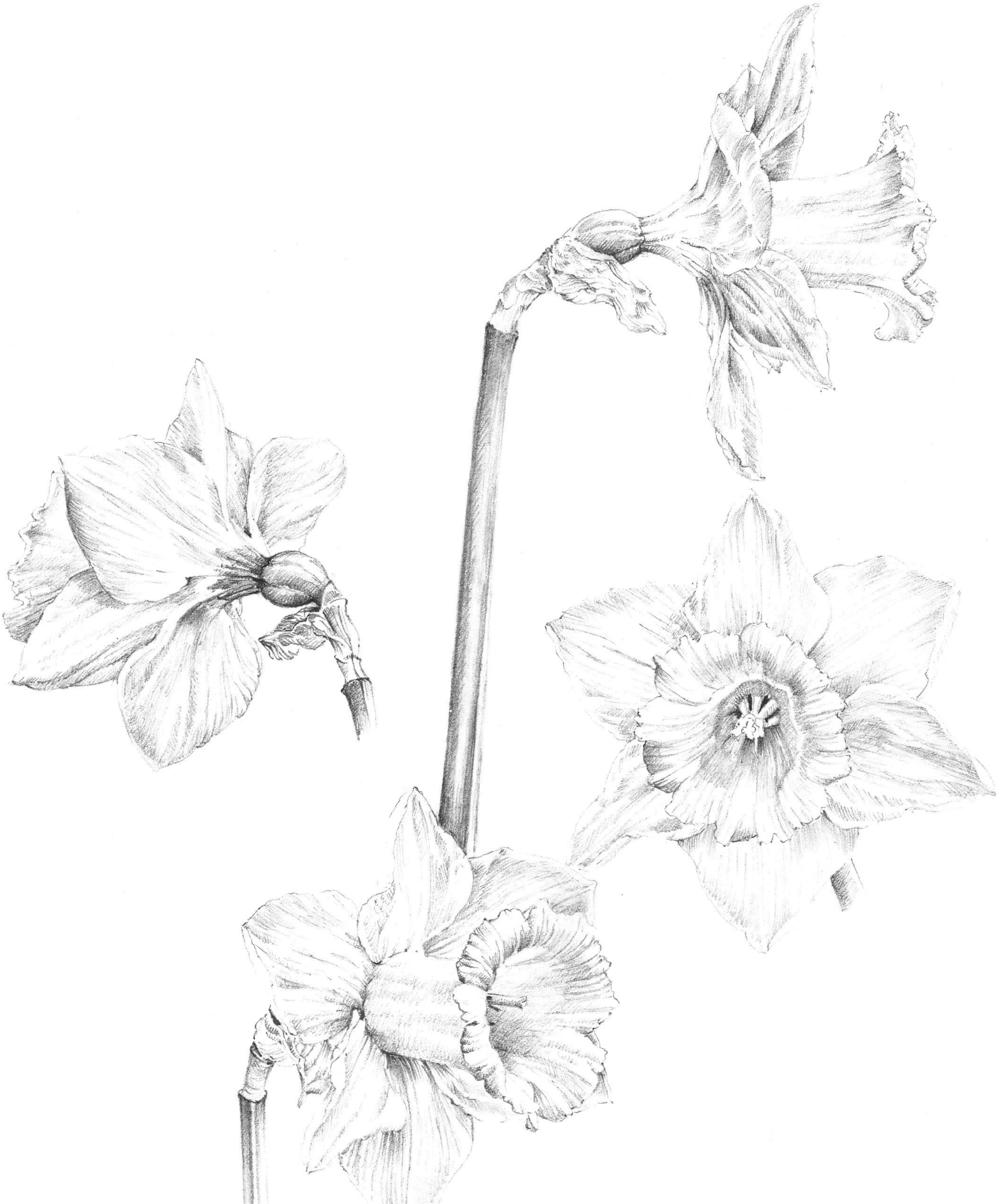

Champignons

Il y a plusieurs années, j'ai participé à une sorte de chasse aux champignons, organisée par le *Field Studies Council Centre* à Flatford Mill dans le Suffolk. Ce fut une semaine merveilleuse. Chaque jour, après le petit déjeuner, on visitait un boisé de la région où, pendant toute la matinée, on recherchait et on identifiait des champignons. Mon objectif principal était de peindre les spécimens que je cueillais; j'ai donc recherché ceux qui m'attiraient par leur couleur ou par leur forme.

Par la suite, en laboratoire, notre groupe a examiné les spécimens au microscope et pris des empreintes de spores (sporées). Plus tard, je suis allée sur une île des environs, avec mes couleurs et mon carnet à croquis, et j'ai fait des esquisses de différentes sortes de champignons.

Durant la soirée, je dessinais des coupes transversales de chaque espèce et je notais des détails, tels que la dimension et l'habitat, par exemple. À la fin du cours, j'avais plusieurs esquisses à titre de référence et j'en ai utilisé certaines dans mes peintures.

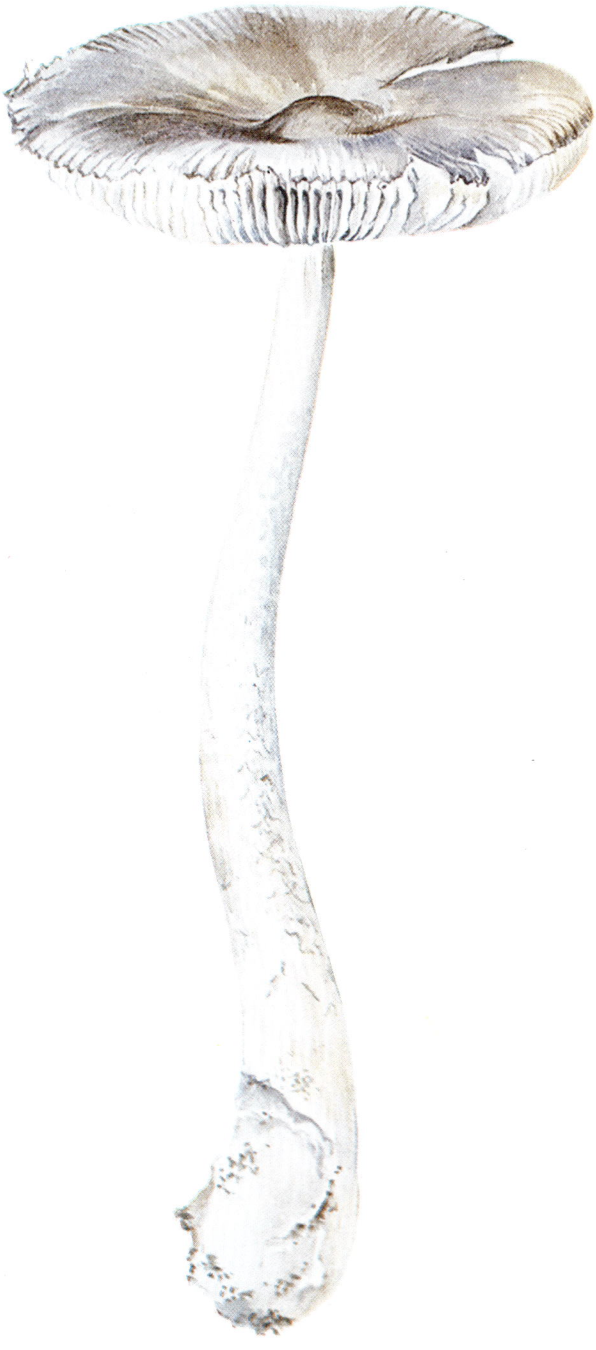

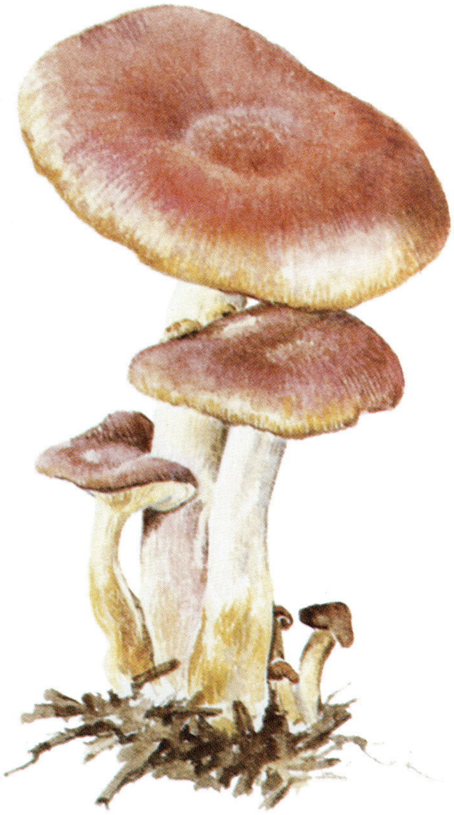

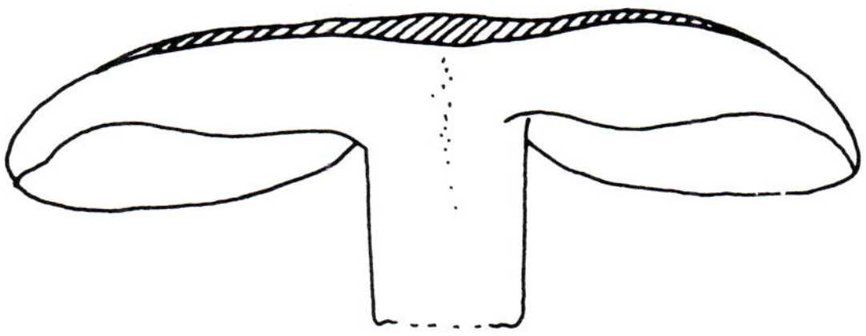

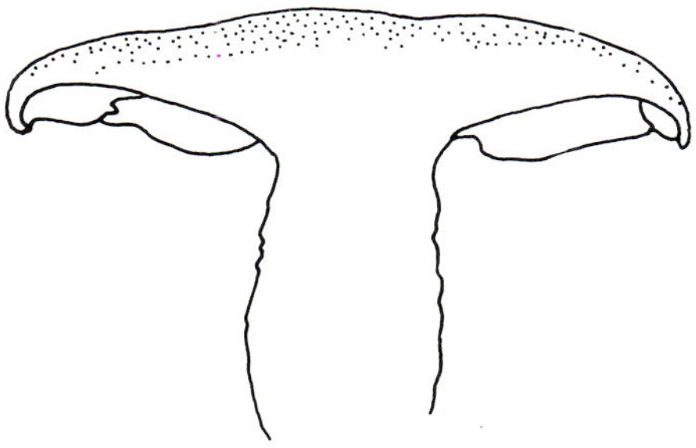

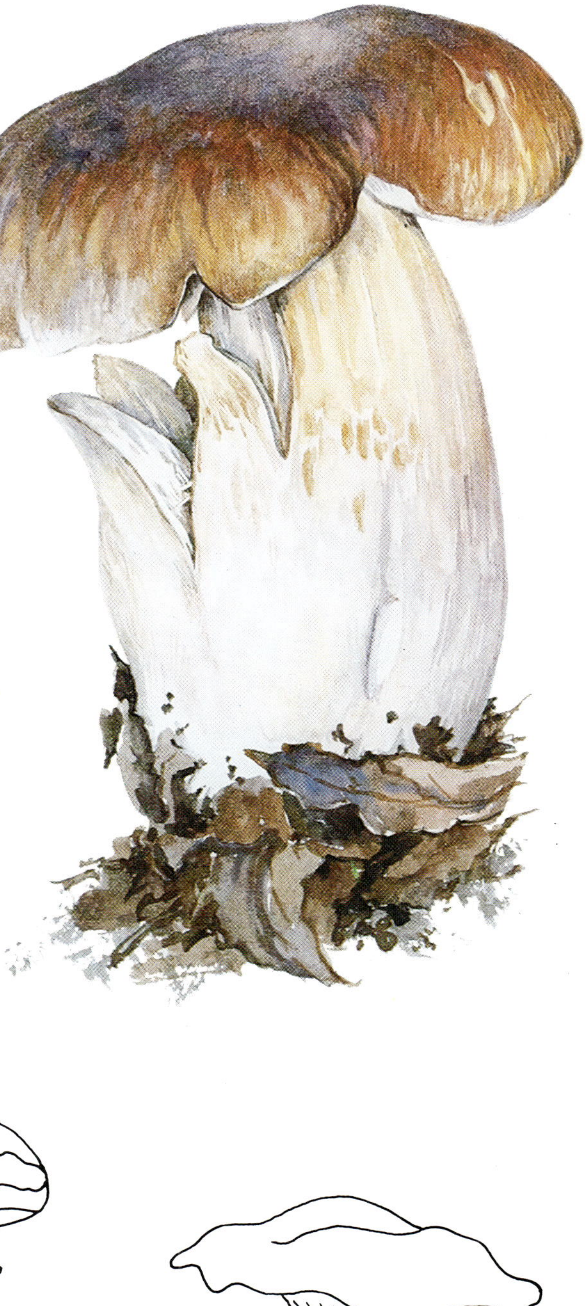

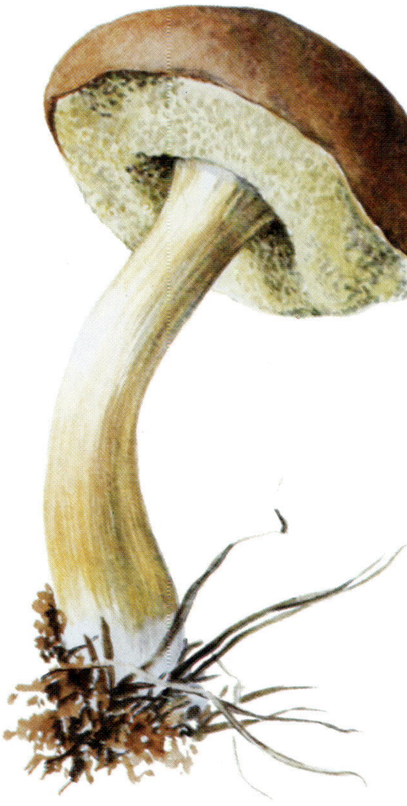

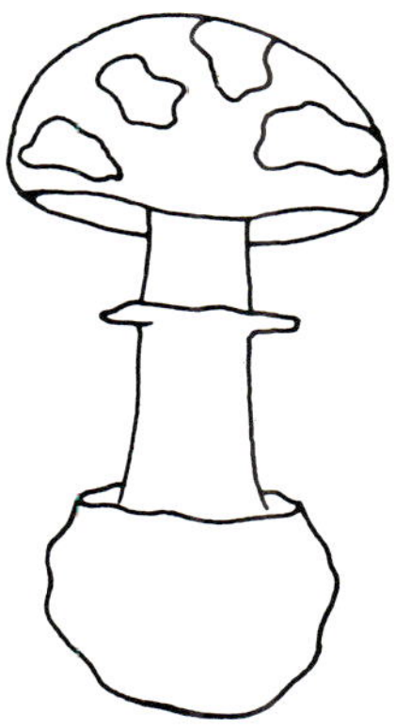

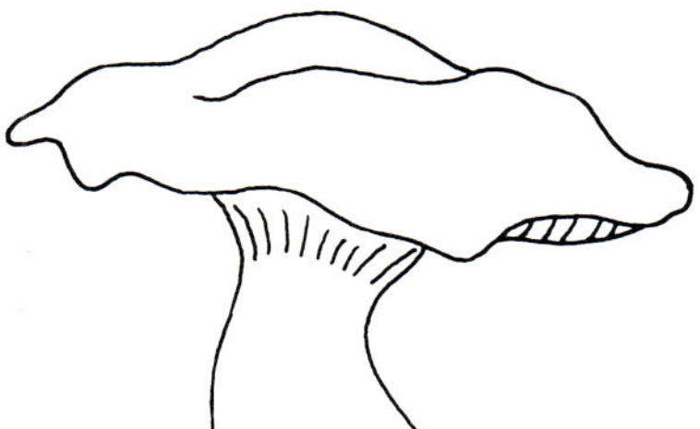

Au sujet des auteurs

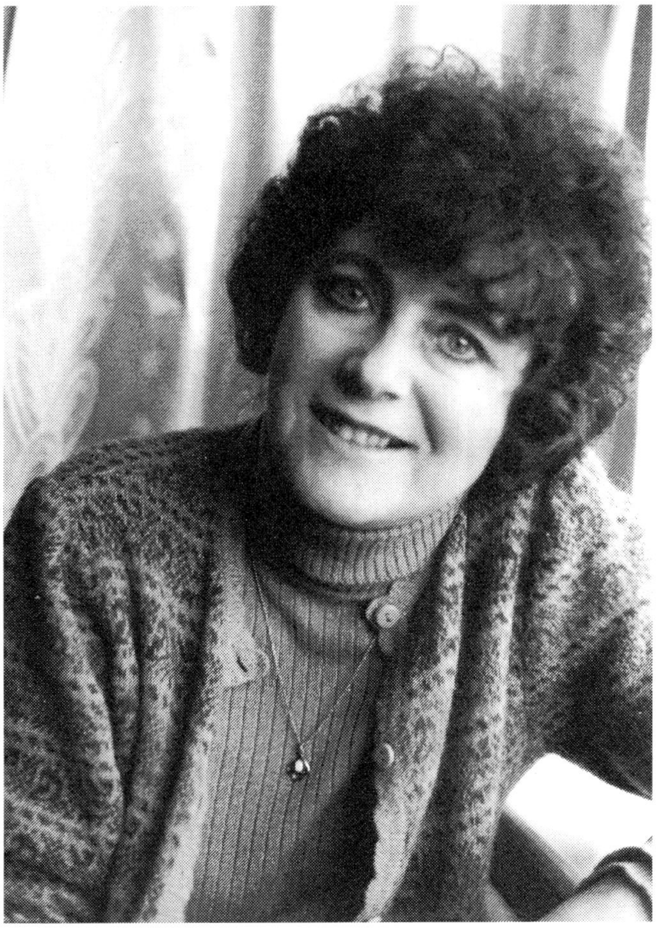

SYLVIA FRATTINI est née dans la région des Monts Cambriens. Elle a étudié aux écoles d'Art Carlisle et Hornsey, et vit maintenant à Buckinghamshire. Elle est chef de la section d'Art dans un collège de Luton. Elle a fait plusieurs expositions en solo et elle est régulièrement invitée par la *Royal Academy Summer Exhibition* et la *Royal Institute of Painters in Watercolour.*

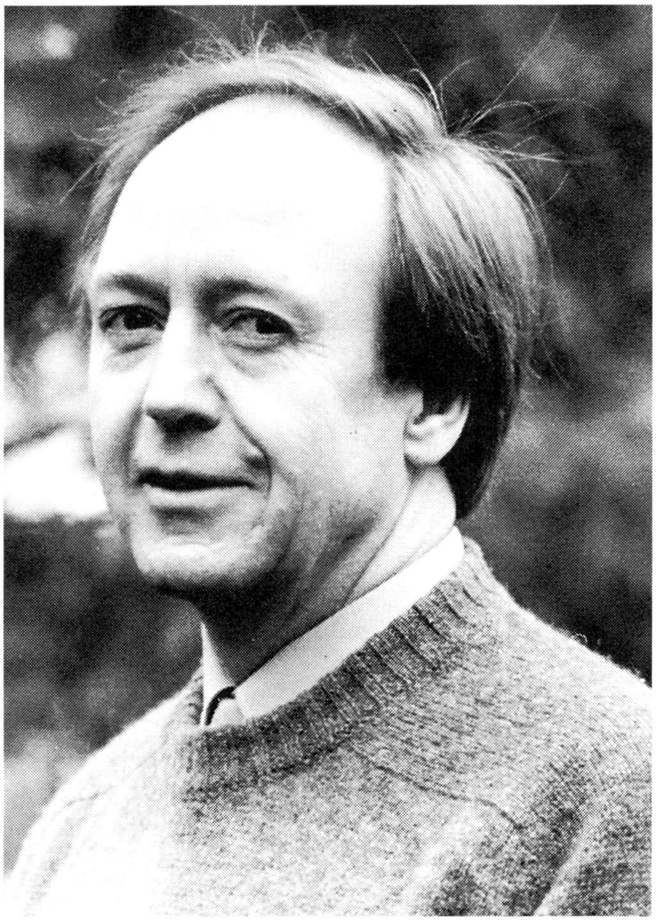

JAMES LESTER fut pendant plusieurs années illustrateur et directeur artistique pigiste. Il a peint toute sa vie et, particulièrement ces dernières années, presque exclusivement à l'aquarelle. Il expose régulièrement ses oeuvres dans les galeries de Londres et il a exposé en solo dans le Kent. Il travaille à l'aquarelle, car il estime que les attributs de cette technique communient parfaitement avec la nature du paysage anglais.

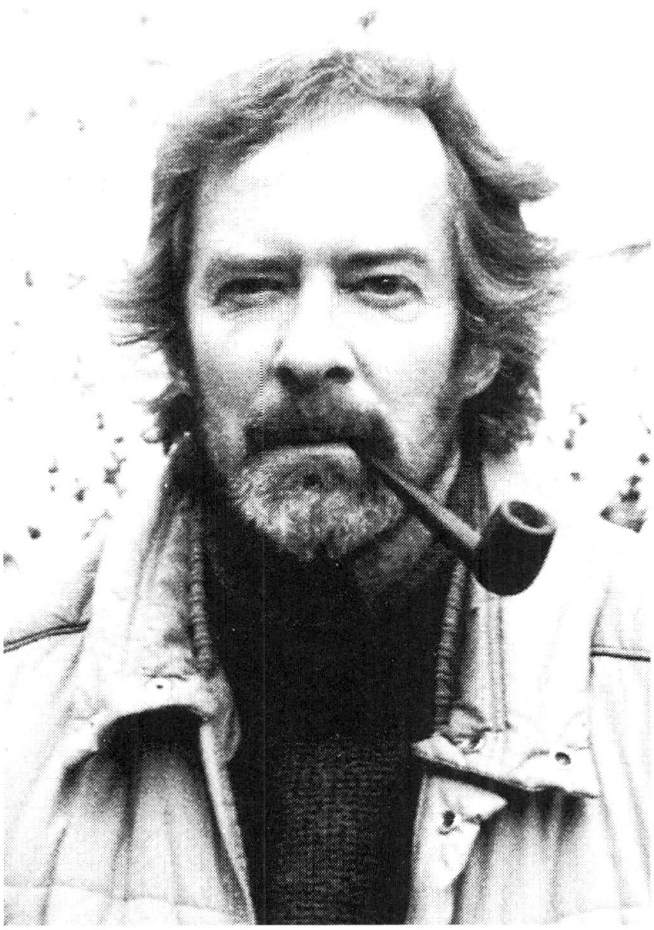

BENJAMIN PERKINS est né en 1932; il a étudié à Sherborne, Collège Trinity, Oxford, et il a suivi un cours en gestion immobilière rurale au *Royal Agriculture College*, Cirencester. Il travaille maintenant en tant que peintre et auteur; il a publié deux livres, *Trees* (1984), dont la peinture et les dessins lui ont valu la médaille d'or RHS, et *A secret Landscape* (1986). Il vit dans le Suffolk.

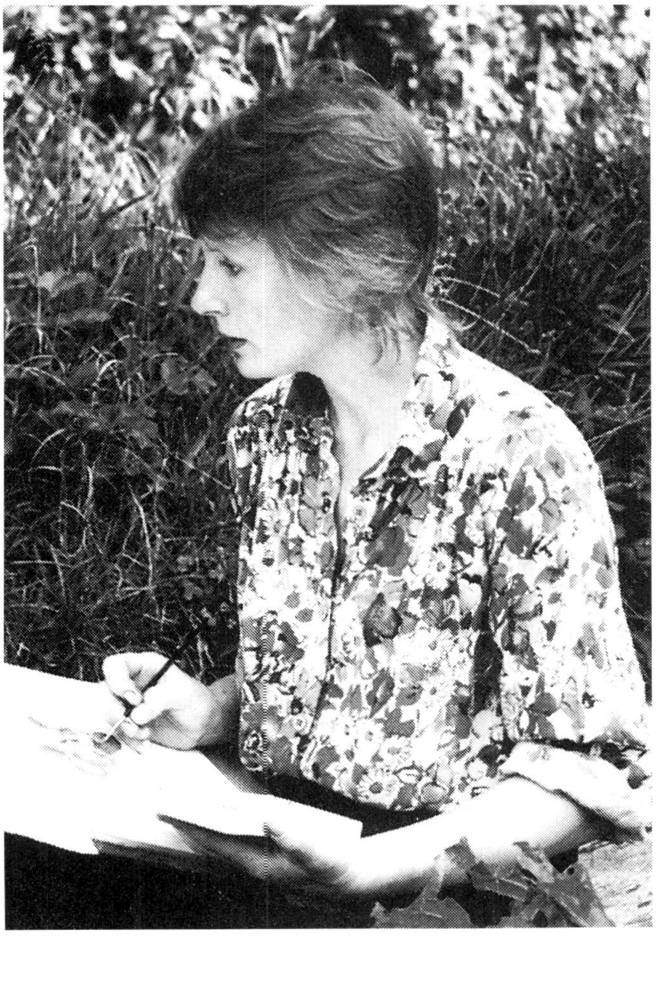

ROSANNE SANDERS est née à Stoke Poges dans le Buckinghamshire et elle a été élevée à la campagne. Elle a étudié à Roedean, et ensuite elle a pris un cours de base d'un an au *High Wycombe College of Art;* elle n'a cependant pas peint avant plusieurs années, c'est pourquoi elle se considère essentiellement comme autodidacte. Elle a fait l'acquisition d'une maison dans le Devon, puis elle a écrit et illustré *Portrait of a Country Garden (1980). Elle a exposé aux Mall Galleries*, à la *Royal Academy Summer Exhibition*, et à Tunbridge Wells. Elle a gagné trois médailles d'or pour des aquarelles de la *Royal Horticultural Society*, et un prix de la *Royal Academy Miniature Award.*

Index